ASCHENDORFFS SAMMLUNG
LATEINISCHER UND GRIECHISCHER
KLASSIKER

HOMER

ODYSSEE

Ausgewählt, eingeleitet
und kommentiert von

HANS SCHNABEL

Wortkunde

Umschlagbild:
Kopf des Homer (Pergamon-Typus),
römische Kopie eines griechischen Originals
(Museo Archeologico Nazionale, Neapel).
Die Abbildung zeigt eine moderne Nachbildung im
Museum für Abgüsse Klassischer Bildwerke München.

6. Auflage
(unverändert gegenüber der 3. Auflage 1994)

In neuer Rechtschreibung

© 2012 Aschendorff Verlag GmbH & Co. KG, Münster

Das Werk und seine Teile sind urheberrechtlich geschützt.
Jede Verwertung in anderen als den gesetzlich zugelassenen Fällen bedarf deshalb der vorherigen schriftlichen Einwilligung des Verlages.

Druck: Aschendorff Druckzentrum GmbH & Co. KG, Münster

ISBN 978-3-402-02258-0

Vorwort

Die vorliegende Wortkunde ist bemüht, dem Schüler eine saubere Wiederholung, vor allem aber eine ordentliche Vorbereitung des Textes zu ermöglichen. Abgesehen von komplexen Vokabeln wie θυμός, φρήν u. a., sind die Angaben möglichst knapp gehalten. Der Fettdruck gibt in der Regel die Ad-hoc-Bedeutung an.

Das alphabetische Wörterverzeichnis hinter der Wortkunde dient dazu, jede wiederholt vorkommende Vokabel an ihrer zuerst behandelten Stelle aufzufinden.

Die Gegenüberstellung der Verszahlen des Originaltextes mit denen der Auswahl hat den Zweck, jeden Vers der Auswahl in seiner Originalzählung ohne langes Suchen bestimmen zu können.

Dadurch ist, trotz der abweichenden Verszählung, die Benutzung dieser Wortkunde auch für die bisherige Auflage der Odyssee möglich.

Düren, im März 1973

Hans Schnabel

Erklärung
einiger grammatischer und stilistischer Termini

Analogie (analogische Bildung): Vereinfachung der Formenvielfalt durch Übertragung einer Form auf eine andere (z. B. durch sog. Systemzwang), meist ohne strenge Beachtung der Lautgesetze.

Epenthese: Verbindung eines j (ι̯) hinter einer Liquida mit vorausgehendem α oder ο zu αι oder οι, z. B. φανjω > φαίνω.

euphemistisch: durch eine wohlklingende Bezeichnung eine unangenehme Sache verhüllend, z. B. „Freund Hein" für „Tod".

Litotes (eigtl. Schlichtheit): mildernd negierter negativer Ausdruck für einen positiven, z. B. „nicht übel" für „gut".

Metonymie: Ersetzung eines Wortes durch ein begrifflich nahestehendes, z. B. „Geldsack" für „reicher Mann".

onomatopoietisch: lautmalend oder lautnachahmend, z. B. muhen, meckern, brausende Brandung.

Pleonasmus: Fülle oder gar Überfülle des Ausdrucks, z. B. weißer Schimmel, hölzernes Brett.

prägnant: kurz und gedrängt, aber bezeichnend und treffend, z. B. „Kerl" für „tüchtiger Mann".

Abkürzungen

F oder (F) bezeichnet Formelverse, d. h. Verse, die bei gleichen Situationen immer wieder vorkommen.
Über die Abkürzungen L, N, V, S vergleiche Textband S. 32/33.

abh.	abhängig	bzw.	beziehungsweise
Abl.	Ableitung	c.	cum
abltd.	ablautend	cf.	confer
acc.	accusativus		(= vergleiche)
Akk.	Akkusativ	con.	conativ(us)
act.	activum	coni.	coniunctivus
adi.	adiectivum	contr.	contracta (-um)
Adj.	Adjektiv	cop.	copulativum
akt	aktivisch	Dat.	Dativ
adj.	adjektivisch	dat.	dativus
Adv.	Adverb	dem.	demonstrativ (um)
adv.	adverbial	d. h.	das heißt
ahd.	althochdeutsch	dor.	dorisch
ai.	altindisch	dual.	dualis
Akz.	Akzent	ebso.	ebenso
allg.	allgemein	Eig.	Eigennamen-
anal.	analog(isch)		verzeichnis
äol.	äolisch	eigtl.	eigentlich
Aor.	Aorist	einf.	einfach
aor.	aoristus	engl.	englisch
asigm.	asigmatisch	enkl.	enklitisch
athem.	athematisch	entw.	entwickelt
att.	attisch	ep.	episch
Bed.	Bedeutung	erst.	erstarrt
bes.	besonders	etc.	et cetera (= usw.)
Bez.	Beziehung	euph.	euphemistisch
bez.	beziehe, bezogen	ff. (f.)	folgende(r)
Bildg.	Bildung	fin.	final(is)

Frdw.	Fremdwort	med.	medium, medial
frequ.	frequentativ(um)	meton.	metonymisch
fut.	futurum	metr.	metrisch
geh.	gehört	mhd.	mittelhochdeutsch
Gen.	Genitiv	mod.	modus, modal
gen.	genitivus	Nebf.	Nebenform
Ggs.	Gegensatz	neutr.	neutrum, neutrius
ggs.	gegensätzlich	nhd.	neuhochdeutsch
got.	gotisch	Nom.	Nominativ
h.	hier	nom.	nominations
Herk.	Herkunft	obi.	obiectivus
hom.	homerisch	Obj.	Objekt
i. D.	im Deutschen	onom.	onomatopoietisch
idg.	indogermanisch	Opt.	Optativ
Imp.	Imperativ	opt.	optativus
imp.	imperations	örtl.	örtlich
Impf.	Imperfekt	part.	participium
impf.	imperfectum	pass.	passiv(um)
Ind.	Indikativ	Perf.	Perfekt
ind.	indicativus	pf.	perfectum
Inf.	Infinitiv	pers.	persönlich
inf.	infinitivus	pleon.	pleonastisch
ingr.	ingressiv(us)	plqpf.	plusquaperfectum
intens.	intensivum	Plur.	Plural
intr.	intransitiv(um)	pl.	pluralis
ion.	ionisch	p. p. p.	part. pf. pass.
isol.	isoliert(es)	präd.	prädikativ
iterat.	iterativ(um)	prägn.	prägnant
jem.	jemand(em)	Präp.	Präposition
Jhdt.	Jahrhundert	Präs.	Präsens
Konj.	Konjunktion	praes.	praesens
kontr.	kontrahiert	Prät.	Präteritum
lat.	lateinisch	praet.	praeteritum
lesb.	lesbisch	priv.	privativum
loc.	locativus	pron.	pronomen

proth.	protheticum	trans.	transitiv
Redupl.	Reduplikation	u. ä.	und ähnliche(s)
redupl.	redupliziert	überh.	überhaupt
refl.	reflexiv(um)	übers.	übersetze
rel.	relativ(um)	übertr.	übertragen
result.	resultativ	ungekl.	ungeklärt
sc.	scilicet (=ergänze)	unkl.	unklar
Schwst.	Schwundstufe	unp.	unpersönlich
schwst.	schwundstufig	unter-	
s. d.	siehe dieses	sch.	unterscheide
sep.	separativ(us)	urspr.	ursprünglich
sg.	singularis	v.	versus (=Vers)
sog.	sogenannt	verallg.	verallgemeinert
St	Stamm	verb.	verbinde
st.	statt	verst.	verstärkt
subst.	substantivisch	verw.	verwandt
Suff.	Suffix	viell.	vielleicht
temp.	temporal(is)	vorz.	vorzeitig
them.	thematisch	zeitl.	zeitlich
Tiefst.	Tiefstufe	zuk.	zukünftig

Zeichenerklärung

~ bedeutet: ist ähnlich
\> bedeutet: wird zu
< bedeutet: ist entstanden aus
— über einem Vokal bedeutet: der Vokal ist lang, z. B. $\bar{a}$.
˘ über einem Vokal bedeutet: der Vokal ist kurz, z. B. $\breve{a}$.
⌒ unter einem Vokal bezeichnet den Halbvokal, z. B. i̯ = j.
o unter einem Konsonant bezeichnet ihn als sonantisch, z. B. ṇ = ν sonans.

Erschlossene Formen sind hier nicht durch ein * gekennzeichnet, sondern durch Weglassen der Akzente.
Zwischen Stamm (St) und Wurzel wird hier nicht unterschieden.

Buch α (1)

1 **ἐν-έπω** St σεπ > ἐπ, verw. sagen (νν nach P 22) — **(an-)sagen, erzählen (von)** (zu μοι ἔννεπε P 7)

πολύ-τροπος τρέπω — vielwendig, **wandlungsreich**

πολλά (S 14) adv. erstarrt — (Obj. des Inhalts) h. **vielfach**

2 **πλάζω** < πλανζω < πλαγ-γjω (ἐ) πλάγχθη (V 7) — **verschlagen** cf. plango πλάγχθη ἐπεί (P 7)

Τροίη att. Τροία (L 1) — 1. sc. γῆ **Land der Troer** 2. sc. πόλις **Stadt der Troer**

ἱερός — 1. **stark**, kräftig 2. mit göttl. Kraft erfüllt, **heilig**

πτολί-εθρον, τό u. **ἡ πτόλις** = πόλις verw. ai *pur*, nhd. Burg zu Τροίης πτολίεθρον — (befestigte) **Stadt, Gemeinde** (als polit. Einrichtung) vgl. engl. the city of London

πέρθω — **zerstören**

3 **ἄστυ** ἄστεος att. ἄστεως, τό St Ϝασ, Ϝεσ, verw. *wes* = wohnen — Wohnstätte, **Stadt** als Ansammlung von Häusern, cf. „Anwesen"

ἴδεν (V 7) < (ε) Ϝιδεν — = εἶδεν

νόος, ὁ att. νοῦς (L 5) — 1. so hier **Sinnesart, Gesinnung** 2. **Verstand**, Klugheit

4 **ὅ γε** (auch ὁ δέ) — Verstärkung des Pronomens

πόντος, ὁ cf. πάτος < πητος (cf. pons) — urspr. Pfad. **Meer** (cf. Hellespont)

ἄλγος, τό (Frdw. Neuralgie)	1. **Schmerz**; 2. **Leid**, Kummer (P 15)
κατά c.acc. räuml.	**durch-hin,** im Bereich von, **in**
θυμός, ὁ cf. fumus (eigtl. der Wallende) vgl. Bed. von animus	1. Lebensgeist, **Lebenskraft**; 2. Trieb, Verlangen; **Mut, Zorn**; 3. **Sinn**, Gesinnung; Gemüt, **Herz**
5 **ἄρνυμαι** (wie „erhalten")	1. erwerben, **gewinnen**; 2. **bewahren,** retten
ψύχω	hauchen, blasen
ψυχή	1. **Hauch, Leben**(sodem); 2. **Seele**
νέομαι St νεσ-, cf. genes-en	glückl. davonkommen, **heimkehren**
νόστος, ὁ	glückl. Fahrt, Rettung, **Heimkehr**
ἑταῖρος u. **ἔταρος** St σϝε, cf. suetus (nachf. εταρjα)	Genosse, **Gefährte** (Epenthese)
6 **ὥς** od. **ὧς** adv. z. pron. dem. ὁ (att. οὕτως)	**auf diese Weise,** so (cf. ὥστε)
ὡς z. pron. rel. ὅς	**wie**
οὐδ' ὧς	auch so nicht, **trotzdem nicht**
ἔρυμαι u. **(ἐ)ρύομαι** aor. ἐρρυσάμην (ερϝ-) P 4	bewahren, schützen, **retten**
ἵεμαι 1. < ϝιεμαι (P 15)	streben, **begehren,** trachten (P 22)
2. med. von ἵημι < jιjημι	sich in Bewegung setzen, **eilen**
περ enkl. < πέρι, cf. ὥσπερ eigtl. durch u. durch,	1. durchaus, **gänzlich**; 2. **sehr,** eben, sogar (wie

cf. parumper	permagnus); 3. einschränkend **doch**, wenigstens; daher b. part. = καίπερ
7 **σφέτερος** refl. pron. poss.	= suus **ihr** (N 30 u. N 7)
ἀτάσθαλος	übermütig, ausgelassen, **frevelhaft**
ἀτασθαλία, ἡ nur Pl.	1. **Übermut**; 2. einzelne **Freveltat**
8 **νήπιος** νη < νε u. anlaut. Vokal	(νε = α priv.) unverständig, **töricht**
9 **κατ-εσθίω** (V 25)	aufessen, **verzehren** (Tmesis)
αὐτάρ < αὖτ' ἄρ (autem)	**aber**
ἀφ-αιρέομαι (auch c. dat.)	**wegnehmen**
νόστ-ιμος cf. 5 νόστος	zur Heimkehr gehörig, **der Heimkehr**
ἦμαρ, ἤματος, τό urspr. Form	= **ἡμέρα** (anal. an ἑσπέρα?)
10 **ἀμό-θεν** adv. (N 2)	(alicunde) **irgendwoher**
11 **ἔνθ'** = ἔνθα adv. (P 8)	1. dem. a) loc. **dort, da(hin)**; b) temp. **da** (am Anf. der Erzähl.) 2. rel. **wo**
φύγον (V 10) plqpf.	entronnen waren
αἰπύς	1. **jäh**, steil; 2. grausig, **schrecklich**
ὄλεθρος, ὁ (ὄλ-λυμι)	**Verderben**, Untergang
12 **οἴκοι** adv. erst. loc.	= domi **daheim**
ἠδέ	**und**
13 **οἶος** cf. οἰνός = eins (auf d. Würfel)	einzig, **allein** (cf. unus)

κέ-χρημαι (V 13) = praes. χράομαι	1. τινί **gebrauchen**, haben; 2. τινός brauchen, bedürfen, verlangen, **sich sehnen**
14 **νύμφη** cf. nubere	**Braut**, junge Frau; **Nymphe**
πότνια cf. 15 πόσις, potis	1. subst. **Herrin**; 2. adj. **hehr**
ἐρύκω = retinere u. arcere	1. **zurückhalten**; 2. **fernhalten**
δῖος, δῖα, δῖον St. διϝ	1. **göttlich**; 2. allg. erhaben, **herrlich**
15 **σπέος**, σπέεος, τό (L 5)	**Grotte** (S 6)
γλαφυρός	hohl, **gewölbt**
λι-λαίομαι < λι-λασ-joμαι, St λα(σ)-, cf. Lust	wünschen, **begehren**, trachten
πόσις, ὁ cf. 14, potis	1. **Herr**; 2. verengert zu **Gatte**, Gemahl
16 **δή**	1. temp. allg. **nun**(mehr); 2. (deutlicher) schon, **endlich**; 3. (versichernd) gewiss, **doch**
ἔτος, τό cf. vetus bejahrt **ἐνιαυτός**, ὁ	**Jahr** δή ἔτος (P 15), da < ϝετος 1. urspr. wohl Zeitpunkt, **Jahrestag**; 2. dann auch Zeitraum, **Jahr**
πόλος, ὁ verw. τέλος Ende	eigtl. Wende, Drehpunkt
πέλω, meist **πέλομαι**, aor. mit Schwst. ἐ-πλόμην	sich drehen (wie versari verblasst zu) **werden, sein**
περι-πέλομαι (aor. nicht vorz.)	sich herumbewegen, **umlaufen**

17 τῷ bez. auf ἔτος (S 5) — (verb. mit νέεσθαι) in dem
οἱ < Ϝοι enkl., meist = lat. ei, pron. pers. (N 29)
nicht refl.
οἷ nicht enkl., refl. = lat. **sibi**
ἐπι-κλώθω (cf. Klotho) zuspinnen, **bestimmen**
οἰκόν-δε (N 3) = **οἴκαδε** α alte Akk.-Endung

18 πε-φυγ-μένος (V 12g) = att. πεφευγώς
ἦεν < ησεν = ἦν (V 17)
ἄ-εθλος < α proth. (N = att. ἆθλος (L 5) 1. **Wettkampf**; 2. **Kampf**;
20c) + Ϝεθλος, Frdw. 3. allg. **Mühe**
Athlet

19 **καί** h. steigernd **sogar**
μετά c. dat. loc. **inmitten**, unter
φίλοι cf. 55 die „Lieben", **die Angehörigen**

δέ (S 3 u. 4) h. wie d. Deutsche **da**
ἐλεαίρω = ἐλεέω Mitleid haben, **bemitleiden, sich erbarmen**
cf. ἔλεος Mitleid

20 **νόσφι** (ν) 1. adv. **getrennt**, abseits;
2. Präp. c. gen. fern von,
außer

ἀ-σπερχές (S 14) α cop. + **sehr dringend** (N 20 b),
σπέρχω drängen, eilen allg. **heftig**
μενε-αίνω St μεν cf. geistig bewegt sein: 1. streben, **trachten**, begehren;
mens, cf. Minne 2. verengt **grollen**, zürnen

21 **ἀντί-θεος** = ἀντὶ θεοῦ ὤν anstelle eines Gottes seiend,
göttergleich

πάρος = πρίν 1. adv. **früher** b. Präp.
πάρος ἦν (P 5), da < **sonst**; 2. Konj. **bevor** c.
σϜην (S 9) inf.

γαῖα	= γῆ
ἱκέσθαι	= ἀφικέσθαι (V 9)
22 κίω (nachhom.) aor. ἔκιον	(cf. ciere) **gehen**
μετά c. acc. (cf. 19 c. dat)	wie D. „nach": 1. **hin**(ein), **unter,** zu; 2. bei sich entfern. Obj. **hinter-her;** 3. Rangfolge **nach**
μετ-εκί-αθόν τινα (isol. Prät.)	1. **ging hin zu;** 2. ging hinter jem. her
τηλό-θι (N 1) = τῆλε (ε 197)	fern, **in der Ferne**
23 ἀντιάω τινός cf. 67 ἀντίος ἀντιόων (P 25) part. fut.	1. **entgegengehen;** 2. **entgegennehmen** (S 19)
ἀρνειός spät für ἀρνηός	(⟨ἀρνηϜος) männl. Schaf, **Widder**
ἑκατόμ-βη, ἡ ἑκατόν + βοῦς	Groß-, **Festopfer** (eigtl. von hundert Rindern)
24 τέρπω (cf. Eu-terpe)	1. **sättigen;** 2. **erfreuen**
δαίς, δαιτός, ἡ cf. 43 δαίομαι	(Anteil am) **Mahl**
πάρ-ημαι cf. κάθημαι	**dabeisitzen**
25 Ζηνός gen. von Ζεύς	= Διός
ἐνί (cf. ἐνίοτε) ῑ nach P 4	= **ἐν** (V 23)
μέγαρον (μέγας)	1. großer Saal, **Männersaal,** Halle; 2. Frauengemach; 3. **Zimmer der Hausfrau;** 4. Schlafzimmer; 5. **Haus, Palast**
Ὀλύμπιος Adj. zu Ὄλυμπος	**olympisch;** subst. Olympier

ἀθρόος cf. ἀθροίζω	zusammengedrängt; **versammelt**
26 τοῖσι dat. loc. ohne Präp.	unter diesen (S 9)
μῦθος, ὁ	**Wort, Rede**; pl. Gespräch
27 ὢ πόποι (Ausdruck innerer Erregung, später des Schmerzes)	unglaublich! unbegreiflich! **schrecklich!** ei!
οἷον inn. Obj., zum Adv. erstarrt	**wie** (sehr) (P 25)
νυ enkl. < νυν, cf. τοίνυν	1. meist folgernd **nun**, also; 2. (unbetont) doch, **denn**
βροτός < μβροτος < μροτος (cf. ἀ-μβροσίη in ε 43)	**sterblich**; subst. **Mensch** (cf. mortuus, Mord)
28 αὐτός cf. αὐτο-μολεῖν, cf. Automobil, Automat	**selbst**; 1. für sich selbst, **allein**; 2. **von selbst**
29 σφός cf. σϜος in 4 (N 30)	= σφέτερος (cf. 7) **ihr** (eigen)
ὑπέρ c. acc.	**über - hinaus**
μόρος, ὁ St (σ)μερ, cf. μέρος	1. zugeteiltes Los, **Schicksal**; 2. oft gesteig., schlimmes Schicksal, **Verhängnis**
30 Ἀτρεΐδαο äol. Gen. (P 19)	= ion. Ἀτρεΐδεω (<-ηο, L7) = att. Ἀτρεΐδου
ἄ-λοχος (N 20b) α cop. (cf. 20) + λέχος, cf. lectus	dasselbe Lager habend, **Gattin**, Gemahlin
31 μνηστή cf. 34 μνάασθαι	(rechtmäßig) gefreit, **ehelich**
γῆμ' (Akz.!) = ἔγημε (V 7)	aor. von γαμέω

ἔ-κταν-ε aor. zu κτείνω	= att. ἀποκτείνω (V 9)
νοστέω cf. 5 νόστος, 9 νόστιμος	(cf. 17 νέομαι) glücklich **heimkehren**
32 **πρό** h. adv. wie ε 284 πρόσθεν (V 24)	1. örtl. **vorn;** 2. zeitl. **vorher**
33 **ἐύ** < ἐσυ, idg. *setós*, St ἐσ in εἰμί	= **εὖ** (P 19) wesenhaft, echt, **gut** (h. S 14)
σκοπέω specto	verw. spähen
ἐύ-σκοπος	**scharf spähend**
ἀργεϊ-φόντης (ε 62 ἀργής + St φαν in φαίνω)	**lichtstrahlend** (oder wie ein Lichtstrahl schnell, dann) **Eilbote**
Nach d. Alten fälschlich	Argostöter
34 μνάασθαι = μνάεσθαι (P 25)	**freien**
ἄ-κοιτις κοῖτος = λέχος	= **ἄλοχος** (cf. 30)
35 **τίσις**, ἡ cf. 38 τίνω	Buße, **Rache, Strafe**
36 **ἡβάω** cf. π 120 ἥβη ἥβησα aor. ingr.	**in voller Jugendkraft stehen,** mannbar werden
ἱμείρω u. med. (τινός)	**sich sehnen** (nach)
αἶα, ἡ < αϝja(?), cf. avia	**Erde** (als Urmutter), **Land**
37 **ἔφατο** St φα in φημί, impf. od. aor., meist aor. Bed.	= **ἔφη** (S 16)
φρήν, ἡ, φρενός (meist pl.)	1. **Zwerchfell;** 2. rein körperl. wie i. d. **Herz;** 3. Sitz von Bewusstsein bes. **Verstand;** 4. Wollen, **Wille**
38 **φρονέω** (φρήν)	**denken, bedenken**
ἀγαθὰ φρονεῖν	es gut meinen

ἀπο-τίνω (aor. ἔτεισα, cf. 35)	abzahlen, **abbüßen**
39 ἀμείβω	**wechseln**
ἀμείβομαι c. acc.	sich abwechseln mit, **erwidern, antworten**
γλαυκ-ῶπις, -ώπιδος (γλαυκός hell, Farbe zw. grün u. blau + St οπ in ὄψομαι)	**helläugig**, mit strahlendem Blick (γλαῦξ Eule als Attribut Athenes, der Vogel mit strahl. Augen)
40 ὕπατος cf. ὕψος (N 28)	oberster, **höchster**
κρείων, κρείοντος (cf. κρείσσων) vv. 39/40 = 69/70 (F)	herrschend; **Gebieter**
41 λίην att. λίαν adv.	sehr, **gar sehr**
καὶ λίην	sogar sehr; h. gewiss, **allerdings**
κεῖνος (P 13 u. N 31 c)	= **ἐ-κεῖνος** (ε dem. Partikel wie in lat. e-quidem)
ἐ-οικώς, ohne Redupl. εἰκώς St Ϝικ-Ϝεικ-Ϝοικ, cf. εἰκάζω (V 13a)	ähnlich, passend, **gebührend** cf. ἔοικα < ϜεϜοικα pf. intens.
42 ῥέζω St Ϝρεγ, Ϝεργ, cf. ἔργον	wirken, **tun** (L 8)
43 ἀμφί c. dat.	1. **um-herum**; 2. übertr. **um-willen**
δαΐ-φρων (St δα in δι-δά-σκω + φρήν)	kundigen Sinnes, **verständig, klug**
δαίομαι St δα u. δατ in ι 339 δατέομαι	1. med. **teilen**; 2. pass. **geteilt werden** (h. zerrissen werden)
ἦτορ (cf. nhd Ader?)	**Herz**

44 **δύσ-μορος** Präfix δυσ = miß-, übel-, heftig + μόρος, cf. 29 — Missgeschick habend, **unglücklich**

φίλων ἄπο (Akz.!) = ἀπὸ φίλων (V 26) fern von ...

δηθά adv. (cf. 208 δήν) — **lange**
πῆμα St παθ in πάσχω — Leid, **Leiden**

45 **ἀμφί-**(ρ)ρυτος (ῥέω) — (rings) umströmt (ρρ nach P 4, ρ n. P 21)

ὅθι adv. (= οὗ wo?, cf. 22) — h. = αὐτόθι = αὐτοῦ
ὅθι τε (cf. 47) urspr.: wo auch — τε verblasst, = einf. ὅθι (S 2)

46 **δένδρεον** — = att. δένδρον
Suffix -εις, -εσσα, -εν St Ϝεντ — (reichlich) versehen mit, reich an
δενδρή-εις — **baumreich**
ἔν adv. (Akz.! V 24) — 1. **darin**; 2. darauf
δῶμα, τό (= 102 δόμος) — = **domus** (S 6)
ναίω — wohnen, **bewohnen**

47 **ὀλοό-φρων** St ολ in ὄλλυμι < ολνυμι — mit verderblichem Sinn, **tückisch**
ὅς τε (wie 45 nach S 2) — = ὅς (seltener verallg. = ὅστις)

48 **βένθος** St βαθ < βγθ — = βάθος **Tiefe**
βένθεα (L 5) οἶδεν — P 15, da urspr. Ϝοιδεν
δέ τε — **und auch**
κίων, κίονος, ὁ u. **ἡ** — **Säule**

49 **οὐρανός, ὁ** — **Himmels(gewölbe)**
ἀμφίς (meist vor Vokalen) = ἀμφί (P12) — 1. **auf beiden Seiten** 2. nach beiden Seiten = **auseinander**

μακρός (μακράς, αἵ S 8) — lang, groß; h. **hoch**

50 δύστηνος δυσ- in 44 + St στα	Missstand habend, geplagt, unglücklich, **unselig**
ὀδύρομαι	1. intr. **wehklagen,** jammern; 2. trans. **jammern um,** nach (τι)
κατ-ερύκω (=ἐρύκω 14)	**zurückhalten**
51 αἰεί auch αἰέν (in 63) adv.	= ἀεί (<αιϜεσι, L 3 c) cf. aevum
μαλακός (mollis?)	weich, **sanft**
αἱμύλιος	**schmeichelnd**
52 θέλγω	bezaubern, **betören**
ὅπως c. fut. ist final	ἐπιλήσεται auch coni. aor. (V 6)
53 καπνός, ὁ	**Rauch, Dampf**
ἀπο-θρώσκω	wegspringen; h. **aufsteigen**
νοέω	sinnlich u. geistig **wahrnehmen,** sehen
55 ἐν-τρέπομαι	sich kehren an, **sich schämen**
φίλος (N 30 b)	1. akt. liebend, **freundlich;** 2. pass. geliebt, **lieb,** erwünscht; 3. **pron. poss.**
Aus 19 Entw. ersichtlich:	seine Lieben = Angehörigen, „die Seinen"
τ' = τοι (enkl.) cf. μέντοι, καίτοι	1. pron. pers. = σοι (tibi); 2. als dat. eth. erst. zur Partikel fürwahr, doch
Zum Hiat bei 'Ολύμπιε οὐ	cf. P 14
56 χαρίζομαι (χάρις)	Gunst erweisen, **sich gefällig erweisen**
ἱερὰ ῥέζειν (cf. 42)	= sacra facere, **Opfer darbringen**

χαρίζετο ἱερά	nach P 14 u. 22
57 εὐρύς	breit, **weit**
τόσον (S 14)	= **tantum, tantopere**
τί adv. Akk. (S 14)	was? im Sinne von **warum**?
ὠδυσάμην isol. aor. (ingr.)	zürnte (ὠδύσαο < - σασο V 2 f.)
58 ἀπ-αμείβομαι	= ἀμείβομαι (cf. 39)
πρόσ-φημι	anreden (τήν geh. zu beiden Verben)
νεφελ-ηγερ-έ-τᾰ (N 5)	(νεφέλη + ἀγείρω) **Wolkensammler**
59 ἕρκος, τό (cf. sarcina Bündel?)	Zaun, **Gehege**
ὀδών, ὀδόντος (dens)	der Essende, **Zahn**
σε — ἕρκος ὀδόντων	(gen. expl.) cf. S 15
60 ἔπειτα	1. zeitl. **danach**; 2. (folgernd, Einl. des nachsteh. Haupts.) also, **so denn**; 3. h. (wie tandem i. Fragesatz) **denn, eigentlich**
θεῖος	göttlich, **herrlich**
λανθάνομαι (V 9)	= ἐπι-λανθάνομαι
61 περί adv.	1. urspr. **ringsum** (meist in Kompos.); 2. daraus entst. völlig, **überaus**; 3. kompar. in höherem Maße; 4. über-hinaus, mehr als (in Kompos.);
entw. zur Präp. c. gen.	5. örtl. **um-herum**; 6. **um** (jem. od. etwas als Preis)
das erste περί geh. zum Verb (V 25)	
das zweite ist noch reines Adv. (V 24)	

περὶ — εἶναι = περιεῖναι τινός (V 25)	mehr sein (von jem. her betrachtet =) als jem., jem. **überlegen sein**
ἱρός	= **ἱερός**
62 **τοί** (anders als 55!) pron. relat.	ältere Form für οἵ (N 32)
ἔχω	h. **innehaben,** bewohnen
63 **γαιή-οχος** (γαῖα + St ϝεχ, veho)	Erdbeweger, **Erderschütterer**
ἀ-σκελής (ἀ N 20b + σκέλλω austrocknen, cf. Skelett)	ganz ausgetrocknet, **zäh;** (acc. neutr. als) adv. **unablässig** (S 14)
64 **χολόω** (χόλος Zorn, Groll)	**zornig machen**
χολόομαι	**zürnen, grollen**
κεχόλωται result. pf. pass.	(V 13b) mit Präsensbed.
ἀλαόω τινός sep.	**blenden;** blendend **berauben**
65 **ἄγε** u. **ἄγετε** erst. Imp.	vor Aufforderungen **auf! wohlan!**
φράζω	deutlich machen, **(an)zeigen**
φράζομαι	1. sinnl. **bemerken;** 2. gedankl. sich klar machen, überlegen, **erwägen**
περι-φράζομαι	(ringsum =) **sorgfältig überlegen**
ἡμεῖς οἵδε	wir hier
66 **μεθ-ίημι** (zu μετά cf. 19)	mittendrin loslassen; übertr. **aufgeben** (V 3 u. S 20)
νόστον, ὅπως ἔλθῃσι	damit er nach H. kommt
67 **μέν** h. = **μήν**	**fürwahr,** gewiss

ἀντίος (cf. 23, ἀντία S 14) — entgegen
68 ἀ-θάνατος (α N 20a, ᾰ P 22) — ohne Tod, **unsterblich**
ἀ-έκητι (α N 20a + St Ϝεκᾱ) c. gen. — (cf. ἑκών) ohne, **gegen d. Willen** von
ἐριδαίνω (= ἐρίζω) — (wett)**streiten**
ἐριδαιν-έ-μεν inf. praes. act. — (cf. 28 ἔμ-μεναι, 34 κτείνειν, 54 θανέειν
71 μάκαρ, μάκαρος — **selig** (cf. μακαρίζω, macte)
μακάρεσσι (äol.) N 13 — = μάκαρσι
72 πολύ-φρων — viel Verstand habend, **klug**
ὅνδε δόμονδε (=17 οἶκόνδε) — = domum suam (S 9)
73 διάκτορος (Ableit. unsicher) — (viell. διάγω, dann) **geleitend**
74 ἐς — = εἰς
ὀτρύνω u. ἐπ-οτρύνω — 1. (an)treiben; 2. wie h. (eilig) **entsenden**;
ὀτρύνομεν coni. aor. (V 6) — 3. etwas (τι) betreiben
ὄφρα (Konj.) — 1. zeitl. solange als, **bis** (dum); 2. final **damit**
75 ἐϋ-πλόκαμος (πλέκω flechten) — mit schönen Flechten, **flechtengeschmückt**
νημερτής (8 νε + ἁμαρτανω) — unfehlbar, **untrüglich**
βουλή (βούλομαι) (cf. consilium) — Wille, Plan; Rat, d. h. 1. **Ratschluss**, 2. **Ratschlag**, 3. **Ratsversammlung**
76 ταλασί-φρων (St ταλ, cf. 47) — mit ertragendem Sinn, **ausharrend**, unbeugsam
κε od. κεν, κ' (äol., enkl.) — = **ἄν**
ὥς κε νέηται (S 20) — vgl. 66 ὅπως ἔλθῃσι

77 ἐγών (bei Hom. vor Vokal)	= ἐγώ (P 12)
ἐλεύσομαι (St ἐλευθ-, ἐλυθ)	ep. fut. zu ἔρχομαι (aor. ἤλυθον)
78 μένος, τό (cf. St μεν in 20)	1. Drang, **Verlangen**; 2. ungestüme Kraft, **Ungestüm**; 3. **Mut**
ἐν φρεσὶ (37, S 12b) θεῖναι (θήω, and. Hss. θείω)	ins Herz legen, **eingeben**
79 **ἠμαθό-εις** ἄμαθος (Staub, Sand, metr. gedehnt, P 22) + -εις (cf. 46)	**sandreich**
80 πευσόμενον (S 19) fut. zum	hom. Präs. πεύθομαι (πυνθάν- selten)
ἤν (= ἐάν < εἰ ἄν)	**wenn, ob**
που enkl.	1. = πῃ, 2. vermutend **doch wohl, etwa**
81 **κλέος**, τό (St κλεϝ, κλυ in κλύω)	1. **Kunde**, Ruf; 2. guter Ruf, **Ruhm**
ἐσ-θλός St εσ in εἰμί (33)	eigtl. wesenhaft, echt: gut, **edel, wacker**, tüchtig
82 **δέω**	**binden**
δέομαι indir. med.	sich (sibi) (um)binden, **anlegen**
κᾱλός < καλϝος (L 3)	= att. κᾰλός
πέδ-ιλον St πεδ, ποδ in πούς	eigtl. Sohle, = **Sandale** (cf. πεδίον)
83 **κάρηνον** auch κάρη, att. κάρα (cf. cerebrum)	**Haupt**, Spitze, **Gipfel** (bei Hom. nur pl.)
ἀΐσσω	losfahren, **stürmen**
84 **δῆμος**, ὁ St δα(τ) in 43	1. (geteiltes) Land, **Gau**; 2. **Gemeinde, Volk**

πρό-θυρον (θύρα)	Raum vor der Tür, **Torweg** (S 6)
85 οὐδός, ὁ < οδϝος	**Schwelle** att. ὁδός
αὔλ-ειος (αὐλή)	**zum Hof gehörig**, Hof-
παλάμη (palma)	**flache Hand**
ἔγχος, τό (eigtl. Stecker)	aufgesteckte Spitze; **Speer, Lanze**
86 εἴδ-ομαι St ϝιδ in εἶδον, cf. video	(er)scheinen, **gleichen**
ξεῖνος < ξενϝος (L 3)	= att. **ξένος**
ἡγή-τωρ, -τορος (ἡγέομαι)	Führer, **Fürst**
87 ἄρα (od. ἄρ', ἄρ, ῥα < ρ, ρ') St ἀρ in ἀραρίσκω (enkl.)	eigtl. „füglich" **also, ja** (wie ich sehe, od. wie man weiß), bleibt oft unübersetzt
μνηστήρ (34 μνάομαι)	**Freier**
ἀγ-ήνωρ, -ήνορος (1. ἄγαν + ἀνήρ, 2. ἄγω + ἀνήρ)	1. sehr männlich, **stolz**; 2. Männer führend; verallg. mutig, **kühn**
88 πεσσός, ὁ	**Stein** in ein (unbek.) Brettspiel
προ-πάροιθεν (21 πάρος) adv.	1. örtl. vorn, **voran**; 2. zeitl. **vorher;**
Präpos. c. gen.	3. vor, **vorn an**
αἱ θύραι (cf. fores)	(Doppel-)**Tür**
89 εἶδος, τό St ϝιδ	Aussehen,
Suffix -ειδής, -ειδές	-artig, -gleich
θεο-ειδής	gottähnlich, **göttergleich**
90 τετίημαι	betrübt, **bekümmert sein**
φίλον (N 30b) τετιημένος ἦτορ	(acc. Graec.) betrübt in seinem Herzen
ἧστο	= att. ἐκάθητο (V 9)

91 **ὄσσομαι** St ok^w zu οπ in 39	**schauen**, sehen (cf. oculus)
ὄσσομαι ἐνὶ φρεσίν	sich (sibi) **vorstellen**
92 **σκέδασις**, ἡ (σκεδάννυμι)	**Zerstreuung**
τί-θημι (ἔθηκα verw. feci)	(h. wie oft) anrichten, **bereiten**
93 **τιμή** (τίω schätzen) (cf. Gymn. 71, S. 46)	allg. **Schätzung**, Wertung (durch Einkünfte u. Rang), dann: 1. abgeschätztes Bußgeld, Ersatz; **Strafe, Rache**; 2. Wertschätzung, Ehrung, **Ehre**
κτῆμα, τό (κτάομαι)	Erwerb, **Besitztum**; pl. Schätze
ἀνάσσω τινί (dat. loc.)	Herr sein, **herrschen unter** (i. d. „über")
οἷσιν pron. poss. (N 30)	
94 **μέθ-ημαι** τινί (dat.-loc.)	**darunter sitzen**
εἰσ-οράω	**anschauen**
εἴσιδε (aor. ingr.)	er erblickte, sein Blick fiel auf
95 **ἰθύς** c. gen.	**gerade auf - zu**
νεμεσ(σ)άω u. med. (νέμεσις gerechter Unwille, νέμω zuteilen)	1. zurechnen; 2. verargen; 3. **unwillig sein**; 4. **zürnen**
νεμεσσήθη (aor. ingr.)	ergrimmte
96 **ἐγγύ-θι** (ἐγγύς) adv.	**nahe**
ἐφεστάμεν (cf 68, h. -μεν pf. !)	= att. ἐφεστάναι
97 **δεξι-τερός** (cf δέξιος, dexter) (cf ε 163 ἀριστερός, κ 84 ὀρέστερος, ρ 127 ἀγρότερος, λ 150 θηλύτεραι)	**recht(s)** kein Kompar. !

δέχομαι	an-, **entgegennehmen** (h. **abnehmen**)
χάλκ-εος u. χάλκ-ειος < εjος	= att. χαλκοῦς (L 5) ehern, **erzbeschlagen**
98 φωνέω (φωνή) (F)	vernehmlich **sprechen**; die Stimme erheben, **anheben** (zu sprechen)
πτερό-εις Schwst. von πετ in πέτομαι, -εις cf. 46	**geflügelt** (d. h. schnell dem Mund enteilend)
προσ-αυδάω τινὰ ἔπεα	**Worte richten an jem.**
99 χαίρω	es sich wohl sein lassen, **sich freuen**
χαῖρε (griech. Gruß beim Kommen u. beim Abschied)	laß es dir gut gehen, freue dich! (allg.) **sei gegrüßt! lebe wohl!**
φιλέω (φιλήσεαι fut. med. mit pass. Bed. S 16)	h. wie oft freundl. aufnehmen, **bewirten**; pass. willkommen sein
100 πατέομαι (St πα u. δα in 43 δατέομαι)	**essen**, genießen (cf. pasco)
μυθέομαι (μῦθος)	1. sagen, sprechen; 2. **erzählen**
χρή μέ τινος (= att δεῖ μοί τινος) (ὅττεο = ὅτου, L 5)	1. ich bedarf einer Sache, **habe etw. nötig**; 2. **mir liegt etw. ob**
101 ἡγέομαι	führen, **vorangehen**
102 ἐντόσ-θεν (ἐντός innen)	1. adv. von innen, **drinnen**; 2. Präp. c. gen. innerhalb von, **in**
δόμος, ὁ (abl. St δεμ in δέμω bauen)	**Haus** (cf. 46)

104 **δουρο-δόκη** (δόρυ + δέχομαι) — Speerbehälter, **Speerständer**

ἐύ-ξοος (ξέω glätten, ε 134) — **wohlgeglättet**, poliert

105 ἔγχε' = ἔγχεα (cf. 55) = ἔγχη (P 8 u. L 5)

106 **εἶσα** aor. zum St. σεδ > ἑδ, cf. ἕζω < σεδjω, aor. < ἐ-σεδ-σα — setzte, **hieß sich setzen**

θρόνος, ὁ — Armsessel, **Lehnstuhl**

λίς, λιτός, ὁ (cf. λίνον Lein) — **Leintuch**

ὑπο-πετάσσας (V 25) = -πετάσας — (P 4) h. vorz. nachdem sie darunter a. hatte

107 **δαι-δάλ-εος** St δαλ (ψ 87) mit Intensivredupl. (cf. Daidalos) — kunstvoll gearbeitet, **verziert**

ὑπό adv. (cf. 46 ἔν, V 24) — **unten**

θρῆνυς, ἡ St θρη = halten, stützen — Fußbank, **Schemel** (cf. fretus = gestützt auf)

108 **πάρ** adv. = παρά (P16, V 24) — **daneben**

κλισμός (κλίνω) — **(Lehn-)Stuhl**

ποικίλος (cf. pingo, pictus) — **bunt** (verziert)

ἔκτο(σ)θεν (ἐκτός außerhalb) — 1. adv. von außen, **(dr)außen**; 2. Präp. c. gen. **abseits von**

109 **ἀνιάω** (ἀνία Plage, cf. onus) — quälen, **belästigen**

ὀρυμαγδός, ὁ — Lärm, **Getöse**

110 ἀ-ηδέω   (α priv. + ἡδύς,   **Unlust empfinden**
    Variante zu)
    ἀδέω (ἄδην = satis, satt-   satt, **überdrüssig sein**
    sam, ε 172)
    ὑπερ-φίαλος St φυ (cf. fu   1. vornehm, **stolz**; 2. **über-**
    zu superbus)   **mütig**
    μετ-έρχομαι (cf. 22   **dazukommen**, hink. zu,
    — ἐκίαθον)   hink. unter
111 ἀπ-οίχομαι   abwesend, **verschollen**
                              sein
112 χέρ-νιψ, -νιβος, ἡ (χείρ + **Handwaschwasser**
    νίζω in 114)
    ἀμφί-πολος, ἡ (16 πέλο-   sich um (die Herrin) tum-
    μαι, cf. ancilla)   melnd, **Dienerin**, Zofe
    πρό-χοος, ἡ (χέω)   **Kanne**
    ἐπι-χέω u. -χεύω St χεϜ   darauf, **darüber gießen**
113 χρύσε(ι)ος (cf. 97)   = att. **χρυσοῦς** (Akz.!)
    λέβης, λέβητος. ὁ   **Becken**, Schüssel, Wasser-
                              kessel

114 νίζω St νιβ, aor. ἔνιψα   **waschen** (praes. νίπτω spät)
    ξεσ-τός (cf. 104 ξέω)   **geglättet**, glatt gehobelt
    παρα-τανύω (cf. τείνω,   daneben spannen, **hin-**
    tendo)   **stellen**
    τρά-πεζα, ἡ < τετραπεδjα   Vierfuß, **Tisch**
115 αἰδοῖος < αιδοσ-ιος (ϑ 53   1. verschämt, **schüchtern**;
    αἰδώς) (vgl. AU V 1,   2. achtunggebietend,
    51 ff.)   **achtbar**; 3. (ehr)**würdig**
    ταμίη   Verwalterin, **Wirtschaf-**
                              terin, Schaffnerin

    παρα-τίθημι   daneben setzen, **vorsetzen**
116 εἶδαρ, εἴδατος, τό < εδ-   **Speise** (cf. edo)
    Ϝαρ, St εδ (L 3)

ἐπι-τίθημι	dazulegen
τὰ παρεόντα (L 5)	das Vorhandene, **Vorrätige**
117 δαι-τρός St δα in 43	Zerleger, **Vorschneider**
κρέας, τό < κρεϜας (cf. cruor, ahd. *hrā* = nhd. roh)	**Fleisch**; pl. Fleischstücke
πίναξ, πίνακος, ὁ	**Brett**, Platte ((Schüssel)
ἀείρω α (N 20c)+St Ϝερ	(= att. αἴρω, St Ϝαρ) auf-, **emporheben**
118 **κύπελλον** (cf. κύπη, cupa, Kufe)	**Becher**
119 **θαμά** adv.	dicht, oft, **häufig**
ἐπ-οίχομαί τινι (wenn αὐτοῖσιν loc., cf. 26)	1. jem. nähertreten, **herantreten an**; 2. **hin u. her gehen** unter
οἰνο-χοέω u. -χοεύω (St χεϜ)	**Wein einschenken**
121 **ἑξ-είης** u. -ῆς (St σεχ in ἔχομαι, alter Gen. erst. zum Adv.)	sich anschließend, **der Reihe nach**; 1. örtl. **neben-, hintereinander**; 2. zeitl. **nachein.**
ἕζομαι St σεδ (cf. 106, V 9)	= att. **καθέζομαι**
123 **δμωή**	Sklavin, **Magd**
παρα-νέω, **-νηέω**, -νηνέω (letzteres nur im Impf.)	neben od. **vor jem. aufhäufen**
κάνεον (att. κανοῦν)	**Korb** (cf. canistrum)
124 **κοῦρος** < κορϜος (L 3), att. κόρος, St κερ (cf. cresco)	heranwachsender **junger Mann**; h. = **Page**

ἐπι-στέφομαι (στέφανος) — bis zum (Kranz, d. h.) Rand füllen

ποτόν St πο, πι in πίνω — Trank (cf. potare, potus)

125 ὄνειαρ, ὀνείρατος, τό St ονα, (cf. ὀνίνημι u. 23 u. 136) — Nutzen, **Labsal**; pl. **Speisen**

ἑτοῖμος (3 u. 2) att. auch ἕτοιμος, St εσ in 33 — **wirklich**: 1. wirklich geschehen; 2. wirkl. vorhanden, zur Hand, **bereit**

πρό-κειμαι — pass. **vorgesetzt sein**

ἰάλλω — senden, werfen, **strecken**
χεῖρας ἰάλλειν — zulangen

126 πόσις, πόσιος, ἡ St πο (cf. 124 ποτόν) — Trinken, **Trank** (untersch. von 15!)

ἐδη-τύς, ἡ St εδ in 116 — Essen, **Speise**

ἔρος, ὁ äol. für ἔρως — Liebe, **Verlangen**

ἐξ-ίεμαι — aus sich heraussenden, **vertreiben**, stillen

127 μεμήλει plqpf. zum pf. intens. (V 13a) von μέλω — = impf. gefiel, **war im Sinn** (= att. μέλει μοί τινος)

128 μολπή (viell. zu μέλος Lied) — **Gesang**, Spiel, **Tanz** (meist miteinander)

ὀρχ-ηστύς, -ηστύος, ἡ — **Tanz**(en), ὀρχέομαι = tanzen)

ὀρχήστρα — Tanzplatz

ἀνά-θημα, τό — **Weihgeschenk**; allg. Zierde, **Schmuck**

129 κίθαρις, -ιος, ἡ Frdw. — Zither, **Laute**

περι-καλλής (61 περί + κάλλος) — sehr schön, **prächtig**

130 ἀείδω (<αϝειδω) = att. ᾄδω) — **singen**

131 ἦ τοι cf. 55

1. versichernd **wahrlich;**
2. einschränkend **freilich;**
3. oft nur = verst. μέν

φορμίζω (cf. ϑ 100 φόρμιγξ)

auf der Laute spielen

ἀνα-βάλλομαι

sich aufschwingen, **anheben, „präludieren"**

133 **ἄγχι** adv. (cf. ἄγχω beengen)

eng dabei, **nahe** (cf. ango, angustus)

πεύϑ-ομαι (cf. att. πεύσομαι, fut. zu πυνϑάνομαι, cf. 80)

1. vernehmen, erfahren;
2. **zu erfahren suchen,** erforschen; 3. τινός **sich erkundigen nach**

134 ἦ (cf. 131) = lat. -ně

h. Fragepartikel! etwa

135 **ἀ-οιδή** < α (N 20c) + ϝοιδη, cf. 18)

= att. ᾠδή Gesang

136 **ῥεῖα** adv. (S 14) spät. Schreibung für ῥῆα (cf. ῥᾴδιος)

leicht(hin), **mühelos**

ἀλλότριος (cf. alienus)

fremd (Frdw. Allotria)

βίοτος (βίος, cf. vita, victus)

1a) Leben (Ggs. Tod);
b) Genesung (Ggs. todähnl. Krankheit); 2. **Lebensunterhalt;** 3. Lebensgut, Gut

νή-ποινος (75 νε + ποινή, cf. poena, im-punus)

1. ohne Entgelt, unbezahlt;
2. **ungestraft**

ἔδω St εδ in 116 u. 126

= att. ἐσθίω essen

137 **πύϑω** (cf. puteo)

faulen machen; pass. verfaulen, **verwesen**

ὄμβρος, ὁ (imber)

(Platz-) Regen

138 ἤπειρος, ἡ | Ufer, Land (Ggs. Meer, Insel)
εἰν u. εἰνί, ἐνί | = ἐν (P 22 u. V 23)
ἅλς ἁλός, ἡ (Art.! ὁ ἅλς Salz) | Salzflut, **Meer**
κῦμα, τό St κυ in κυμαίνω schwellen) | **Woge**, Welle (cf. cumulus)
κυλίνδω (Frdw. Zylinder) | wälzen
140 ἀρά-ομαι (oro) | 1. **beten, flehen**; 2. wünschen
ἐλαφρός (levis) | leicht, **flink**
141 ἀφνειός (ἄφενος Vorrat) | **begütert**
θαλπ-ωρή (θάλπω in φ 117) | Erwärmung; Erquickung, **Trost**
εἴ περ u. εἴπερ | **wenn auch noch so sehr**
ἐπι-χθόνιος (χθών Erde) | auf der Erde lebend, **irdisch**
145 ἀ-τρεκής (torqueo) (F) | 1. unverdreht, unumwunden, **wahrhaftig**; 2. **genau**
κατα-λέγω (Frdw. Katalog) | 1. aufzählen; 2. **erzählen**
146 πόθεν (enkl., ποθέν) | **woher?** (auch von d. Abstammung)
εἰς enkl. auch ἐσσί (cf. 151) | = att εἶ (V 17)
πόθι = ποῦ (enkl. ποθί) | **wo?** (enkl. = irgendwo)
τοκῆες (pl. v. τοκεύς, St τεκ in τίκτω, ἔ-τεκ-ον, τέ-τοκ-α) | = att. τοκεῖς 1. **Eltern**; 2. allg. **Ahnen**
147 ὁπποῖος = ὁποῖος (qualis, N 32 e) | interr. u. rel. was für einer, **welcher**

νηῦς, νηός, ἡ (Ν 18) St ναϜ	= att. ναῦς **Schiff** (cf. **navis**)
148 **εὐχετάομαι** = **εὔχομαι** (cf. voveo)	eigtl. feierl. reden: 1. **beten, geloben**; 2. wie h. **sich rühmen**
οὐ μέν (= μήν) τι	**keineswegs**
πεζός, ὁ < πεδ-jος, (cf. pedes)	**Fußgänger** (Fußsoldat)
ὀίομαι = **οἴομαι, οἶμαι**	**vermuten**, ahnen
ἐνθά-δε (cf. 11 ἔνθα)	**hierher**
150 **ἐτήτυμος** (33 εσυ, 125 ἑτοῖμος, τ 115 ἔτυμος) τη Intensivredupl.	wahrhaft, **wirklich** (S 14) atopc
151 **ἠὲ** (< ἦ 131 + Ϝε = ve) **— ἦ**	= **πότερον — ἤ**
νέον adv. (S 14) cf. nuper < novi-per	jüngst, soeben, **eben erst**
μεθ-έπω	nachgehen, **aufsuchen**; Besuch machen
πατρώιος (πατήρ)	**väterlich** vom Vater her
ἐσσί enkl. (St εσ)	= att. εἶ (V 17)
152 **ἐπεί**	1. zeitl. **als,** nachdem; 2. begründ. **da ja, denn**
δῶ, τό (cf. 46 δῶμα)	**Haus**
153 **ἐπί-στροφος** (στρέφω)	medial: sich umdrehend, **gern verkehrend** (τινός mit)
154 **αὖτε** (cf. 9 αὐτάρ) = **αὖ** (cf. autem)	1. zeitl. **wieder**(um); 2. ggs. hinwiederum, dagegen, **andrerseits**
προσ-εῖπον (-έειπε < ε-Ϝε-Ϝεπ-ε)	anreden, **sprechen zu** (redupl. aor II) F

155 τοιγάρ u. τοὶ γάρ	so ... denn, also ... denn (immer am Satzanf., bez. auf eine Aufforderung)
157 φιλ-ήρετμος (ζ 197 ἐρετμόν)	**ruderliebend**
ἀτάρ (at)	aber (fast wie 9 αὐτάρ gebraucht)
158 ὧδε	so
κατ-έρχομαι (77 ἤλυθον)	herabkommen (v. d. „hohen" See), einlaufen, **landen**
159 οἶνο-ψ, οἴνοπος (οἶνος + Schwst. π zu οπ in 22)	weinblickend, **weinfarbig, dunkel**(rot)
ἀλλό-θροος (cf. θόρυβος, nhd. dröhnen)	anders, d. h. **fremd redend**
160 αἴθ-ων (cf. aedes Feuerstätte)	brennend, **funkelnd** (cf. Αἰθίοπες, Nv.)
162 λιμήν, λιμένος, ὁ	**Hafen**
ὑπό c. dat.!	h. am Fuße
ὑλή-εις (-εις in 46)	waldreich, **bewaldet**
164 ἐξ ἀρχῆς	h. **von alters her**
εἴ πέρ τε	wenn (wofern) **auch**
εἴρομαι St ερϜ> ειρ (L 3)	**fragen**
ἐπ-έρχομαι	zu jem. **gehen** od. kommen
165 ἥρως, ἥρωος, ὁ < ηρωϜος ("Ηρα eigtl. Schützerin, cf. servare)	eigtl. Schützer; b. Hom. immer: **Held**
166 ἀπ-άνευ-θεν	1. eigtl. von ferne; 2. **fern-(ab)**; 3. **abgesondert**
168 ὅμιλος, ὁ (ὁμός gemeinsam, cf. ὁμοῦ u. εἰλέω in λ 210)	**Schar**, Menge; Gedränge, **Getümmel**

τίπτε < τιδ-πε (wie quippe < quid-pe) — was denn? (meist adv. Akk.) warum denn?

χρεώ, ἡ u. χρειώ (spät. Schreib. für) χρηώ (cf. 136 u. χρή) — Bedürfnis, Not

χρεώ μέ (ἐστί) τινος = χρή μέ τινος (cf. 100)

169 εἰλαπίνη <ε-Ϝελαπ- (cf. voluptas) — Schmaus, Festmahl (P 11)

γάμος, ὁ (γαμέω) — Heirat, Hochzeit

ἔρανος, ὁ St Ϝερ in äol. ἔροτις < Ϝερατις = att ἑορτή (cf. ahd. giweren) — Gastmahl (zu dem jeder Gast sein. Beitrag beisteuert) einfaches Mahl, Picknick

170 ὥς τε (b. verb. fin.) = ὥς od. ὧς — so ... denn

ὑβρίζω (ὕβρις) — übermütig, zügellos sein; freveln

171 δαίνυμι St δα (cf. 24 δαίς, 43 δαίομαι) — aus-, zuteilen, bewirten

δαίνυμαι — sich bewirten lassen, schmausen

172 αἶσχος, τό (αἰσχ-ρός) — Schimpf, Schande, Schändlichkeit

πινυτός St πνυ, cf. 173 — verständig, klug

173 πε-πνυ-μένος (part. pf. vom St πνυ < πνεϜ in πνέω) — beseelt, geistig regsam, klug, verständig

ἀντίον (67) αὐδάω (ε 40 = sprechen) = πρόσφημι (58) anreden (Ϝ)

174 ἐπεὶ ἄρ — da nun

ἀν-είρομαι (verst.. εἴρομαι in 164) — fragen

μετ-αλλάω (μέταλλον = Suchstelle) — forschen, **sich erkundigen** (τί u. τινά nach)

175 μέλλω (meist c. inf.) — unp. allg. **es ist zu erwarten** (lat.-urus); bei nicht zuk. Ereignissen: 1. es ist anzunehmen, daß; **vielleicht**; 2. ohne Hervorheb. d. Absicht: **im Begriff sein**; 3. mit Beton. d. Abs.: **vorhaben, wollen**; 4. so h. **müssen, sollen** (nach d. natürl. Gang d. Dinge)

176 ἐπι-δήμιος (84 δῆμος) — im Lande, **zu Hause**

177 ἑτέρως adv. — anders (als erwartet =) **umgekehrt**

βόλ-ομαι < βολσομαι (?), da att. βούλομαι (zu βάλλω) — sich im Geist auf etw. werfen, ratschlagen, **beschließen**

μητιάω u. med. (cf. metior ermessen) — ersinnen, planen, **beschließen** (P 25)

ἑτέρως ἐβόλοντο euph. — für κακὰ μητ.

178 ἄ-ιστος St Ϝιδ u. α priv. — von dem man nichts weiß oder sieht, verschwunden, verloren, **verschollen**

179 ἀκ-αχ-ίζω St αχ in 133 ἄγχι — **betrüben**

180 δάμ-νημι, δαμ(ν)άω, δαμάζω (domare) — 1. zähmen, **bändigen**; 2. **überwältigen**

181 τολυπεύω — eigtl. ein Knäuel aufwickeln, **anzetteln**; pass. **durchmachen**

182 τῷ od. τῶ neutr.	durch dies: 1. **auf diese Weise**; 2. in diesem Fall, **dann**
τύμβος (tumulus)	**Hügel**
183 ὀπίσ(σ)ω < οπιτjω adv.	1. örtl. **rückwärts**; 2. zeitl. hinten**nach, später**
184 ἀ-κλε(ι)ής (cf. 81 κλέος)	**ruhmlos**
ἀν-ερέπτω u. med. (cf. rapio)	ent-raffen, **entreißen**
185 ἄ-πυστος St. πυϑ (cf. 133)	von dem man nichts hört, **verschollen**
ὀδύνη	**Schmerz**
γόος	Klage, **Jammern**
186 οὐδέ τι (τι verstärkend)	und gar nicht, **und keineswegs**
στεναχ-ίζω u. στενάχω	stöhnen, **seufzen**
187 κῆδος, τό	**Sorge** (selten = Fürsorge, meist =) 1. **Kummer**, Leid; 2. **Not**
κηδε' = κήδεα (L 5, P 8) att κήδη	
τεύχω St τυχ in τυγχάνω, τύχη (cf. taugen)	tauglich herrichten, **machen**, bereiten, **anfertigen**
188 ὅσσοι (N 32e, P 4 u. 22)	= att. ὅσοι
ἐπι-κρατέω (verst. κρατέω)	herrschen, **gebieten**
ἄριστοι	h. Standesbezeichnung: Edelsten
190 κρανα-ός St κρα, καρ in 83 κάρη	**felsig**
κοιρανέω (zu κοίρανος < κορjα-, verw. ahd. *hêri*)	**herrschen**, gebieten

191 **τρύχω** St τερ(υ) in τέρυς abgerieben (cf. tero, trivi)	aufreiben, **verzehren**
οἶκος < ϝοικος (cf. vicus)	1. **Haus**(wesen); 2. so h. **Vermögen**
192 **ἀρνέομαι**	1. **sich weigern**; 2. (ver)weigern
στυγ-ερός (στυγέω verabscheuen)	wovor man sich graust: 1. pass. **grausig**, schrecklich, **verhaßt**; 2. akt. **grausam**, feindlich
193 **φθι-νύθω** (cf. φθίνω)	1. trans. vernichten, **aufreiben**; 2. intr. sich verzehren, **hinschwinden**
194 **τάχα** adv. (V 22b)	schnell, **bald**
δια- (als Präfix b. Verb)	1. = per = **durch**; 2. = dis = **zer-**
δια-ρραίω < σρασjω(P 4)	zerschlagen, **zerschmettern**; vom Schiff **scheitern lassen**
195 **ἐπ-αλασ-τέω** (St λαθ in λαθέσθαι)	außer sich, aufgebracht sein, **unwillig sein**
196 **ἦ δή** (cf. 131 u. 55)	ja wahrlich, **ja ... doch**
πολλόν adv. (cf. 2, S 14)	**sehr**
197 **δεύ-ομαι** u. **δεύω** < δεϝω (att. δέομαι)	ermangeln, bedürfen, **entbehren**
ἀν-αιδ-ής (θ 53 αἰδώς)	**unverschämt**, frech
ἐφ-ίημι	**zusenden**, schicken gegen
ἐφίημι χεῖρας	**Hände legen an**
199 **πήληξ**, πήληκος, ἡ	**Helm**
ἀσπίς, ἀσπίδος, ὁ	(der runde) **Schild** (cf. χ 111 σάκος)

	δοῦρε < δορυε < δορϜε (dual. von δόρυ)	= att. δόρατε
200	τὰ πρῶτα adv. (S 14)	zum ersten Mal
202	ἄν-ειμι (zu -ἰέναι, ἀνά wie in ἀνα-χωρέω)	hinaufgehen, zurückkehren (cf. engl. up-train)
203	ὠκύ-μορος (ζ 83 ὠκύς + μόρος cf. 29 u. 44)	ein rasches Geschick habend, **rasch vom** (bösen) **Geschick ereilt**
	πικρό-γαμος (πικρός + 169 γάμος)	**eine bittere Hochzeit feiernd**
204	γόνυ, γούνατος u. γουνός, τό St γονϜ	**Knie** (cf. genu, L 3)
205	ἀπο-τεί-νυμαι med. (nachhom. -τίνομαι)	sich (sibi) abzahlen lassen: 1. **büßen lassen, Rache nehmen**; 2. mit pers. u. Sachobj. **bestrafen**
	οὐκί u. οὐχί (neugriech. ὄχι = nein)	(am Versende) = οὐ
206	πυκ(ι)νός	**dicht**, gedrängt; h. **eindringlich**
	ὑπο-τίθεμαι (cf. Hypothese)	(als Grundlage) an die Hand geben, **(an)raten**
	αἰ äol. = εἰ, also αἴ κε	= att. ἐάν
	πείθομαι aor. II ἐ-πιθ-όμην	sich überreden lassen, **Glauben schenken**; hören auf, **gehorchen**
	αἴ κε πίθηαι (< πιθησαι, con. aor.)	wenn (sofern) du auf mich hören willst
207	ἀρ-αρ-ίσκω aor. I ἄρσε, redupl. aor. II ἤραρον, ἄραρον (cf. ἤγαγον)	1. **zusammenfügen**; 2. versehen mit, **ausrüsten** (cf. arto)
	ἐρέτ-ης (ζ 197 ἐρετμόν)	**Ruderer**

ἐείκοσιν < εϝεικ- (L 9) dor. ϝίκατι = att. **εἴκοσιν** (cf. viginti)

208 **δήν** adv. < δϝην (cf. 44 δηθά) **lange** (cf. diu)

209 **ὄσσα**, ἡ < ϝοκja (vox) das dunkle, von Zeus gesandte, **Gerücht**

212 **κεῖ-θεν** (= ἐκεῖθεν, cf. 41 κεῖνος) örtl. **von dort**; zeitl. **dann**

ξανθός **blond**

213 **δεύ-τατος** (197 δεύομαι, δεύτερος) der am meisten nachstehende, **letzte**

χαλκο-χίτων, -χίτωνος (cf. 97) **erzgepanzert**

214 εἰ — κεν = att. ἐάν

215 **ἔ-τλην** Wurzelaor. z. St τλα, ταλ (76, 47)
1. so h. ertragen, **erdulden**;
2. auf sich nehmen, sich entschließen, **wagen**

217 **πατρίς**(bHom.meistAdj.) heimatlich, **heimisch**

218 **σῆμα**, τό (cf. σημεῖον) (Kenn-) Zeichen, **Mal**

χεῦαι(< χεϝαι) inf. imp. att. = χέαι h. = **errichte!**

ἐπί h. adv. (V 24) **dazu**

κτέρας, τό meist pl. κτέρεα (cf. κτάομαι)
1. Besitz, **Habe**, Eigentum (bes. d. Toten, daher übertr.) 2. **feierliche Bestattung**

κτέρεα κτερεΐζειν (u. κτερίζειν) feierl. bestatten, die letzten Ehren erweisen

220 **θοός** (cf. θέω laufen) **schnell**

ἤδη **jetzt, sofort**

221 **ἀ-σχαλάω** u. **ἀσχάλλω** St σεχ in σχολή (eigtl. Anhalte, Rast) ungehalten, ungeduldig, betrübt sein; **sich ärgern**

μένω (cf. maneo)	1. intr. **bleiben,** warten; (im Kampf) **standhalten;** 2. trans. erwarten, **warten auf**
222 **μέλει μοί τινι** (u. τινος)	kümmere mich um, **sorge für**
ἐμπάζομαί τινος	1. sich kümmern um; 2. **sich zu Herzen nehmen** (etw.)
224 **φίλα φρονέω** (cf. 38 ἀγαθὰ φρονέων)	eigtl. Freundliches denken, dann **freundl. gesinnt sein**
226 **ἐπι-μένω**	dableiben, **verweilen**
ἐπ-είγω	(be)drängen, **treiben**
ἐπείγομαι c. gen.	1. sich gedrängt fühlen nach, **eilen;** 2. **verlangen,** wünschen
ἐπειγόμενός περ ὁδοῖο	= wie eilig du es auch haben magst
227 **λοέω** < λοϝεω (att λούω)	**waschen,** baden (cf. lavo)
κῆρ, κῆρος, τό (cf. cor)	**Herz** (att. κέαρ)
τε-ταρπ-όμην redupl. aor. II	med. von τέρπω (cf. 24)
228 **κίω** (cf. 22 μετεκίαθον)	**gehen**
229 **τιμή-εις** (τιμή, cf. 46 -εις)	1. geschätzt, **geehrt;** 2. **wertvoll**
κειμήλιον (κεῖμαι)	das liegende Gut, Kostbarkeit, **Kleinod**
232 **ἄνωγα** isol. pf. intens. (V 13a) u. **ἀνώγω** (Prät. ἤνωγον u. ἄνωγον)	**auffordern,** befehlen

233 **αὖτις** (= att. αὖθις) cf. 154 αὖ | wiederum, **ein ander Mal**

ἀν-έρχομαι (cf. 202) | **zurückkommen**

δόμεναι (= δοῦναι) inf. imp. | φέρεσθαι inf. final. (S 29)

234 **ἀμοιβή** (cf. 39 ἀμείβομαι) | 1. **Erwiderung** (im Wechsel); 2. Gegengabe, Ersatz, **Vergeltung**

ἀν-όπαιος (Bed. umstritten) entw. 1. ἀνὰ τῇ ὄπῃ (cf. Metope) od. 2. ἀν + St. οπ (22), οκ (91) | 1. nach der Dachluke hin, **in die Höhe;** 2. **ungesehen**

ἔ-πτα-το athem. aor. II | zum St πτα, Schwst zu πετ

δια-πέτομαι | hindurch, **davonfliegen**

237 **θάρσος**, τό = θράσος (L9) | Mut, **Kühnheit** (= att. θάρρος)

ὑπο-μιμνήσκω (τινά τινος) | **die Erinnerung** (an jem. od. etw.) **wachrufen** (in jem.)

238 **πάροιθεν** (21 πάρος) adv. | **vorn;** 1. zeitl. vorher, **vormals;** 2. Präp. c. gen. **vor**

φρεσὶν ᾗσιν (< σϝησιν) | ohne Position! (P 5)

239 **θαμβέω** St θαφ (cf. φ 60 τάφος u. π 12 ταφών) | (er)**staunen**

240 **ἐπ-οίχομαί** τινα (cf. 119!) | h. **hingehen zu jem.**

ἰσό-θεος | **göttergleich**

φώς, φωτός | Mann, **Held**

untersch.! φῶς, φάος | Licht!

Buch β (2)

1 ἦμος Konj. — während, **als**
  ἦρι adv. — in der Frühe
  ἠρι-γένεια — **die frühgeborene**; (als Beiname der Eos) **Göttin der Frühe**

  ῥοδο-δάκτυλος (ῥόδον Rose) — eigtl. Rosenfinger, **rosenfingrig**
  ἠώς, ἠόος (<ηοσος), ἡ idg. *ausos*, cf. aurora — = att. ἕως, ἕω **Morgenröte**

2 ὄρ-νυμι aor. ὦρσα, pf. ὤρορα — in Bewegung setzen,
  = ὀροθύνω (ε 174) — **erregen**
  ὄρ-νυμαι aor. ὤρμην, pf. ὄρωρα — 1. sich in Bewegung setzen, **eilen**; 2. **sich erheben**, entstehen
  εὐνή (-φιν cf. N 4c) — **Lager**, Bett

3 εἷμα < Ϝεσ-μα (cf. vestis) — Kleid, **Gewand**
  ἕν-νυμι < Ϝεσ-νυμι, aor. ἕσσα, fut. ἕσσω — τινά τι jem. etwas umlegen, **anziehen**
  ἕν-νυμαι med. — sich etwas anziehen, **anlegen**
  ξίφος, τό (cf. κ 174 ἄορ) — Schwert (cf. λ 47 φάσγανον)
  περι-τίθεμαι (V 25) — sich umlegen, **anlegen**
  ὦμος, ὁ (umerus) — **Schulter**

4 λιπαρός (cf. ζ 164 ἀλείφω) — fett, **glänzend**

5 βῆ δ'ἴμεν = ἔβη δ'ἰέναι (aor. ingr. + inf. fin., S 29) — er schritt, um zu gehen = er machte sich auf und ging

θάλαμος, ὁ	**Kammer,** Gemach, **Schlafzimmer** (i. Ggs. zum Saal, α 25 μέγαρον)
ἐν-αλίγκιος (viell. zu got. *ana-leiks*, engl. like)	ähnlich, **gleich**
ἄντην zum Adv. erst. acc. (cf. α 67 ἀντία)	1. ins Antlitz, von Angesicht; 2. entgegen, **gegenüber**
6 αἶψα adv. (cf. α 11 αἰπύς)	jählings, **schnell,** sofort
λιγύς	**hell,** laut
φθόγγος, ὁ (cf. Diphthong)	**Schall, Stimme**
λιγύ-φθογγος	**hell-, lautstimmig**
7 κηρύσσω L 4	als Herold ausrufen, laden, **entbieten**
ἀγορή L 1	1. **Versammlung** (α 58 ἀγείρω); 2. Versammlungsplatz, **Markt**; 3. die dort gehaltene **Rede** (ἀγορεύω)
κάρη, κάρητος u. κρᾱτός, τό gen. pl. κράτων (cf. α 83)	att. κάρα **Haupt**
κομάω (κόμη Haupthaar)	mit dem ganzen Kopfhaar versehen sein, d. h. **langes Haar tragen**
κάρη κομόωντας (P 25)	mit langem Haupthaar
8 ὦκα Adv. zu ὠκύς (ocior)	**schnell** (cf. τάχα)
9 ὁμ-ηγερής (ὁμοῦ + ἀγείρω)	**versammelt**
11 ἀργός 1. zu ἄργυρος (argentum)	weiß, **glänzend;**
2. zu ὀρέγω strecke (?)	**schnell**
ἅμα — ἕπομαι pleon.	zugleich folgen, **begleiten**

12 **ϑε-σπέσιος** ϑεός + St σπε, σεπ (in α 1)	eigtl. von Gott gesagt; (dann zweiter Bestandteil verblasst) **göttlich**; allg. wunderbar, **gewaltig**
χάρις, ἡ (α 56 χαρίζομαι)	wie gratia: 1. **Anmut**, Liebreiz; daraus folg. **Gunst** (= Beliebtheit); 2. **Liebesdienst**, Gunst (= Gefälligkeit); 3. **Dank**
κατα-χεύω u. **-χέω** (< -χεϝω)	herab-, **darübergießen**
13 **λαός, ὁ**	**Volk**; pl. Leute, Mannen
ϑηέομαι (ion.-att. ϑεάομαι)	(be)schauen, **(be)staunen**
14 **ϑῶκος, ὁ** u. **ϑόωκος** (in 17) cf. ἕ-ϑη-κα	**Sitz**, Sitzung, **Versammlung**
εἴκω St ϝεικ, (untersch. von α 41!)	„weichen", **Platz machen; nachgeben**
16 **κέ-κλυτε** redupl. aor.	**höret (an)**
18 **ἐξ οὗ** als Konj.	zeitl. **seitdem**
κοῖλος < κοϝιλος (cavus)	**hohl**
19 **ἵκω** (cf. ἀφ-ικ-όμην)	**kommen**; c. acc. 1. zu od. über jem. kommen; 2. jem. erreichen, **treffen** fast stets (wie ἥκω) perfektisch
20 **ὀνήμενος** part. aor. II med. zu ὀνίνημι	gesegnet, **glücklich**
21 **τελέω**	zustande bringen, **verleihen**
μενοινάω (α 20 μενεαίνω)	1. im Sinne haben, **denken**; 2. begehren, **wünschen**

22 **φήμη** St φα in φημί — **Rede,** bedeutungsvolles Wort, gutes **Vorzeichen**

24 **σκῆπ-τρον** (cf. scapus = ahd *skaft* = Schaft) — allg. **Stab**; bes. **Szepter**

ἐμ-βάλλω — h. hineinlegen, **reichen**

25 **μήδεα, τά** nur pl. (meditor) — **Gedanken** (meist gesteigert), kluge Gedanken **Klugheit**

οἶδα St Ϝιδ (vidi) — 1. wissen, **kennen**; 2. sich auf etwas verstehen; 3. **empfinden**; 4. **gesinnt, geartet sein**

26 **καθ-άπτομαι** — sich etwas anheften, sich an etwas machen: 1. (im guten Sinn) jem. angehen, **anreden**; 2. (im üblen Sinn) jem. angreifen, **anklagen**; 3. tadeln, **schelten**

27 **ἑκάς** adv. (ἕκαστος < Ϝεκας-στος = für sich stehend) — eigtl. abgesondert, für sich; entw. zu **fern, weit**

28 **ἱκάνω** — = **ἵκω** (19)

29 **ἀπ-όλλυμι** (wie perdo) — 1. **zugrunde richten**; 2. **verlieren**

τῷ ἐνὶ οἴκῳ — diesem im Hause = in seinem Hause

30 **ἐπι-χραύω** St χραϜ, aor. -ἔχραον (in -gruo) — anfallen, zusetzen, **einstürmen**; τινί — auf jem., **jem. bestürmen**

31 **πωλέομαι** frequ. zu πέλομαι α 16 (untersch. von πωλέω!) — oft kommen (zu jem.) = **verkehren** (mit jem.)

32 **ἱερεύω** (cf. α 56 ἱερὰ ῥέζω)	(opfern) **schlachten**
ὄις, ὁ u. ἡ (< οϜις, cf. ovis), gen. ὄιος u. οἰός	**Schaf**
33 **εἰλαπινάζω** (α 169 εἰλαπίνη)	**schmausen**
αἴθο-ψ, αἴθοπος (α 22 Αἰθίοπες, α 160 αἴθων)	wie Feuer aussehend, **funkelnd**
34 **λίσσομαι** (< Ϝλιτ-, oder σλιτ-jομαι)	**anflehen**; c. gen. bei
ἠμὲν — ἠδέ	= **καὶ — καί**
θέμις, θέμιστος, ἡ (St θε)	1. **Satzung**, (entstehend aus dem) 2. **Brauch**, (schafft sie das) 3. **Recht**
35 **καθίζω** (καθίζει impf.)	1. trans. setzen, **einsetzen, sitzen heißen**; 2. intr. (= καθέζομαι) **sich setzen**; 3. (= κάθημαι) **sitzen**
36 **ἔχομαι**	an sich halten, **sich enthalten**, abhalten, **einhalten**
πένθος, τό (St πενθ in πείσομαι u. παθ < πηθ in πάθος)	**Leid**, Kummer
λυγ-ρός	traurig, **elend**: 1. **unglücklich**; 2. ärmlich; 3. schwach, **feige**
37 **τείρω** St τερ (tero)	aufreiben, **erschöpfen**
εἰ μή πού τι	wenn nicht etwa = es sei denn, dass
38 **δυσ-μενέων** ein part.	feindselig, **feindlich ge-**

praes. (cf. α 78 μένος)	sinnt übers.: aus feindl. Gesinnung heraus
ἐυ-κνήμις, -κνήμιδος	mit guten Beinschienen, **wohlbeschient**
39 ἀκήν adv. Akk. (cf. ι 261)	schweigend, ruhig, **still**
42 ὑψ-αγόρης (ὑψί + ἀγορεύω)	hoch(fahrend), stolz redend, **großsprecherisch**
ἄ-σχετος (St σεχ in ἔχω)	nicht aufzuhalten, unaufhaltbar, (mit μένος) unwiderstehlich, **trotzig**
43 αἰσχύνω (cf. αἰσχ-ρός)	beschimpfen, **schmähen**, entehren
μῶμος, ὁ	**Tadel,** Schimpf, Schande
ἀν-άπτω (-άψαι inf. aor.)	anhaften, **anhängen**
44 οὔ τι (auch οὔτι)	in nichts = **keineswegs**
45 περί — οἶδα V 25	vortrefflich wissen, **verstehen**
κέρδος, τό	Gewinn, **Vorteil**
κέρδεα εἰδέναι	sich auf s. Vorteil (= Listen) verstehen
47 ἀτέμβω	1. berauben, **schädigen;** 2. **täuschen,** betrügen
στῆθος, τό	**Brust** (Herz)
48 ἔλπω St ϝελ-π (volo)	**hoffen lassen**
ὑπ-ίσχομαι St σεχ (42)	übernehmen, **versprechen;** (h. ohne Obj.) **Versprechungen machen**
49 ἀγγελίη	Botschaft, **Kunde**
προ-ίημι	loslassen, **(ent)senden**
50 δόλος (dolus)	**List, Trug**
μερ-μηρ-ίζω aor. -ιξε (memor)	1. sorgen; 2. **(er)sinnen;** 3. **hin u. her überlegen**

51 ἱστός (ἵστημι)	eigtl. Ständer: 1. **Mast** (baum); 2. Webgestell **Webstuhl**; 3. das darauf hergestellte **Gewebe**
ὑφαίνω	**weben**
52 λεπτός (lepidus)	dünn, **fein**
περί-μετρος	**übermäßig groß**
ἄφαρ adv.	**sogleich**
54 μί-μνω (redupl. Präs. wie γί-γνομαι)	verst. μένω, h. = **(ab)warten**
εἰς ὅ (= τοῦτο, ὅ) κε	(bis zu dem Punkt, dass) **solange bis**
φᾶρος, τό	1. Stück Leinwand, **Tuch**; 2. das daraus angefertigte Gewand, **Kleid**
55 ἐκ-τελέω (verst. τελέω)	zum Ziel bringen, **vollenden**
μετ-αμώνιος (viell. < μετ + ἄνεμος in den Wind)	ungeschehen, nichtig, **erfolglos**; h. **ungenützt**
νῆμα, τό (νέω spinnen)	Gespinst, **Garn**
56 ταφήιος (θάπτω)	Grab-, **Sterbe-** (Kleid)
εἰς ὅτε	**bis dahin, wo** (= wenn)
57 μοῖρα, ἡ (cf. α 29 μόρος) < (σ)μορja (Epenthese) cf. ε 54 αἶσα	1. allg. (An-)**Teil**; 2. bes. Schicksal, **Los**; a (meist) zugeteiltes **Schicksal**, b (seltener) zuteilende Schicksalsmacht; 3. (gesteigert) **gebührender Anteil, Gebühr**
ὀλοός (< ολεϝος mit Assim. des ε an ο)	**verderblich**

καθ-αιρέω	1. herunternehmen; 2. niederwerfen, **überwältigen**
τανηλεγής (Herk. u. Bed.?)	rücksichtslos, **schrecklich**
ἀν-ηλεγής (ἀλέγω, cf. 77)	unbekümmert, **rücksichtslos**
59 ἄτερ c. gen. (<σητερ, ahd. *sundar*, nhd. *sonder*)	sonder, **ohne**
σπεῖρον (< σπερjον St σπερ winden, wickeln)	1. Tuch zum Umhüllen, **Gewand**; 2. (so h.) Leichenkleid, **Totenhemd**; 3. **Segel**
κτεατίζω (κτάομαι)	gewinnen, **erwerben**
60 ἐπι-πείθομαι	sich bereden lassen, **gehorchen**
61 ἠματίη (ἦμαρ)	**bei Tage**; auch: täglich
62 νύκτας (Akk. d. zeitl. Erstreckung)	während der Nächte = nachtsüber
ἀλ-λύω = ἀνα-λύω P 16	losknüpfen, **auftrennen**
δαΐς, δαΐδος, ἡ (δαίω brennen; untersch. von α 24 δαίς!)	Kienspan; die daraus bestehende **Fackel**
63 τρί-ετες (τρία + ἔτη) S 14	**drei Jahre lang**
λήθω = λανθάνω (ἔληθε impf.)	**verborgen sein**
64 τέτρατος L 8	= τέταρτος
ὥρη L 1	1. passende Zeit, Reifezeit, **Herbst**; 2. allg. **Jahreszeit** (s. Eig. Ὧραι)
65 καὶ τότε δή (S 3 u. 4)	da ... denn

σάφα Adv. zu σαφής (= att. σαφῶς, cf. τάχα)	deutlich, **bestimmt**
66 ἐφ-ευρίσκω	dabei finden, **antreffen**
ἀγλαός (α 39 γλαυκός)	1. glänzend, 2. **herrlich**
68 ὑπο-κρίνομαι	= ἀποκρίνομαι
70 ἄνωχθι imper. zu ἄνωγα (α 232)	
71 κέλομαι St κελ (celer)	= **κελεύω** eigtl. antreiben durch Zuruf
ἀνδάνω St ἁδ < σϝαδ cf. ἡδύς, ἥδομαι (suavis)	**gefallen**
72 πῃ ἄλλῃ adv. (eigtl. dat. fem.)	1. örtl. **irgendwo anders (hin)**; 2. modal **anderswie**
74 ∼ α 173 (F)	
75 ἀ-έκων < α-ϝεκων (cf. α 68 ἀ-έκητι)	= att. **ἄκων**
76 νεμεσίζομαι	1. τινί (wie α 95) verargen, **zürnen**, Vorwürfe machen; 2. (sich scheuen, **sich schämen**
77 ἀ-λεγύνω u. ἀ-λέγω (ἀ = ἐν + λέγω)	eigtl. einrechnen: 1. **sich kümmern um**; 2. mit Obj. δαῖτας **aufsuchen** (um daran teilzunehmen)
78 ὑμά (Ν 30, cf. α 29)	= ὑμέτερα
80 ἔνθα καὶ ἔνθα (cf. α 11)	1. **hier und dort**; 2. **hierhin u. dorthin**, hin u. her, d. h. **hin u. zurück** (Ρ 7)
δια-πρήσσω (= att. -πράττω, L 1 u. 4)	durchmachen, **zurücklegen**; übers. h.: begleiten

κέλευθος cf. 71 κέλομαι (callis)	1. **Pfad,** Weg; 2. allg. **Bahn**
82—84 = α 208—210	85—90 ~ α 214—219
92 **ἀ-μύμων** cf. 43 μῶμος = äol. μῦμαρ	untadelig, **trefflich,** herrlich
93 **ἐπι-τρέπω**	zuwenden, **anvertrauen**
94 **ἐὺ φρονέων** cf. α 38 u. 224	wohlgesinnt, **wohlmeinend**
95 = 16	
96 **πρό-φρων** (cf. α 37 φρήν) = πρόθυμος	1. **bereitwillig,** 2. **huldvoll,** geneigt; 3. **aufrichtig**
ἀγανός	1. mild, **sanft;** 2. erfreuend, **angenehm**
ἤπιος	freundlich, **gütig**
97 **σκηπτ-οῦχος** < σκηπτοοχος < -σοχος (24 σκῆπτρον + St σεχ in ἔχω)	stabtragend, **szepterführend**
αἴσ-ιμος (αἶσα Schicksal, Gebühr)	1. gebührend, billig, **gerecht;** 2. seltener: zum Schicksal gehörig
αἴσιμα εἰδώς (cf. α 38 u. 224)	**rechtlich gesinnt**
98 **αἴσυλος** Herk. ungekl.	**frevelhaft**
99 **οὔ τις** auch οὔτις (cf. ι 209)	= **οὐδείς** (N 33c)
101 **μεγαίρω** < μεγαρjω (cf. μέγας) mit a. c. i.	als zu groß einschätzen, **beneiden, mißgönnen,** verargen, verwehren
102 **ἔρδω** < Ϝεργjω (cf. α 42 ῥέζω)	tun, **handeln**

βίαιος (βία)	1. akt. gewaltsam, **gewalttätig,** daher gesetzwidrig; 2. pass. **gezwungen,** bedrängt, **heftig**
βίαια έργα	Gewalttaten, **Verbrechen**
κακο-ρραφίη (ῥάπτω = zusammennähen, übertr. anzetteln, listig bereiten)	eigtl. Unheil-Anzettelung: **Arglist, Tücke**
103 παρα-τίθεμαι (act. α 115, zu παρ- P 16)	als Einsatz neben oder vor sich hinsetzen, **aufs Spiel setzen**
κατ-έδω (cf. α 9 κατεσθίω)	aufessen, **verzehren**
104 φημί	1. seine Meinung äußern, **sagen,** behaupten; 2. **meinen** (daher im Att. c. inf.), **denken**
105 οἷον urspr. Ausruf: wie (doch)	dann kausal: da ja
106 ἄνεω adv. <ἀν-ε F-ω = nachlassend (zu ἀνίημι?)	still, **stumm**
ἔπος St Fεπ (cf. εἶπον)	**Wort, Erzählung**
107 παῦρος (cf. pauper < pavoparos = wenig erwerbend)	klein, **gering;** pl. wenige (pauci)
108 αἰψηρός Weiterbildung von αἶψα (cf. 6)	**schnell**
109 σκίδ-ναμαι (cf. scindo, nhd. scheiden)	= att. σκεδάννυμαι auscinandergehen, **sich zerstreuen;** auch: sich ausbreiten
ἑά, pl. neutr. von ἕος = ὅς (< σFος) cf. α 4 u. N 30	

111 **θίς**, θῑνός, ἡ <θϜιν?   Sandhaufen: 1. **Düne**;
    (zu nhd. Düne)   2. allg. **Strand**
   πολιός (cf. pallidus, nhd.   düster, **grau**
    fahl)
   εὔχομαι (cf. α 148 εὐχε-   feierlich reden, daher 1. auf
    τάομαι)   Ggw. u. Vergh. bez. **sich**
                                    rühmen, rühmend von
                                    sich sagen; 2. auf die Zu-
                                    kunft bez. geloben, **ver-**
                                    sprechen; 3. **wünschen,**
                                    beten

113 **σχεδόν** St σεχ adv.   sich daran haltend, **nahe**
   θέαινα (ep. für att. θεά)   **Göttin**

114 ~ α 98 (F)

115 **ὄπι(σ)θεν** (cf. α 183   1. örtl. a Adv. von hinten,
    ὀπίσσω)   **hinterher;** b. Präp.
                                    hinter; 2. zeitl. hinter-
                                    her, nachher, **künftig**

   κακός   1. gering (denkend),
                                    niedrig, feige; 2. weniger
                                    peiorat. **zaghaft**

   ἀ-νοήμων (ἀ priv. +   unüberlegt, **unverständig**
    νοέω)

116 **ἐν-στάζω** < -σταγjω   einträufeln, **einflößen**
    (cf. stagnum)
   ἐνέσταϰται pf. pass.   ist eingeflößt = hast be-
                                    kommen

   ἠΰς, neutr. ἠΰ (cf. α 33   wesenhaft; **tüchtig, stark**
    ἐΰ)

118 **ἅλιος** (cf. ε 67 ἁλιόω)   eitel, nichtig, **vergeblich**
   ἀ-τέλεστος (τελέω)   ohne Vollendung,
                                    erfolglos

120 **στέλλω** fut. στελέω (< στελεσω = att. στελῶ, L 5)	(zur Verfügung) **stellen**, auch: **ausrüsten**
121 **ὁμιλέω** (cf. α 168 ὅμιλος) τινί	1. zusammensein, **verkehren mit**; 2. sich mengen unter
122 **ὁπλίζω**	1. bereiten, **rüsten**; 2. sorgen für
ὁπλίζομαι indir. med.	**sich** (sibi) **bereiten**
ἤια, τά u. ἦα (~ εἶμι?)	Reisekost, **Mundvorrat** (bes. Brot)
ἄγγος, τό	**Gefäß** (für Speisen u. Getränke)
ἀραρίσκω (cf. α 207) ἄρσον ist imp. aor.	h. (in Gefäße) einfüllen und **verschließen**
123 **ἀμφι-φορεύς, ἡ** (durch Silbenschwund =) **ἀμφορεύς** (cf. amphora)	beiderseits Träger habend, **doppelhenkliger Krug** cf. nhd. Zuber (zwo + St bher ~ φέρω, fero) cf. Bahre, Eimer (< einbher)
ἄλφιτον (cf. albus, also nach der Farbe benannt)	**Gerste**; pl. Gerstengraupen, Gerstenmehl
μυελός, ὁ < μυσ-ελος (zu μῦς Muskel)	**Mark**
124 **δέρμα**, τό	**Haut** (h. als Schlauch)
125 **ἐθελοντήρ** (ἐθέλω)	**Freiwilliger**
126 **ἀμφί-αλος** (α 138 ἡ ἅλς)	**meerumflutet**
127 τάων pl. fem. pron. dem.	= att. τούτων (N 31a)

ἐπι-όψομαι (zu lat. opto; nicht zu ἐφοράω, ἐπ-όψομαι)	ich werde auswählen
128 ἐφ-οπλίζω (cf. 122)	zurüsten
ἐν-ίημι	hineinsenden
ἐνίημι πόντῳ (sc. νῆα)	das Schiff ins Meer lassen = in See stechen, **abfahren**
129 κούρη < κορϜη (att. κόρη) fem. zu κοῦρος (α 124)	Jungfrau, **Mädchen, Tochter** (wie franz. fille)
130 παρα-μίμνω (= παρα-μένω)	bei jem. bleiben, **dableiben, verweilen**
αὐδή < αϜυδη (cf. α 130 ἀείδω)	die wohlklingende menschliche **Stimme, Sprache**
134 ἐπι-χέω aor. -έχευα < εχεϜα (cf. α 112) τινί	**ausgießen über jem.**
136 ἐκ-προ-καλέομαι (c. gen.)	zu sich **herausrufen** (aus)
ναιετάω (wie α 46 ναίω)	1. wohnen, **bewohnen**; 2. von Städten u. Inseln **liegen**
ἐὺ ναιετάων	1. (Stadt od. Land) **gut bevölkert**; 2. (Haus) **wohnlich**
137 δέμας, τό (δέμω bauen, domus, nhd. Zimmer)	Körperbau, **Gestalt**
139 ἐπ-ήρετμος (α 207 ἐρέτης)	mit Rudern versehen, **berudert**
ποτι-δέχομαι (ποτί = πρός)	1. **erwarten**; 2. **(auf)-lauern**
ποτιδέγμενοι part. zum athem. aor. ἐδέγμην	
ὁρμή (ὁρμάομαι)	1. Ansturm, **Andrang**; 2. Bewegung, **Abreise**

| | β (2) | 57 |

140 δια-τρίβω — eigtl. zerreiben; τί etwas **vereiteln**; τινός **abhalten von**

142 **καρπ-άλιμος** (σ 88 καρπός) — behende, **hurtig**

ἴχνιον u. ἴχνος (viell. zu οἴχομαι, als „Auftritt") — (Fuß-) **Spur**

145 ἴς, ἡ < Fις (vis), acc. ἴνα, instr. ἴφι; pl. ἴνες — (Muskel-)**Kraft** (aber auch von Wind u. Wogen); pl. Sehnen

146 **δεῦτε** (= δεῦρο) — heran, her! **komm(t) her!**

147 πέπυσται pf. praes. von πυνθάνομαι (V 13b) — hat erfahren = weiß

150 **σέλμα**, τό < σFελμα — eigtl. **Schwelle**, dann das aus Schwellen (= Balken) bestehende **Verdeck**, Bord

ἐύ-σσελμος — wohlgedeckt, **wohlgebordet**

152 **ἄν** (= ἀνά, P 16) c. gen. (des Bereichs) — im Bereich (des Schiffes), d. h. daran hinauf = **auf** (d. Schiff) **hinauf**

153 **πρύμνη** u. **πρυμνή** (eigtl. Adj. mit u. ohne νηῦς) — Hinterschiff, **Heck**, „Spiegel"

ἄγχι (urspr. Adv. cf. α 133) — Präp. c. gen. **nahe dabei**, in der Nähe von

154 **πρυμνήσια**, τά (eigtl. zu erg. πείσματα, cf. ζ 197) — **Haltetaue** (am Heck befestigt) (formelhaft für Abfahrt, cf. ι 60)

155 **κληΐς**, κληΐδος, ἡ < κληFις (clavis), cf. κλείω — 1. schließender Riegel oder **Schlüssel**; 2. schlüsselähnl. **Ruderpflock, Dolle**

156 ἵκμενος (cf. 19 ἵκω) — zukommend, **willkommen, günstig**

οὖρος, ὁ <ορϜος (cf. ὄρνυμι) — der günstige **Fahrwind** (der das Schiff vor sich her treibt)

157 ἀκρ-αής (ἄκρος + ἄημι, cf. κ 16) — scharf wehend, **kräftig**

ζέφυρος, ὁ — (Nord-)Westwind
κελάδων (partic.) — rauschend, **brausend**

158 ἐπ-οτρύνω (cf. α 74) — drängen, treiben: 1. **antreiben**, 2. mit sächl. Obj. **betreiben**

159 ὅπλα, τά — allg. Ausrüstung, **Gerät**; bes. 1. (wie h. bei Segelschiffen) **Takelwerk**; 2. (bei Kriegern) **Waffen(rüstung)**

160 εἰλάτινος (ἐλάτη Tanne od. Fichte) — **aus Tannenholz**

μεσό-δμη (μέσος + δέμω) — eigtl. Mittelbau; **Querbalken, Mastbarren**

161 πρότονοι, οἱ (τείνω) — **Vordertaue**, Bugstage (die den Mast mit dem Bug verbinden)

162 ἱστίον (cf. 51 ἱστός) — **Segel**
λευκός (Tiefst. luc in luceo, cf. Levkoje) — leuchtend, **hell**, weiß
ἐύ-στρεπτος (στρέφω) — gut gedreht, **gut geflochten**
βοεύς, ὁ (dat. pl. βοεῦσι) — rindslederner **Riemen**

163 ἐμ-πρήθω St πρηθ in πίμπρημι (verw. nhd. prusten) — hineinsprühen, **hineinblasen**, hineinbrausen

164 **στείρη** < στερjα, St στερ in στερεός (τ 76)	**(Vorder-)Kiel**, Vorsteven
πορφύρεος (furor, fureo)	1. aufwallend, **farbenschillernd**; 2. **purpurn** (in den verschiedensten Schattierungen von) **violett** (bis) **dunkelrot**
ἰάχω < ϝιϝαχω, aor. ἴαχον	**tönen, laut schreien**; h. rauschen
μεγάλ(α) ἰάχω (cf. α 1 πολλά)	laute Töne von sich geben, d. h. laut (magna voce) rauschen
165 **θέω** (α 220 θοός)	**laufen**
167 **ἐπι-στεφής** (cf. α 124) τινός	**bis zum Rand gefüllt mit**
168 **λείβω** (libor, ahd *slifan* gleiten)	1. **tröpfeln**, tropfenweise vergießen; 2. **spenden**; τινί einem ein **Trankopfer darbringen**
αἰει-γεν-έτης	für immer geboren, **ewig**
169 **ἐκ πάντων**	aus allen heraus(ragend), d. h. **vor allen**
170 **παν-νύχιος** Adj. (i. d. Adv.!)	**die ganze Nacht hindurch**
πείρω St περ (cf. περάω)	durchdringen: 1. **durchbohren**, aufspießen; 2. **durchfahren**, durcheilen
ἠόα (auch ἠῶ) acc. temp.	bis in den Morgen (hinein)

Buch ε (5)

1 **καθιζάνω** (cf. αὐξάνω-αὔξω) = **καθίζω** (β 35)

3 **γάρ** (Begründung vorweg) = ja

6 **ἀ-πιθ-έω** St πιθ, cf. πιστός < πιθτος (att. ἀπειθέω) **ungehorsam sein**

    οὐδ' ἀπίθησε (doppelte Vernein. st. Bejahung): Litotes

7 **αὐτίκ(α)** (sonst cf. α 82) **sogleich**

8 **ἀ-μβρόσιος** u. **ἄμ-βροτος** (cf. α 27 βροτός) zu einem Unsterblichen gehörig, **göttlich**

    ἐπί c. acc. **über - hin**

    ὑγρή, ἡ (ὑγρός) Feuchte, d. h. **Meer**

9 **ἀ-πείρων** (cf. β 170 πείρω) nicht zu durchfahren, **grenzenlos**

    ἅμα 1. Adv. **zugleich**; 2. Präp. c. dat. zugleich mit; 3. übertr. (wie h.) gleichkommend, **schnell wie**

    πνοιή, ἡ (πνέω < πνεϜω) Hauch, **Wehen** (P 22)

11 **ἴον, τό** < Ϝιον (viola) **Veilchen**

    ἰο-ειδής (cf. α 89) veilchenfarbig, violett; überh. **dunkelfarbig**

    ἠπειρόνδε (da ὄφρα-ἵκετο) h = landeinwärts, ins Innere

13 **ἔνδο-θι** (-θι cf. α 22) u. **ἔνδον** (< ἐν-δομ) 1. Adv. (im Hause) **drinnen** 2. Präp. c. dat. **in**

    τέμνω (u. **τάμνω**) ἔτετμον isol. redupl. Aor. II mit Schwst. (cf. α 16 ἐ-πλ-όμην) eigtl. schneiden, hauen; übertr. treffen, **antreffen**

14 **ἐσχάρη**, ἡ Herd, auch **Altar**
  καίω < καϝjω, asigm. = att. κάω **anzünden**;
    aor. homer. ἔκη(ϝ)α, trans. brennen, med. intr.
    pass. ἐκάην **brennen**
  τηλό-σε (cf. α 22) **fernhin**
  ὀδμή (cf. ὄζω u. odor) **Duft**
15 **κέδρος**, ἡ Zypresse, **Wacholder**
  κεάζω St κεσ (cf. castro **spalten**
    verschneiden)
  εὐ-κέατος gut (= klein) **gespalten**
  θύον, τό Baum mit duftendem Holz;
    etwa **Wacholder**
  ὄζω < οδjω (cf. Ozon) **duften**
    ὄδ-ωδ-α (V 13a) pf.
    intens. mit att. Redupl.
  ἀνά c. acc. eigtl. an- hinauf; verallg.
    über-hin
16 **δαίω** St δαϝ (untersch. von **anzünden**
    α 43 St δατ in δαίομαι)
  ἀ-οιδ-ιάω (cf. α 135 ἀοιδή) (= att. ᾄδω) **singen**
  ὄψ, ὀπός, ἡ St ϝοπ, ϝεπ **Stimme**
    in ἔπος β 106 (vox);
    untersch. St οπ in α 22
    ὄψομαι!
17 **ἐπ-οίχομαί τι** (cf. α 119 **hin und her gehen an**
    u. zu β 51) **etwas**
  κερκίς, κερκίδος, ἡ **Stäbchen** (das den Faden
    des Einschlags trägt wie
    später das Weberschiff-
    chen)

18 σπέος ἀμφί (V 26) ohne
    Anfangsbetonung!

φύομαι (perf. πέφυκα) — entstehen, **wachsen**
τηλεθάω St θαλ in θάλλω (24) — sprossen, üppig **grünen**

19 κλήθρη, ἡ — **Erle**
αἴγειρος, ἡ — **Schwarzpappel**
κυπάρισσος, ἡ — **Zypresse**
εὐ-ώδης St οδ in ὄζω (15) — wohlriechend, **duftend**

20 τανυ-σί-πτερος (τανύω in 23 + πτέρυξ) — 1. mit ausgedehnten Flügeln = **langflügelig**; 2. (verbal empfunden) **flügelbreitend**

εὐνάζομαι (β 2 εὐνή) — sich lagern; h. **nisten**

21 σκώψ, σκωπός, ὁ (σκώπτω spotten) — Spottvogel, **Zwergohreule, Kauz**

ἴρηξ, ἴρηκος, ὁ (att. ἱέραξ, cf. ἵεμαι) — der Eilende, **Habicht, Falke**

τανύ-γλωσσος (23 τανύω + γλῶσσα, L 4) — 1. mit gestreckter Zunge, **langzüngig**; 2. (mit verbal. ersten Glied) **zungenstreckend**

κορώνη, ἡ (att. κόραξ, cf. cornix, corvus) — **Krähe**

22 εἰν-άλιος (εἰν, P 22 + ἅλς α 138) — in oder auf dem Meer befindlich, **Meer-**
κορώνη εἰναλίη — **Meerkrähe** (Kormoran?)
θαλάσσιος — zum Meer gehörig, **Meer-**
ἔργα θαλάσσια — **Tun und Treiben** (Leben) **auf d. Meer**

μέμηλεν (perf. intens. cf. α 13 u. α 127, V 13a) — = μέλει, h. = **gefällt**

23 τανύω St τα < τγ, — **spannen**, d. h. 1. anziehen

Schwst. zu τεν in τείνω (tendo)	(z. B. Bogen); 2. (in die Länge) **strecken**
τε-τάνυμαι (perf. pass.)	**sich erstrecken**
24 **ἡμερίς**, ἡ (cf. ἥμερος zahm, urspr. Adj. sc. ἄμπελος)	**veredelter Weinstock**
ἡβάω (cf. α 36)	h. **üppig sein**
θάλλω u. **θηλέω** (cf. 18)	sprossen, **grünen**
τέθηλα (perf. intens.)	strotzen, **prangen**
σταφυλή	**Traube**
25 **πίσυρες** (äol.)	=**τέσσαρες** (=att. τέτταρες)
26 **πλησίος** c. gen. (u. dat.)	**nahe bei**
ἄλλυδις (äol.) = ἄλλοσε	**anderswohin** (N 3)
ἄλλυδις ἄλλη (alia alio)	**die eine hierhin, die andere dorthin**
27 **ἀμφί** h. Adv., cf. α 46 ἔν (über Akz. vgl. zu 18)	1. **beiderseits** (cf. α 49); 2. **ringsum**
λειμών, λειμῶνος, ὁ	**Wiese**
σέλινον (cf. πετροσέλινον Petersilie)	**Eppich (Sellerie)**
33 **ἀ-γνοιέω** (nach P 22 für) **ἀ-γνοέω** (ignoro) N 20a	**nicht (er)kennen**
34 **ἀ-γνώς**,-γνῶτος (ignotus)	**unbekannt**
τε	eigtl. „auch"; s. S 2
35 **ἀπό-προ-θι** (θι vgl. α 22)	fern, **in der Ferne**
36 **ἐρε-είνω** St ερεϝ= ερϝ= ερ in α 164 εἴρομαι	**fragen**
37 **ἱδρύω** St ἑδ < σεδ (cf. β 35 καθίζω)	setzen, **Platz nehmen lassen**
φα-εινός < φα(ϝ)-εσ-νος, St φα in φάος (λ 45) = att. φῶς (cf. θ 71 φαίνω)	leuchtend, **glänzend**

σιγαλό-εις < σι-γαλοϝεντ, St γλα in β 66 ἀγλαός (-εις in α 46) — glänzend, **schimmernd, blank**

38 **χρυσό-ρραπις** (ῥαπίς Stab) P 4 — mit goldenem Stab, **goldstabtragend**

εἰλήλουθας (P 22) pf. mit att. Redupl., ἐ u. υ metr. gedehnt (= ἐλήλυθας)

39 **θαμίζω** (α 119 θαμά) — **häufig kommen**

40 **αὐδάω** (α 173 u. β 130 αὐδή) — die Stimme erschallen lassen, **sprechen**

41 **τε-τελεσ-μένος** (τελέω) — 1. (schon einmal) **vollendet** (daher) 2. **vollendbar** (vgl. Bed. des adi. verb.)

43 **ἀ-μβροσίη**, ἡ (eigtl. Adj. cf. 8, sc. ἐδωδή od. τροφή) — **Götterspeise,** Ambrosia

νέκταρ, τό < νεκ (in νέκυς) + St ταρ < τρ̥ in τείρω — den Tod überwindender **Göttertrank,** Nektar

ἐ-ρυθρός (cf. ruber) N 20 c — **rot**

44 **ἔσθω** u. **ἔδω** (α 136) — = att. ἐσθίω **essen**

45 **δεῖπνον** (viell. δάπτω od. δαπάνω, cf. dapes) — Hauptmahlzeit, allg. **Essen**

δειπνέω — **speisen**

ἐδ-ωδή, ἡ (α 136 ἔδω) — **Speise**

47 **εἰρωτάω** (εἰρ- < ερϝ, cf. 36) — = ἐρωτάω (L 3 a)

48 **μῦθος** (cf. α 26) — **Rede** (als:) Mitteilung, Aufforderung, Rat, Frage, **Auftrag**

49	δεῦρο (= β 146 δεῦτε)	heran, **(hier)her**
50	τοσσόσ-δε (stärker als τόσσος)	= τοσόσδε (P 4)
	δια-τρέχω (aor. ἔδραμον)	durchlaufen, **durcheilen**
	ἁλμυρός (ἅλς)	**salzig**
51	ὀϊζυρός (cf. 171 ὀϊζύς)	**leidvoll**, elend
53	ὅττι (= ὅτι, P 22) τάχιστα	= ὡς τάχιστα
54	τῇδε adv.	hier
	αἶσα, ἡ (cf. β 57 μοῖρα)	1. meist **Los, Schicksal**, Bestimmung; 2. (viell. Grundbed., selten) Teil, **Anteil**; 3. gesteig. gebührender Anteil, **Gebühr**
	ἀπο-νόσφιν (α 20 verstärkt durch ἀπό)	1. Adv. **weit in der Ferne**; 2. Präp. c. gen. **weit entfernt von**
55	ἔτι (cf. et, etiam)	**noch**: 1. zeitl. ferner, weiterhin, (dadurch fast=) später noch; 2. (steigernd, mit καί) auch noch
56	ὑψ-όροφος (ὕψι hoch + ἐρέφω, cf. ψ 80)	mit hohem Dach, d. h. **hochgebaut**
57	ῥιγέω (ῥῖγος, cf. frigus) ῥίγησεν ingr.	**schaudern** kaltes Entsetzen packte
58	= α 98 (F)	
59	σχέ-τλιος St σχε, σεχ	1. festhaltend, zäh, **hartnäckig**; 2. (daraus entw.) hart, **grausam**; 3. (auch) **verwegen**

ζηλήμων (ζηλόω wetteifern, beneiden) — eifersüchtig, **neidisch**

ἔξ-οχον u. ἔξοχα (zu ἔξεχω herausragen) S 14 — 1. **hervorragend**; 2. c. gen. (mehr als =) **vor**

60 ἀγά-ομαι (ἄγα sehr, themat. Bildg zu ἄγαμαι) — ein hohes Maß feststellen, daher: 1. **bewundern**; 2. **beneiden**; 3. c. dat. **missgönnen**

61 σαόω = kontr. σώω — = **σῴζω** (<σωιζω)

τρόπις, τρόπιος, ἡ (τρέπω) — eigtl. Wender, **Kiel**(balken)

βαίνω (βεβαώς = βεβηκώς, wie ἑσταώς > ἑστώς = ἑστηκώς) — eigtl. die Beine spreizen, seitlich wie vorwärts, daher das Perf.:

βεβηκέναι περί τινος — **rittlings sitzen auf etwas**

62 κεραυνός, ὁ — **Blitz**

ἀργής, ἀργῆτος (cf. β 11 ἀργός u. α 33) — glänzend, **funkelnd**, blendend

63 ἐλαύνω — h. schlagen, **treffen**

64 φιλέω (cf. α 99, φίλεον L 5, V 7) — h. Liebes erweisen, **liebevoll pflegen**

65 τίθημι mit dopp. Akk. — **machen zu**

ἀ-γήραος (γῆρας) — **nicht alternd**

66 οὔ πως ἔστι — es ist nicht irgendwie möglich = **es ist ganz und gar unmöglich**

νόος (cf. α 3) — allg. Sinnen, Denken; im bes. 1. Denkart, **Gesinnung** (α 3); 2. Denkfähigkeit, **Verstand** (α 61); 3. einzelner Gedanke, **Absicht**

αἰγίς, αἰγίδος, ἡ	urspr. Sturmwind, **Sturmwolke**; dann Schild (des Zeus u. d. Athene), **Aigis**
αἰγί-οχος (St Ϝεχ, veho, oder St. σεχ in ἔχω)	1. die Aig. bewegend, **Aigisschwinger**; 2. d. A. haltend od. führend, **Aigisträger**
67 **παρ-εξ-έρχομαί τι**	(unbemerkt) an etwas vorbei und hinauskommen; i. d. and. Bild **etwas umgehen**
ἁλιόω (ἅλιος nichtig)	nichtig machen, **vereiteln**
68 **ἔρρω** St Ϝερ(σ), cf. verro schleifen, „fegen"	mühsam einhergehen; zu seinem Unglück fortgehen, **dahinfahren**
69 **ἐπι-κεύθω** u. **κεύθω**	(ver)bergen, **verhehlen**
70 **ἀ-σκηθής** (zu σκηθ, cf. ahd *scadōn*, nhd schaden)	ungeschädigt, **unverletzt**
72 **ἐπ-οπίζομαι** u. **ὀπίζομαι** St οπ (α 22) in ὄπις Beachtung, cf. re-spicio	beachten, **scheuen**
μῆνις, μήνιος, ἡ	**Groll**
73 **μή (πως)**	= ἵνα μή
μετ-όπισθε(ν)	= verst. ὄπισθεν (β 115)
κοτέω u. med. (λ 54 κότος)	**grollen**
χαλεπαίνω τινί	jem. böse sein, **zürnen**
74 **κρατύς** = **κρατερός**	stark, gewaltig, **mächtig**
75 **μεγαλ-ήτωρ**, -ήτορος (α 43)	großherzig, **hochgemut**

76 **ἐπεὶ δή** (cf. 10 ὅτε δή) = (stark verblaßt) **ἐπειδή**
ἐπ-έκλυον (τί od. τινός) (verst.) hören, **vernehmen** (etwas)
77 **ἀκτή** (cf. acutus) Landspitze, (Steil-) **Küste**
(τώ) **ὄσσε** < oκjε, Stok^w (α91) (die beiden) **Augen**
78 **τέρσομαι** (cf. terra = trocken werden, **trocknen**
das Dürre, Trockene,
torreo, nhd Durst)
κατ-είβω (= εἴβω = β **herabfließen lassen**; med.
168 λείβω) herab-, dahin-, **verfließen**

γλυκύς (dulcis) süß, **angenehm**
αἰών, αἰῶνος, ὁ < αιϝων Lebenszeit, **Leben**
(cf. aevum, ae(vi)tas;
ewig)
80 **ἀγχοῦ** (zu -ου cf. α 45) = ἄγχι (α 133) **nahe**
προσ-φωνέω (cf. α 98) = πρόσφημι (α 58) **anreden**
81 **κάμ-μορος** < κατ-μορος (κατά verst.) ein ganz
(cf. α 44 δύσ-μορος) P 16 schlimmes Schicksal habend, (sehr) **unglücklich**
82 **φθίνω** u. **ἀπο-φθίνω** 1. trans. **hinschwinden machen, vernichten**;
2. intr. **hinschwinden, vergehen** (von Zeit u. Lebewesen)
πρό-φρασσα St φρα < φρν̥ bereitwillig, **geneigt,**
(femin. Bildg zu **freundlich** (cf. β 96)
πρόφρων)
83 **δόρυ**, τό gen. δουρός u. 1. (Baum-) **Stamm**;
δούρατος (St δορϝ, L 3) 2. **Speer** (schaft)
att. δόρατος (cf. engl. tree)

τάμνω (aor. ἔταμον)	= τέμνω (13) h. **fällen**
ἁρμόζω St αρ (α 207) att. ἁρμόττω, aber St αρμοδ!	**zusammenfügen** (med. hier indir. sibi)
χαλκός, ὁ (cf. zu α 97)	**Erz, Erzgerät** (cf. ferrum)
84 σχεδίη, ἡ St σεχ (in d. Bed. fest zusammenhalten) oder σχεδ in σχίζω (cf. σχέδος Scheit, Brett)	leicht gebautes Schiff, Notkahn; Blockschiff, **Floß**
ἴκρια, τά	1. senkrechte **Pfosten**; 2. das daraus bestehende Gerüst; 3. das von ihm getragene **Verdeck**
πήγνυμι St παγ, aor. ἔπηξα	festmachen, (durch Festschlagen) **errichten**
85 ὑψοῦ (= π 192 ὕψι, -ου 80)	**hoch** (empor)
ἠερο-ειδής (ἀήρ, ion. Gen. ἠέρος + Suff. -ειδής, α 89)	luftartig, luftfarben, **dunstig** (S 20)
87 μενο-εικής (μένος α 78 + St Ϝεικ α 41)	dem Verlangen entsprechend, **reichlich** (S 26)
92 ἴξον sog. aor. mixtus (V 11c) zu ἵκω (β 19)	
93 **ἔν-θεν** (i. Ggs. zu ἔνθα)	von da; rel. **von wo** (N 2)
καθέζομαι	**sich setzen**
94 πᾶς	oft in d. Bed. παντοῖος
96 ἀντίον τινός (cf. α 67)	jem. **gegenüber**
ἵζω	= **καθίζω** (β 35)
98 **ποτής**, ποτῆτος, ἡ (cf. α 124 ποτόν u. α 126 πόσις)	**Trank**

100 **διο-γενής** δῖος < διϜος (cf. α 14) + St γεν	**zeusentsprossen**
πολυ-μήχανος (μηχανή Mittel, Kunstgriff)	erfindungs-, **listenreich**
102 **ἔμ-πης** Adv. (zu πᾶς)	1. **durchaus**; 2. trotzdem, **dennoch**
103 **εἴ γε μέν** (= μήν, cf. α 67)	**wenn freilich**
104 **ἀνα-πίμπλημι**	an-, erfüllen; vollenden; h. bis zur Fülle **durchmachen**
105 **αὖθι** Adv. = αὐτό-θι (= αὐτοῦ, N 1)	auf dieser Stelle: 1. **dort**; 2. **hier**
106 ἰδέσθαι dynamisches Medium (verstärkend)	
107 **ἐ-έλδομαι** u. **ἔλδομαι** ε proth. (N 20c) + St Ϝελ (velle)	**wünschen, verlangen** (**τινός** nach)
108 **θήν** (enkl.)	doch wohl, **sicherlich**
χερείων = χείρων < χερjων	schlechter, **geringer**
109 **φυή** (φύομαι)	**Wuchs**
οὔ πως οὐδέ (cf. 66)	verst. Neg.: auch durchaus nicht
110 **ἐρίζω** (cf. α 68)	h. wettstreiten, **sich messen**
111 **πολύ-μητις** (μῆτις Klugheit, Anschlag, List)	anschlag-, **listenreich** (fast = 100 πολυμήχανος)
112 **χώομαι** (viell. zu χέομαι sich gehen lassen)	aufgebracht sein: 1. sich ärgern; 2. **zürnen**; 3. mit Akk. des inneren Obj. **verargen**
τόδε (eigtl. inn. Obj.) adv. Akk.	= deshalb

113 πάντα (S 14) μάλα	ganz genau
οὕνεκα < οὗ ἕνεκα	(wie ὅτι) 1. **weil**; 2. **daß**
περί-φρων (cf. α 61 u. β 96)	sehr verständig, **klug**
114 ἀκιδνός	unansehnlich, **schwach**
εἰσ-άντα Adv. (erst. präpos. Verbindung)	= ἄντην (32) ins Antlitz, **entgegen**
εἰσάντα ἰδέσθαι (dativischer Inf.)	wenn man ihr entg. blickt = wenn man sie mit dir vergleicht
115 ἀ-γήρως (kontr. aus ἀγήραος 65)	**nicht alternd**
116 καὶ ὥς (cf. α 6 οὐδ'ὥς)	auch so, **trotzdem**
118 ῥαίω (cf. α 194 διαρραίω)	zerschmettern, **scheitern lassen** (S 20)
119 ταλα-πενθής St ταλ (α 215) + πένθος (β 36)	Leid ertragend, **standhaft**
120 μογέω	1. sich abmühen; 2. trans. **mühevoll erdulden**
121 γενέσθαι μετά τινι (cf. α 19)	unter etwas geraten, **zu etwas** (hinzu) **kommen**
122 μήδομαι (cf. β 25 μήδεα)	(er)sinnen, **erwägen** (meditor)
πομπή (πέμπω)	Entsendung, **Heimsendung**, Geleit
123 πέλεκυς, ὁ	**Axt**
ἄρ-μενος (eigtl. part. aor. von St αρ, cf. 45 u. α 207)	sich (an)fügend, **passend**

124 ἀμφοτέρω-θεν (cf. α 49 ἀμφίς)	1. **von beiden Seiten;** 2. **auf beiden Seiten**
ἀκ-αχ-μένος isol. part. perf. mit att. Redupl. vom St ακ in ἄκρον u. ἀκούειν (eigtl. die Ohren spitzen) cf. acer	gespitzt, **geschliffen**
125 στειλειόν, τό	**Stiel**
ἐλά-ινος (ἐλαία < ελαιϜα Ölbaum)	**aus Olivenholz**
ἐν-αρ-ηρ-ώς part. vom intr. perf. ἄρηρα, St αρ (α 207) cf. 123 (V 13)	eingefügt, **passend**
126 σκέπαρνος, ὁ (od. τὸ ~ον)	**Schlichtbeil**
127 ἐσχατιή, ἡ (ἔσχατος)	der äußerste Teil, **Rand, Saum**
128 ἐλάτη	**Fichte, Tanne**
οὐρανο-μήκης (cf. μῆκος Länge u. α 49 μακρός)	**himmelhoch**
129 αὗος	dürr, **trocken**
πάλαι	seit langem, **längst**
περί-κηλος	**sehr dürr**
πλώω (cf. πλοῦς < πλόος)	**schwimmen**
132 ἄνυμι = ἀνύω = ἄνω (= att. ἀνύω, ἀνύτω)	**vollenden,** fördern; pass. von statten gehen
133 ἐκ-βάλλω	aus (d. Boden) werfen, **fällen**
πελεκκάω (cf. 123)	**behauen**
134 ξέω St ξεσ	schaben, **glätten,** glatt behauen
ἐπισταμένως	kundig, **sachverständig**
στάθμη St στα in ἵστημι	**Richtschnur**

ἰθύνω (ἰθύς = att. εὐθύς)	**gerade machen:** 1. gerade fertigen (hauen); 2. gerade halten, richten, lenken
135 τόφρα (demonstr. zu ὄφρα < ὄφρα, α 74)	derweilen: 1. **unterdessen;** 2. **solange**
ἔνεικα u. ἤνεικα < εν-εικ zum St ῑκ in ἵκω (β 19)	= att. ἤνεγκον (aor. zu φέρω) nur in Bed., nicht im St. gleich!
τέρε-τρον St τερ in τείρω (cf. tero)	**Bohrer**
136 τε-τραίνω (St τερ, h. Schwst.)	**durchbohren**
137 γόμφος, ὁ	(Holz-) Pflock, **Nagel**
ἁρμονίη (cf. 83 ἁρμόζω)	Verbindung, **Klammer**, hier aus Holz = **Falz**
ἀράσσω	(fest) schlagen, (zusammen) **hämmern**
138 ἀραρών part. aor. zu ἀρα-ρίσκω (cf. α 207)	h. **versehend mit** (h. vorz. wie στήσας)
θαμέες nur pl. (cf. 39 θα-μίζω u. α 119 θαμά)	dicht (aneinander), **zahlreich**
σταμίν, -ῑνος, ἡ St στα (dat. pl. -ῐ-)	eigtl. Ständer, schräg stützende **Strebe**
139 ἐπ-ηγκενίδες, αἱ	Langhölzer, aufgelegte **Deckbalken**
140 ἐπ-ίκριον (cf. 84)	am senkr. Mast waager. befestigte Segelstange, **Rahe**
141 πρός Adv. (cf. 140 ἔν, V 24)	dazu, **außerdem**
πηδάλιον	**Steuerruder**

142 **φράσσω** < φρακjω (cf. farcio, nhd. bergen)	**verzäunen**
ῥίψ, ῥιπός, ἡ	**Rute**; pl. **Flechtwerk**
δι-αμ-περές Adv. διά + αμ (P 16) + St περ in περάω (cf. 243, lat. per)	**durch und durch**: 1. örtl. (in seiner ganzen Länge u. Tiefe =) **ringsum**, in ununterbrochener Reihe; 2. zeitl. unaufhörlich; 3. übertr. gänzlich
ὀισύ-ινος (cf. 125 ἐλάϊνος)	**aus Weidenholz, Weiden-**
143 **εἶλαρ**, τό St Ϝελ in εἰλύω (237)	Schutzwehr, **Umzäunung**
ἐπι-χεύομαι (cf. α 112)	h. **daraufschütten**
ὕλη (silva)	1. Holz, Strauchwerk, **Reisig**; 2. Gehölz, Wald
144 **φάρεα** (cf. β 54 φᾶρος)	i. d. kollekt. **Leinwand**
145 **τεχνάομαι** (τέχνη)	kunstvoll herstellen, **geschickt anfertigen**
146 **ἐν-δέω** (cf. α 82)	**darin** (od. daran) **festbinden**
ὑπέραι, αἱ	**obere Taue** (zum Richten der Rahen), **Brassen**
κάλος (= att. κάλως)	**Schiffstau** (zum Reffen der Segel) Gording
πόδες, οἱ	**Fußtaue** (zum Einstellen und Befestigen der Segel), **Schoten**
147 **μόχλος**, ὁ	Hebebaum, **Hebel**
κατ-ερύω aor. εἴρυσα (< εϜερυσα), untersch. von α 6 ἐρύομαι!	herabziehen, **hinabschieben**

150 **ϑυ-ώδης** (cf. 15 ϑύον, ὄζω)	nach ϑύον duftend, **wohlriechend**
151 **ἀσκός**	**Schlauch** (aus Tierhaut)
153 **κώρυκος**, ὁ	**Ledersack** (S 9)
ὄψον	**Zukost** (zum Brot, bes. Fleisch, Fisch, Gemüse)
154 **προ-ίημι** aor. ἔηκα < ἐjηκα = att ἧκα (cf. ieci u. β 49)	loslassen: 1. **entsenden**; 2. aus der Hand lassen; h. **wehen lassen**
ἀ-πήμων, ἀπήμονος (cf. α 44 πῆμα)	**leidlos**: 1. akt. (so h.) **unschädlich**; 2. pass. unbeschädigt, **unversehrt**
λιαρός	**lau**, lind
155 **γηϑό-συνος** (312 γηϑέω)	**froh**, c. dat über
156 **τεχνή-εις**, -έντως Adv.	kunstvoll, **sachverständig**
ἰϑύνετο (dyn. med)	= ἴϑυνεν (cf. 134,2)
157 **βλέφαρον** (βλέπω)	(Augen-) **Lid**
158 **ἐσ-οράω** (ἐς cf. α 74; anders εἰσοράω in α 94!)	**auf etwas blicken**
ὀψέ Adv. δύοντα (h. intr. = δυόμενον)	h. **spät verblassend**
159 **ἐπί-κλησις** (καλέω)	Benennung; **Beiname**
160 **αὐτοῦ** Adv. (zu αὐτός)	an ders. Stelle, **an Ort u. Stelle**
δοκεύω St δεκ in δέχομαι (= att. δέχομαι)	(scharf) **beobachten**
161 **ἄ-μμορος** < α-σμορος (α 29)	ohne Anteil, **unteilhaftig**
λοε-τρόν (cf. α227 λοέω)	**Bad** (b. Homer stets pl.)
163 **ποντο-πορεύω**	**das Meer** durch- od. befahren
ἀρισ-τερός (zu ἄριστος)	**links**

164 **ἐν-οσί-χθων** St Ϝοθ, Ϝωθ in ὠθέω + χθών (cf. ζ 120) — an die Erde stoßend, **Erderschütterer**

165 **τηλό-θεν** Adv. (cf. α 22) — **von fern** (N 1 u. 2)
εἴσατο aor. med. (in pass. Bed. S 16) von εἴδομαι (α 86) — wurde sichtbar

166 **ἐπι-πλείω** (=-πλέω P 22) — fahren über, **befahren**
κηρ-όθι locat. (cf. α 227) — **im Herzen**

167 **κινέω** — bewegen; h. **schütteln**
προτί — = **πρός**

168 **ἦ μάλα δή** — **ganz gewiss also**
μετα-βουλεύω — 1. untereinander beschließen; 2. „umbeschließen", **Beschluss ändern**

170 **σχεδόν τινος** (cf. β 113) — **nahe bei etwas**

171 **πεῖραρ**, πείρατος < περϜαρ (cf. 9 ἀπείρων, L 3) — Ende, Grenze, **Vollendung**
ὀιζύς, ὀιζύος, ἡ (cf. 51) — Elend, **Leid**

172 **ἄδην** (eigtl. erst. acc. vom St σα, cf. satis) — bis zur Sättigung, **sattsam, genug**
κακότης, -ητος, ἡ — 1. akt. Schlechtigkeit; 2. pass. **Leid, Unglück**
ἐλάαν (P 25) inf. fut. — = att. ἐλᾶν (zu ἐλαύνω)

173 **ταράσσω** (L 4) — verwirren, **aufrühren**

174 **τρίαινα**, ἡ — **Dreizack**
ὀροθύνω (cf. β 2) — in Bewegung setzen, **erregen**
ἄ-ελλα, ἡ zu ἄημι < ἀ-Ϝημι (mit α proth. N 20c) cf. ventus — Windstoß, Bö, **Sturmwind**

175 **συγ-καλύπτω** — **ganz verhüllen**

	νέφος, τό (cf. nubes, nebula)	= νεφέλη **Wolke**
176	**ὁμοῦ**	zusammen, **zugleich**
177	**συμ-πίπτω**	zusammenstoßen, **aufeinanderprallen**
	δυσ-ᾱής (cf. 174 ἄημι)	arg, heftig wehend; **stürmisch**
178	**αἰθρη-γενέτης** (αἴθρη sinnverw. mit αἰθήρ)	**aus dem Äther geboren**
179	**λύομαι** λύτο med. Wurzelaor. (cf. ἔθετο) mit pass. Bed. (S 16) = ἐλύθη	sich lösen, wanken, **beben**
180	**ὀχθέω**	1. **unwillig,** unmutig, unruhig sein; 2. erregt, traurig, **bekümmert sein**
181	**ὤ μοι**	**wehe mir!**
	δειλός (δείδω)	1. furchtsam, feige; 2. **elend,** unglücklich
	μήκιστα Adv. (cf. 128, N 27)	aufs längste, schließlich, **am Ende**
182	**δείδω** St δϜει (V 13a)	= att. **δέδια, δέδοικα**
185	**περι-στέφω** (στέφανος)	rings umhüllen, **umgeben**
186	**ἐπι-σπέρχω** (cf. α 20)	**heranstürmen**
187	**σῶς** 1. = **σάος** (61) = att σῶος, 2. < σοος zu σεύω (ζ 68)	**heil:** a) sicher, b) unversehrt (salvus) **schnell** (so hier)
190	**ὄφελον** (= ὤφελον) **θανέειν** (cf. Xen. Anab. 2, 1, 4)	unerfüllb. Wunsch, meist mit αἴθε (= εἴθε) od. ὡς: **dass ich doch gestorben wäre**

πότμος St πετ in πίπτω	das (Zu-)Fallende, Los, **Geschick** (casus)
ἐφ-έπω aor. ἐπι-σπ-εῖν Schwst. zum St σεπ	**verfolgen**: 1. nachsetzen, erreichen; 2. (eifrig) betreiben, vollenden, **erfüllen**
πότμον ἐπισπεῖν	sein Geschick erfüllen, **sterben**
191 χαλκ-ήρης St αρ (α 207)	erzgefügt, **mit eherner Spitze**
192 ἐπι-ρρίπτω τινί St Ϝριπ	auf (gegen) jem. **schleudern** (P 4)
περί c. dat.	**(im Kampf) um**
193 λαγχάνω (h. mit gen. part.)	(in verblasster Bed.) **empfangen, erhalten**
ἄγω	h. fortführen, **verbreiten**
194 λευγ-αλέος (cf. lugeo)	traurig, **kläglich**
εἴ-μαρ-ται <σε-σμαρ-, St σμερ (cf. 161 u. α 29)	es ist zugeteilt, **vom Schicksal bestimmt**
195 ἄκρη, ἡ (= att. ἄκρα)	**Höhe**, Gipfel
κατ᾽ ἄκρης	**von oben herab**
196 ἐπι-σσεύω < -κjευω (cf. φυλάσσω < φυλακjω)	**heranstürmen lassen**; med. **heranstürmen**
ἔσσυμαι (V 13a) = σεύομαι	sich in Bewegung setzen, **eilen**
περι-ελελίζω aor. -ελέλιξα	**heftig erschüttern**
197 τῆλε u. τηλοῦ (cf. α 22)	**fern**
198 ἄγ-νυμι aor. ἔαξα < εϜαξα	**zerbrechen**
199 μίσγω < μιγ-σκω (wie misceo < mic-sceo)	= μείγνυμι; pass. h. **zusammenstoßen**

θύελλα, ἡ St θυ in θυμός (α 4)	1. Sturm-, = **Wirbelwind**; 2. der einzelne **Windstoß**
201 ὑπό-βρυχα (isol. Akk. eines Adj. zu βρέχω netzen)	**unter Wasser befindlich**
202 ἀν-έχω aor. ἔσχ-εθ-ον = ἔσχον	h. intr. (= med.) **sich emporhalten**; aor. sich emporarbeiten
ὑπό c. gen. (separ.)	räuml. **unter - hervor**
ὁρμή, ἡ (cf. β 139)	**Ansturm**, Druck
203 ἀνα-δύομαι	**emportauchen**
στόμα, στόματος, τό	**Mund**; (auch Mündung)
ἐκ-πτύω	**ausspucken**
204 πικρός	spitz, scharf, **bitter**
κελαρύζω	rauschen, **rieseln**
205 ἐπι-λήθομαι St λαθ	= **ἐπιλανθάνομαι** (cf. α 52)
206 μεθ-ορμάομαι (α 22 μετά u. 202 ὁρμή)	nachdrängen, **nacheilen**; h. nachschwimmen
λαμβάνομαί τινος	**etwas ergreifen**
207 ἀλεείνω	ausweichen, **(ver)meiden**
μέσσος (< μεθjος, daher σσ urspr. Form, cf. medius	
208 φορέω (mit verblaßt. iterat. Bed.)	= **φέρω**
ῥόος < σϝορος (att. ῥοῦς, cf. ῥέω)	**Strömung**
209 ὀπ-ώρη, ἡ (ὄπιθεν + ὥρα)	Nachreife, **Spätsommer**
ὀπωρ-ινός	spätsommerlich, **im Spätsommer**
ἄκανθα, ἡ St ακ (cf. 124)	Stachelblume, **Distel**(kopf)

ὡς ὅτε ... ὥς (Formel für Vergleich) — wie (es ist) wenn ... so (S 21)

210 **ἔχομαι πρός τινι** — sich halten, **haften an etwas**

211 **πέλαγος** (cf. planus) — **Meer**(esfläche)

212 ὦρσε δ'επί, (V 26) cf. β 2 — = ἐπῶρσε bewegte heran = ließ heranrollen

213 **ἀργ-αλέος** < αλγ zu ἄλγος (zum Suff. cf. 194) — schmerzlich, **leidvoll**

κατ-ηρεφής (56 ἐρέφω) — 1. akt. von oben deckend, **überhängend**; 2. pass. von oben gedeckt, **überdacht**

214 **ζ-άής** (äol. Präfix ζα < δια = sehr + ἄημι, 174 u. 177) — stark wehend, **stürmisch**

ἧα (= ἤια) anders als β 122! (verw. aridus?) — **Spreu** (Hülsen)

θημών, -ῶνος, ὁ (τί-θημι) — **Haufe**

τινάσσω (verw. St κι in κινέω) — schwingen, schütteln, **zerstreuen**

τινάξῃ iterativ (S 21, cf. 209)

215 **καρφ-αλέος** (κάρφω dörren) — dürr, trocken

δια-σκεδάννυμι — zerstreuen

ἄλλη — anderswo u. anderswohin

ἄλλυδις ἄλλη (cf. 26) — hierhin und dorthin

217 **βαίνω ἀμφί τινι** (cf. 61 u. α 49) — die Beine spreizen (= legen) **um etwas**

	κέλης, -ητος, ὁ (β 71 κέλο-μαι, cf. celer)	(mit und ohne ἵππος) **Renner**
	ἐλαύνω	1. trans. (mit Obj. ἵππον) **reiten auf**; 2. intr. (mit zu erg. Obj.) **reiten**
218	**ἐξ-απο-δύνω** (= -δύομαι)	sich ausziehen (u. von sich wegwerfen), **ablegen**
219	= 167, aber hier κινέω =	(befriedigt) nicken
220	**ἀλάομαι**	umherirren
221	**διο-τρεφής** (cf. 100 -γενής)	(da von Zeus entstammend, auch) **von Zeus genährt** od. **gepflegt**
	μείγνυμαί τινι aor. II ἐμίγην	sich mischen unter, **kommen zu jem.**
222	**ἱμάσσω** aor. ἵμασ(σ)α (cf. ι 228 ἱμάς)	**peitschen**
	καλλί-θριξ, -τριχος (θρίξ Haar, cf. Trichine)	mit schönem Haar; h. **schön - mähnig**
223	**κλυτός** (cf. α 81 κλέος) bei Homer zweiendig!	1. **berühmt**; 2. (bei Tieren und Sachen) **herrlich**
225	**κατα-δέω**	1. fest-, zubinden; 2. h. **versperren**
226	**εὐνάομαι** (= 20 εὐνάζομαι)	sich lagern, **sich legen**
227	**κραιπνός**	schnell, **hurtig**
228	**ἦος** (= ἕως, L 7) wie ὄφρα, 141 u. α 74	1. zeitl. solange als, **bis**; 2. final: **damit**
229	**κήρ**, κηρός, ἡ (untersch. α 227 τὸ κῆρ!)	1. **die Ker** (weibl. Todesdämon); 2. abstr. **Tod** (vgl. Gymn. 71, 45)
	ἀλύσκω (cf. 207 ἀλεείνω)	ausweichen, **entkommen**

230 **γαλήνη**, ἡ (cf. γελάω) — (heiter glänzendes) ruhiges, **glattes Meer**
230/231 ~ μ 20/21

231 **νηνεμίη**, ἡ < νη + ἄνεμος (cf. α 75 νημερτής) — Windlosigkeit, **Windstille** (νηνεμίη infolge der Windstille)

232 **ὀξύς** St αχ (cf. 124) — spitz, scharf; übertr. **heftig**
προ-οράω — h. **vorwärts spähen**

233 **νήχω** = **νέω** (nare, frz. nager) — **schwimmen**
ἐπι-βαίνω τινός (gen. part). — etwas betreten, **besteigen**

234 **γέ-γωνα** (verw. γι-γνώσκω, cf. i-gnotus) — sich vernehmlich machen, **vernehmlich rufen**
ὅσσον — βοήσας — somit sich etwa ein Rufender bemerkb. m.

235 **δοῦπος** — dumpfes Getöse, **Brausen**
ποτί = **προτί** (β 139) = **πρός** — c. dat. **bei, an**; c. acc. **gegen - hin**
σπιλάς, -άδος, ἡ — „spitzes" Riff, **Klippe**

236 **ῥοχθέω** (onom.) — rauschen, **donnern**
ξερόν, τό — das Trockene, **Gestade**

237 **ἐρεύγομαι** — ausstoßen, **sich (er)brechen**; h. **anbranden**

εἰλύω (< εϜελυω od. Ϝελνυω, St Ϝελ) perf. pass. εἴλυμαι — einhüllen, **bedecken**

ἄχνη, ἡ — 1. Spreu; 2. **Schaum**

238 **ὄχος** St σεχ in ἔχω (anders in α 63 St Ϝεχ) — Halter, Hüter, **Beschirmer**
ἐπιωγαί, αἱ (Herk. unsicher) — etwa: geschützte Stellen, **Reeden**

239 **προ-βλής**, -βλῆτος (βάλλω)	vorgeworfen, **vorspringend**
πάγος St παγ in πήγνυμι (vgl. Areopag)	Fels, **Klippe**
240/241 = 179/180	
242 **ἀ-ελπής** (ἐλπίζω)	unverhofft, **unerwartet**
243 **λαῖτμα**	**Schlund** (des Meeres)
δια-τμήγω (cf. τέ-τμη-κα)	durchschneiden, **durchmessen**
περάω (cf. πέραν) St περ in πορεύομαι (per, porta)	durchdringen: 1. durchfahren, **fahren über**; 2. vollenden, **bis zu Ende fahren**
244 **ἔκ-βασις**, ἡ	(Ort zum) **Aussteigen**
οὔ πῃ	1. = οὔ πως **durchaus nicht**; 2. örtl. **nirgends**
θύραζε < θυρασ-δε (cf. foras)	zur Tür hin; verallg. **hinaus**
245 **ἔκτοσ-θεν** (cf. α 102)	h. **außen**, d. h. der Küste vorgelagert
246 **βέ-βρυχα** perf. intens. (V 13a) mit Präs.-Bed. zu βρύχομαι	brüllen; h. **tosen**
ῥόθιος	**rauschend**
λισσός	**glatt**
ἀνα-τρέχω (δέδρομα V 13a) cf. ἔδραμον, δρόμος	emporlaufen, **emporsteigen**
247 **ἀγχι-βαθής** (βαθύς)	in der Nähe, d. h. **nahe dem Ufer tief**
249 **λίθαξ**, λίθακος (λίθος)	**steinig, zackig**
μή (πως)	= ἵνα μή (cf. 73)
250 **ἁρπάζω**	raffen, **packen**, rauben

μέλεος	vergeblich, **erfolglos**
251 προ-τέρω	**weiter**: 1. weiter nach vorn; 2. weiter fort
παρα-νήχομαι (νήχω 233)	**entlangschwimmen**
252 ἠιών, ἠιόνος, ἡ (Ggs. zu ἀκτή in 77)	flacher, **sandiger Strand** pl. etwa: Dünen
παρα-πλήξ, -πλῆγος (πλήττω)	seitswärts (von der Brandung) geschlagen, **mit schräger Brandung**
253 ἐξ-αῦτις (= αὖτις, α 233)	= αὖτε (3 u. α 154)
ἀν-αρπάζω (cf. 250)	emporraffen, **fortreißen**
254 ἰχθυ-όεις (ἰχθύς)	**fischreich**
στενάχω (cf. α 186)	**stöhnen**
255 ἠέ < ἤ (α 151) + Ϝε (= lat. ve)	= ἤ **oder**
κῆτος, τό (urspr. Schlund?)	großschlundiges **Seeungeheuer**
δαίμων, ὁ (eigtl. Zuteiler, St δα in δαίομαι (α 43)	**Gottheit**, Dämon
257 ἐννοσί-γαιος (P 4)	= ἐνοσί-χθων (164)
258 ὁρμαίνω (cf. β 139 ὁρμή)	(im Geist) hin und her bewegen, überlegen, **erwägen**
259 τρηχύς (= att. τραχύς)	rauh, zackig, **felsig**
260 λαμβάνω τινός (med. 206)	etwas erfassen, **packen**
πέτρη	Fels; h. **Klippe**
261 ἔχομαί τινος (cf. 210)	**sich an etwas (fest)halten**
262 ὑπ-αλύσκω (verst. ἀλύσκω)	ausweichen, **entkommen**
παλιρ-ρόθιος (cf. 246)	**zurückrauschend**

264 πολύ-πους, -ποδος, ὁ	Vielfuß, **Tintenfisch** (P 22)
θαλάμη, ἡ	Lager, Höhle, **Schlupfwinkel**
ἐξ-έλκω	**herausziehen**
265 κοτυλη-δών, -δόνος, ὁ (κοτύλη Napf)	Saugnapf, **Saugwarze**
πυκινός (cf. α 206)	**dicht**; pl. dicht nebeneinander = zahlreiche
λᾶιγξ, λάιγγος, ὁ u. ἡ (deminut. zu ζ 195 λᾶας)	**Steinchen**
ἔχονται (h. Ind. i. Ggs. zu 209)	h. = bleiben hängen
266 θρασύς	„dreist", mutig, kühn, **verwegen**
267 ῥινός, ἡ (u. τὸ ῥινόν)	**Haut** (untersch. ῥίς in 288!)
ἀπο-δρύφω	**abschürfen**, schinden
269 ἐπι-φροσύνη (cf. σωφροσ.)	Besonnenheit, **Geistesgegenwart**
270 ἐξ-ανα-δύομαί τινος	**emportauchen aus etwas**
271 παρέξ Adv. (cf. ι 38 παρέκ)	**draußen entlang**
272 = 252	
273 καλλί-(ῥ)ροος	**schönströmend**
274 τῇ Adv. (= τῇ-δε in 54)	da, **dort**; hier
ἐείσατο (ε proth. N 20c)	= εἴσατο (165) wurde sichtbar, zeigte sich
χῶρος (= χωρίον)	**Platz**, Ort
275 λεῖος (cf. lēvis)	**glatt**; c. gen. **frei von**
σκέπας, τό (τινός)	**Schutz**, Decke, Deckung (vor etwas)
276 προ-ρέω	**hervorströmen**

277 ἄναξ, ἄνακτος (< Ϝαναξ)	urspr. wohl Beschützer, daraus **Schutzherr**; verallg. Herrscher, **Gebieter**
πολύ-λλιστος (cf. β 34; λλ, da St Ϝλιτ, P 4)	heiß erfleht
278 ἐνιπή, ἡ (ἐνίπτω schelten)	Schelte, Verweis; **Zornesausbruch**
282 ἀλλά (bei Aufforderung)	(i. d. empfunden als:) **darum**, oder: **wohlan, so**
ἱκ-έτης (β 19 ἵκω)	„Kömmling", **Schutzflehender**
283 παύω	aufhören lassen, **hemmen**
σχεῖν	**anhalten**, zum Stehen (Ruhen) bringen
284 πρόσθε(ν) Adv. (= πρό in α 32)	**vorn**, d. h. vor ihm
285 προχοαί, αἱ (χέω)	eigtl. Hingießen, **Mündung**
κάμπτω (cf. campus = Biegung, Senkung)	krümmen, **biegen**
286 χεῖρας (h. wie oft bei Hom.)	(nicht „Hände", sondern) Arme
στιβαρός (στείβω stampfen, fest treten od. machen)	fest (getreten); **kräftig**
287 οἰδέω (cf. Οἰδίπους)	**anschwellen**
χρώς, χροός, ὁ (u. χρωτός)	1. Haut, 2. (Haut-)**Farbe**; 3. (Haut als Oberfläche beim) **Körper**
θάλασσα	h. = Meerwasser
κηκίω	quellen, **hervorströmen**
288 ἄν (P 16) cf. dagegen β 152	vom Magen hinauf zu (acc.!) u. **heraus aus**

ῥίς, ῥινός, ἡ (oft pl.)	Nase
ἄ-πνευ-στος (πνέω)	(akt. Bed. des Verbaladj.) atemlos
ἄν-αυδος (β 130 αὐδή)	sprachlos, **stumm**
289 ὀλιγ-ηπελέων (isol. partic.)	schwach, **ohnmächtig**
κάματος, ὁ (κάμνω)	Ermattung, **Erschöpfung**
αἰνός	furchtbar, **schrecklich**
290 ἀνα-πνέω (St πνεϜ > πνυ im aor.)	bei Besinnung sein
ἀμ-πνυτο (P 16) ingr. Wurzelaor.	wieder zur Bes. kam
ἀγείρομαι < αγερjομαι	sich (ver)sammeln
291 = 241	
293 δυσ-κηδής (α 187 κῆδος)	(mit übler Fürsorge) **unwirtlich**, schaurig
εἰ — φυλάσσω	h. wenn ... ich durchwache
294 ἄμυ-δις Adv. (äol. cf. 26 ἄλλυδις, cf. ἅμα)	zusammen, **zugleich**
στίβη, ἡ (286 στείβω)	(steifmachende) Morgenkälte; **Reif**
θῆλυς (h. zweiendig, cf. femina)	säugend, nährend: 1. **weiblich**; 2. **quellend, frisch**
ἐ-έρση, ἡ (u. ἕρση) N 20c	Tau
295 ὀλιγ-ηπελίη, ἡ (cf. 289)	Schwäche, **Ohnmacht**
κε-καφ-ηώς (isol. part. perf., cf. α 53 καπνός)	aushauchend, **erschöpft**
296 αὔρη, ἡ (cf αϜημι, aura)	Hauch, **Luftzug**
ψυχρός (ψῦχος Kälte)	**kalt**
ἠῶθι πρό (locat. + πρό in α 32, 2)	vor Tagesanbruch

297 **κλειτύς**, ἡ (statt des überlief. κλῑτύς, cf. κλίνω, clivus) — Berglehne, **Abhang**

δάσκιος (δασύς + σκιά) — mit dichtem Schatten, **schattenreich**

298 **θάμνος**, ὁ (cf. 138 θαμέες) — Dickicht, Gebüsch, **Busch**

κατα-δαρθάνω (aor. -έδραθον, L 8, cf. dormire) — **einschlafen**

μεθ-ίημι — loslassen; h. **verlassen, weichen von**

299 **ῥῖγος**, τό (57 ῥιγέω, cf. frigus) — **Kälte**, Frost

γλυκ-ερός — = **γλυκύς** (78)

ἐπελθεῖν τινι — jem. überkommen

300 **θήρ**, θηρός, ὁ — meist wildes **Tier**

ἕλωρ, τό (cf. εἷλον) — Fang, **Beute**

κύρμα, τό (κύρω treffen auf) — Fund, **Beute**

301 **δοάσσατο** (isol. aor. zum abgelaut. St δε, nach δοκεῖν?, in δῆλος) — es erschien, „**deuchte**"

κερδ-ίων (β 45 κέρδος) — gewinnbringender, **vorteilhafter**

303 **περι-φαινόμενος** (erg. χῶρος) — **ringsum sichtbarer Platz**

δοιοί (δύο) — zwei, ein Paar, **doppel-**

ὑπ-έρχομαί τι (ἤλυθον cf. α 158) — **unter etwas gehen od. kriechen**

304 **ὁμό-θεν** (cf. ὁμοῦ) verst. durch ἐξ — **von derselben Stelle aus**

πεφυ-ώς, -ῶτος — = πεφῡ-κώς, -κότος (cf. τεθνε-ώς)

φυλίη, ἡ (Bed. unsicher)	viell. **Wegedorn**
ἐλαίη, ἡ (cf. 125, oliva)	**Ölbaum**
305 **δι-άημι** (impf. -άη wie ἵστη, cf. 125)	**durchwehen**
306 **φα-έθων** (St φα in φάος 37)	**leuchtend, strahlend**
ἀκτίς, ἀκτῖνος, ἡ	**Strahl**
307 δύσετο, aor. mixt. (V 11c) zu ἔδυ	
308 **ἐπ-αμάομαι** (cf. 9 ἅμα)	**für sich aufhäufen**
309 **φύλλον**, τό (cf. folium)	**Blatt**
χύσις, ἡ (χέω)	das Hingegossene, Aufschüttung, **Haufe**
ἤλιθα Adv. (cf. η 118 ἅλις)	**reichlich**, gewaltig
310 ἠὲ - - - ἠέ	= ἤ - - ἤ
311 **χειμέριος** (χειμῶν)	**winterlich**
312 **γηθέω** < γαϝ-εθεω (cf. gaudeo < gavideo, cf. 155)	**sich freuen**
πολύ-τλας (cf. α 47)	viel ertragend, **standhaft**
313 **ἐ-λέγ-μην** (Wurzel-aor. zum St λεχ, cf. α 31, lectus)	**sich legen**
ἐπι-χέομαι (u. -χεύομαι, cf. 143)	h. **auf sich schütten**
314 **δᾱλός**, ὁ < δαϝ-ελος (cf. 16 δαίω)	Feuerbrand, **brennendes Scheit**
σποδιή, ἡ	**Aschenhaufen**
ἐγ-κρύπτω τινί	**verbergen in etwas**
315 **ἀγρός**	h. kollekt. Flur, **Feldmark**

πάρα (Präpos. als Prädikat, cf. V 27)	= πάρεστι od. πάρεισι
γείτων, γείτονος	Nachbar
316 σπέρ-μα, -ματος, τό (cf. σπείρω, spargo)	Samen
ποθεν ἄλλοθεν	von irgendwo andersher
αὔω (viell. haurio)	schöpfen, nehmen, **holen**
317 καλύπτομαι	sich ver-, **einhüllen**
318 παύω τινός (cf. 283)	**befreien von etwas**
319 δύσ-πονος	üble Mühe machend, **quälend**
ἀμφι-καλύπτω	(rings) **umhüllen**

Buch ζ (6)

2 **ἀρημένος** (isol. part. perf. pass.) — **überwältigt,** bezwungen (P 14)

7 **πολυ-δαίδαλος** (zu δαιδάλλω in ψ 87, cf. α 107) — sehr kunstvoll gearbeitet, **reich geschmückt**

8 **κοιμάω** St κει in κεῖμαι, Abtön. > κοι (cf. α 34 ἄκοιτις) — **zur Ruhe legen**

κοιμάομαι — zur Ruhe gehen, **schlafen (gehen)**

10 **δέμνιον** (meist pl., cf. ε 109 δέμας) — **Bett**(gestell)

12 **ναυσι-κλειτός** u. **-κλυτός** (cf. α 81 κλέος) — schiffsberühmt, **berühmter Seefahrer**

13 **ὁμ-ηλικίη** (ὅμοιος + ἡλικίη) — eigtl. das gleiche Alter; konkr. **Altersgenossin, Gespielin**

κε-χάρισμαι (cf. α 56 χαρίζομαι) — lieb sein, **gefallen**

14 ἐεισαμένη cf. N 20 c

15 **μεθ-ή-μων** (cf. α 66 μεθίημι) — **nachlässig**

γείν-ομαι < γενjομαι, St γεν, in Schwst. bei γίγν-ομαι — 1. praes. u. impf. intr. **geboren werden**; 2. aor. trans. **erzeugen, gebären**

16 **ἀ-κηδής** (cf. α 187 κῆδος) — ohne Sorge: 1. akt. leidlos, **sorglos,** gefühllos; 2. pass. unbesorgt, **vernachlässigt**

17 ἵνα 1. Pronominaladj. (ea, qua)	h. rel. a) **wo(bei), bei welcher Gelegenheit**
2. Konjunktion (quo)	damit
Zu γάμος cf. α 169, zu καλά erg. εἵματα	
Vor αὐτήν erg. σέ = du selbst	
18 ἕν-νυμαι (β 3)	h. pass. **anhaben**
ἄγομαι sc. γυναῖκα	als Frau od. Braut **heimführen** (h. vom Bräutigam u. Brautführer)
τὰ δέ d. h. andere Kleider	Zum coni. ἄγωνται cf. S 20
19 **φάτις**, ἡ St φα in φημί (cf. fari, fama)	**Rede, Gerücht**, Ruf
ἀνα-βαίνω τι	durch etwas hingehen, **sich verbreiten unter**
21 **πλύνω**	**waschen, spülen**
ἅμ' ἠόι φαινομένηφι (β 2)	beim (ersten) Morgenrot
22 **συν-ἐρῑθος** (ε 110 ἐρίζω)	Mitarbeiter(in), **Helfer(in)**
23 **ἐντύνω**	fertigstellen, bereiten, **(zu)rüsten**;
ἐντύνεαι < εντυνεσαι (L 5 u. V 6)	= ἐντύνῃ
ἐντύνομαι	fertig werden, **es schaffen**
24 **ἀριστεύς**, -ῆος (cf. α 188 ἄριστοι)	Vornehmster, **Edelster**
27 **ἐύ-θρονος** (cf. α 106)	**schönthronend**
πέπλος, ὁ (viell. redupl. Bildg. verw. plicare, also: Faltenkleid)	wollene Decke, (Frauen-) **Gewand**
ἐύ-πεπλος	ein schönes Gewand tragend, **schöngekleidet**

ἀπο-θαυμάζω τι	sich sehr wundern über etwas
ὄνειρος, ὁ = τὸ ὄναρ	Traum(gesicht)
30 κιχάνω u. med.	1. erreichen; 2. (an)-treffen
ἔνδον (ε 13)	h. = im Megaron
32 ἠλακάτη, ἡ	Spinnrocken, Spindel
ἠλάκατα, τά	Wolle (auf der Spindel; dann die daraus gesponnenen) Fäden
στρωφάω (Frequentat. zu στρέφω)	(oft und schnell) drehen
ἁλι-πόρφυρος	meerpurpurn, d. h. mit echtem (aus den im Meer lebenden Muscheln gewonnenen) Purpur gefärbt
ἐρχομένῳ (voluntativ)	ihm, als er gehen wollte
33 συμ-βάλλω	1. trans. zusammenwerfen, = bringen, 2. intr. u. med. zusammentreffen, begegnen
κλειτός (cf. 12) u. κλυτός (ε 223)	1. berühmt, gepriesen; 2. (bei Sachen) herrlich
34 ἀγαυός (ε 60 ἀγάομαι)	edel, erlaucht
36 πάππα (kindl. Lallwort)	Papa, Väterchen
ἀπήνη, ἡ	(Last-) Wagen
37 εὔ-κυκλος (κύκλος Kreis, Reif, Rad)	schönrädrig
38 ῥυπόω ῥερυπωμένα die Redupl. ist auffällig (V 8e)	beschmutzen

41 γε-γά-ασιν (γα Schwst. zu γεν, abltd. γον in γέ-γονα) = nati sunt (meist = εἰσίν) (gew.) V 12e

42 ὀπυίω ehelichen; intr. **verheiratet sein**

ἠίθεος < (viell. ἦτοι wirklich) + Ϝιθεος (cf. viduus) **unverheiratet;** Subst. lediger Jungmann, **Junggeselle**

θαλ-έθων (ε 24 θάλλω) strotzend, üppig, **blühend**

43 νεό-πλυτος (21 πλύνω) **frisch gewaschen**

44 χόρος **Tanzplatz**; Tanz, **Reigen**

45 αἴδομαι = αἰδέομαι sich schämen, **sich scheuen;** τινά sich scheuen vor, **achten**

θαλ-ερός (ε 24) 1. eigtl. schwellend, quellend; 2. allg. üppig, **blühend**

ἐξ-ονομαίνω gerade heraus mit Namen nennen, **aussprechen**

47 ἡμί-ονος, ὁ od. ἡ Halbesel, **Maultier**

φθονέω τινί τινος jem. etwas neiden, mißgönnen, **vorenthalten**

τέκος, τό (= att. τέκνον) **Kind**

48 δμώς, δμωός (α 123 δμωή) **Sklave, Knecht**

49 ὑπερτερίη, ἡ (cf. ὑπέρτερος) Obergestell, **Kasten**

ἀρ-ηρ-ώς, -ἀρ-υῖα, -ηρ-ός part. perf. (V 12f., cf. ε 138) zusammengefügt; **ausgerüstet, versehen mit** (τινί)

50 ἐ-κέ-κλετο redupl. aor. II mit Schwst. zu κέλομαι (β 71) c. dat. = **antreiben**

51 ἐκτός	1. Adv. **draußen**; 2. Präp. c. gen. (vor- u. nachgest.) **außerhalb von**, heraus aus
ἐύ-τροχος (τρόχος Läufer, Rad)	**schönrädrig** (cf. 37)
ἡμι-όνειος (cf. 47)	zum Maultier gehörig, **Maultier-**
52 ὁπλέω (= β 122 ὁπλίζω)	zurüsten, bereiten, **herrichten**
ὑπ-άγω (sc. ζυγόν)	**unter** (das Joch) **führen**
ζεύγνυμι ὑπό τινι	**anschirren an etwas**
53 ἐσθής, -ῆθος, ἡ St Ϝεσ in ἕννυμι (β 3) cf. vestis	**Gewand, Kleid**; auch koll. **Kleider**; h. **Wäsche**
54 ἐύ-ξεστος (cf. ε 134 u. α 114)	**wohlgeglättet**
55 κίστη	Kiste, Kasten; **Korb**
57 αἴγ-ειος (αἴξ)	von einer Ziege stammend, **aus Ziegenleder**
58 λήκυθος, ἡ	(Öl-) **Krug**, (Öl-) **Flasche**
ὑγρός (ε 8)	nass, feucht, **flüssig**
ἔλαιον, τό (cf. ε 304)	**Öl**
59 χυτλόομαι St χυ, χεϜ in χέω (cf. ε 309 χύσις)	**sich salben** (nach dem Bad mit noch nassem Körper)
60 μάστιξ, -ιγος, ἡ	Geißel, **Peitsche**
ἡνία, τά < ανσια (cf. ansa Griff, Henkel)	**Zügel**
61 μαστίζω	die Geißel schwingen, **peitschen**
μάστιξεν δ' ἐλάαν (P 25) inf. final. (S 29)	= sie trieb mit d. Peitsche an

	καναχή St καν zu cano	**Geräusch,** Gerassel; h. Klappern = der Hufschlag
62	**ἄ-μοτον** (viell. zu μῶλος = moles)	unermüdlich, rastlos, **eifrig**
	τανύομαι (ε23) med.	sich strecken, **laufen**
63	**ἄλλαι** prädik. zu ἀμφίπολοι	als andere = außerdem noch die Dienerinnen
65	**πλυνοί** (21 πλύνω)	**Waschgruben**
	ἐπ-η-ετανός (ἔτος)	**das Jahr über** (ausreichend), **nie versiegend**
66	**ὑπ-εκ-προ-ρέω**	**aus der Tiefe hervor** (und dahin) **fließen**
	ῥυπάω (untersch. 38 ῥυπόω!)	**schmutzig sein**
67	**ὑπ-εκ-προ-λύω**	unter dem Joch weg und fortführen, **abschirren**
68	**σεύω** (cf. ε 196)	in schnelle Bewegung setzen, **treiben**
	δινή-εις (95 δίνη, Suff. -εις cf. α 46)	wirbel-, **strudelreich**
69	**τρώγω**	benagen, **abfressen**
	ἄγρωστις (ἀγρός)	Feldkraut, **Gras**
	μελι-ηδής μελι (mel) + ἡδύς (?)	**honigsüß**
70	**ἐσ-φορέω** (φέρω)	**hineintragen**
71	**στείβω** St στι (cf. ε 286)	treten, „stampfen"
	βόθρος, ὁ (verw. fodere)	Loch, **Grube**
	ἔρις, ἔριδος, ἡ (cf. ε 110)	Wettstreit, **Wetteifer**
	προ-φέρω	vorwärtstragen, ans Licht bringen, **zeigen**

ἔριδα προφέρειν	(miteinander) wetteifern
72 ῥύπα, τά (cf. 38 u. 66)	**Schmutz**
73 ἧ-χι Adv. = ᾗ (cf. α 133 ἄγ-χι)	**wo**
74 χέρσος, ἡ (cf. χερσό-νησος Festlands-, Halbinsel)	1. Festland; 2. (so h.) Ufer, **Strand**
ἀπο-πτύω (cf. ε 203 ἐκ-πτύω)	**ausspeien**
75 λοέομαι med. (cf. α 227)	sich waschen, **baden**
χρίω	**salben**
λίπ(α) Adv. (erst. Akk. cf. β 4 λιπαρός)	fett, **glänzend**
76 ὄχθη, ἡ (ἔχω, cf. ε 59 ἔξοχα)	Erhöhung, **Ufer(rand)**
77 αὐγή, ἡ	Glanz, Schein; **Strahl**
τερσήμεναι inf. aor. II zu τέρσομαι (ε 78) = att. τερσῆναι	
79 σφαίρη	**Kugel, Ball**
παίζω < παιδjω (cf. παῖς)	wie ein Kind handeln, **spielen**
κρή-δεμνον (β 7 κάρη + δέω)	Kopfbinde, **Kopftuch**
80 λευκ-ώλενος (λευκός + ὠλένη Ellenbogen)	**weißarmig**
81 οὔρεα metr. gedehnt (P 22)	für ὄρεα (L 5), Untersch. ε 88 οὖρος!
ἰός, ὁ	**Pfeil**
ἰο-χέ-αιρα (χέω)	Pfeile Ausgießende = reichlich Entsendende; **Pfeilschützin**

82 περι-μήκετος (μῆκος Länge) — überlang, **überaus hoch**

83 ὠκύς, ὠκεία, ὠκύ (β 8) — **schnell**

85 ἀγρο-νόμος (ἀγρός + νέμω) — feld-, **flurbewohnend**
γέγηθε pf. intens. (V 13a) zu γηθέω (ε 312) mit Präsensbed.

86 μέτ-ωπον (St οπ, cf. α 39) — Raum zwischen den Augen, **Stirn**

87 ἀρι- (verstärkendes Präfix, St αρ) — füglich, gut, **sehr**
ἀρί-γνωτος — **leicht erkennbar**

88 μετα-πρέπω τινί (cf. πρέπει — **hervorragen unter** jem.
ἀ-δμής, -δμῆτος St δαμ (ε 286 δαμάω) — unbezwungen, unberührt, **unvermählt**

90 πτύσσω (πτύξασα part. aor.) — zusammenfalten, **zusammenlegen**

91 = β 132

92 ἐγείρομαι < εγερj, aor. mit Schwst. ἐγρόμην (att. ἠγρ.) — **aufwachen**
εὐ-ῶπις St οπ (α 39) — schönäugig, **schön von Gesicht**

94 βασίλεια — h. Fürstenkind, **Prinzessin**

95 δίνη (cf. 68) — Wirbel, **Strudel**

96 ἀύω < αϝυω (ovare, untersch. ε 316 αὔω!) — **schreien**, rufen

98 τέων = τίνων (N 33a)

99 ὑβριστής, ὁ (α 170 ὑβρίζω) — **Frevler**

οὐδὲ δίκαιοι | h. = ungesittet
100 **φιλό-ξεινος** (L3, cf. α 86) | **gastfreundlich**
θεου-δής < θεο-δϝεης (zu δέος, cf. ε 182 δείδω) | gottesfürchtig, **fromm**
ἤ — ἤε | = ἤ, -- ἤ (cf. ε 310)
101 **ἀμφ-έρχομαί τινα** | um jem. herumkommen; h. **jem. umtönen**
ἀυτή (96 ἀύω) | **Geschrei**, Rufen
102 **ὑπο-δύομαί τινος** (cf. zu ε 307/308) | **hervortauchen** unter etwas hervor
ὑπ-εδύσετο aor. mixt. (V 11c) |

103 **πτόρθος** (Abl. unsicher) | Sprössling, **Zweig**
κλάω St κλασ (untersch. κλαίω!) | **brechen**
παχύς St παγ in πήγνυμι | fest, stark, **kräftig**
104 **μήδεα, τά** (untersch. β 25) | Scham, **Blöße**
ὡς ῥύσαιτο (α 6) | damit er schütze, d. h. verhülle
105 **σμερδ-αλέος** (mordeo, ahd. *smerzan* = beißen; engl. smart = beißend, scharf) | grässlich, **furchtbar**, übel
κακόω | 1. misshandeln, 2. **entstellen**
κεκακωμένος (kausal) | weil er übel zugerichtet war
ἄλμη, ἡ (ἅλς) | Salzflut, (so h.) **Meerschlamm**
106 **τρέω** St τρεσ (terreo < terseo) | **zittern**, (zitternd) **fliehen**
προ-έχω (cf. 76 ὄχθη) | hochragen, **vorspringen**

108 γυῖα, τά	Gelenke, **Glieder**
111 αὔτως	ebenso, nur so, ohne weiters, **lediglich**
ἀπο-στα-δά (u.-δόν) St στα	fernab stehend, **von ferne** (V 22b)
μείλιχος u. μειλίχιος (mitis)	1. sanft, **mild**; 2. **freundlich**, schmeichelnd
112 = ε 201 (F) 113 ~ 111	
115 κερδ-αλέος (cf. ε 301)	nützlich; h. **wohlberechnet**
116 γουνόομαι u. γουνάζομαι	eigtl. die Knie umfassen; (verblaßt zu) 1. **kniefällig anflehen**; auch 2. **flehend geloben**
ἄνασσα (fem. zu ἄναξ in ε 277)	Herrscherin, **Herrin**
119 ἄγχιστα	am engsten, h. **am ehesten**
ἐΐσκω < Ϝε-Ϝικ-σκω (St Ϝικ, cf. α 41)	1. ähnlich machen; 2. gleich finden; 3. **vergleichen**
120 χθών, χθονός, ἡ (cf. ε 164)	**Erde**
122 κασί-γνητος (Abl. unsicher; viell. κάσις Bruder + St γεν, cf. cognatus)	1. **brüderlich** (u. schwesterlich); 2. Subst. (leibl.) **Bruder** (Schwester); 3. überh. **naher Verwandter**
123 ἐυφροσύνη	Frohsinn, **Freude**; Behagen
ἰαίνω	erwärmen; pass. **warm werden**
εἴνεκα < εν-Ϝεκα (cf. ἑκών)	= **ἕνεκα** (L 3)
124 πέρι (α 61,2)	gar sehr

125 ἔεδνα u. ἔδνα, τά< σϜεδνα, (cf. ἡδύς <σϜαδυς, suavis, ahd. *widomo* Mitgift, nhd. widmen)	Liebesgaben, **Brautgeschenke** (vgl. Gymn. 71, 44f.)
βρίθω (cf. βαρύς)	schwer, **überlegen sein;** aor. obsiegen
127 σέβας, τό (cf. εὐ-σεβής)	fromme Scheu, **Ehrfurcht, Staunen**
131 ῥάκος, τό St Ϝραγ in ῥήγνυμι	Lumpen, **Lappen**
ἀμφι-βάλλω	umwerfen, um-, **anlegen**
132 εἴλυμα, τό St Ϝελ in ε 237 εἰλύω	**Hülle,** Tuch zum Einwickeln
134 ὁμο-φροσύνη	**Eintracht**
ὀπάζω < οπαδjω, St σεπ in ἕπομαι	1. zum Begleiter mitgeben; 2. **verleihen**
136 ἄ-φρων (cf. ε 113)	unverständig, **töricht**
137 νέμω	weiden lassen; zu-, **verteilen**
νέμομαι med.	innehaben, bewohnen; **benutzen, genießen**
ὄλβος (cf. salvus)	Heil, Segen, **Wohlstand,** materielles Glück
139 τε-τλά-μεν inf. perf. act., St ταλ, (cf. ε 119 u. α 47)	(geduldig) **ertragen**
ἔμπης (cf. ε 102)	durchaus; h. **jedenfalls**
142 εἴρω < Ϝερjω, St Ϝερ (verbum), wie τείνω < τενjω (cf. εἴρηκα) fut. ἐρέω < ἐρεσω = att. ἐρῶ (untersch. α 164 εἴρομαι!)	**sagen,** verkünden

145 τοῦ δ' ἐκ - - - ἔχεται | von diesem hängt ab = auf d. beruht

κάρτος, τό (= κράτος) L 8 | Kraft, **Macht**; h. **Herrschaft**

146 ἦ (isol. Präterit. zu nachhomer. Präs. ἠμί, lat. aio) | (stets nach direkter Rede) **sprach's**

147 **πό-σε** (zum Suff. vgl. N 3) | = att. ποι **wohin?**

148 **δυσ-μενής** (β 38 δυσμενέων) | **feindselig**, feind(lich)

149 **διερός** < δϜιερος (ε 182 δείδω) | zu fürchten, **gefährlich**

151 **δηιοτής**, -ῆτος, ἡ (duellum > bellum) | Feindseligkeit, **Kampf**

δηιοτῆτα φέρων | in feindlicher Absicht

152 **πολύ-κλυστος** (κλύζω in ι 331) | viel anspülend, **stark brandend**

153 **ἐπι-μίσγομαί τινι** (cf. ε 199) | sich jem. zugesellen, **mit jem. verkehren**, h. einfach **zu jem. kommen**

155 **κομέω** (cf. κάμνω) | 1. sich mühen, sich sorgen um; 2. pflegen, **bewirten**

εἶναι πρός τινος | **unter jem. Aufsicht od. Schutz stehen**

156 **πτωχός** St πτωκ in ν 6 πτώσσω | bettelnd; Subst. **Bettler**

δόσις, ἡ | **Gabe**

τε-τε (h. = ut — ita) | **zwar - aber**

157 **ἐὐ-πλυνής** (21 πλύνω) | schön, **gut gewaschen**

χιτών, -ῶνος, ὁ | Leibrock, **Unterkleid**

159 ἔσταν (V 5a) = ἔστησαν | sie stellten sich hin, d. h. sie blieben stehen

160 **δή — τότ(ε)** | **da allerdings**

	μετ-αυδάω (ε 40) τινί	**sprechen** unter od. **zu jem.**
161	ἀπό-προ-θεν (cf. ε 35)	1. eigtl. von fern, **aus der Ferne**; 2. = -θι fern, in der Ferne, **weitab, abseits**
162	γυμνόομαι (γυμνός)	sich entblößen, **sich entkleiden**
163	ἀπάνευθεν	h. = abseits, weg (cf. α 166)
	ἴσαν (V 18)	= ἦσαν
164	ἀ-λείφω (α proth., N 20c, + λίπα 75)	**salben,** bestreichen
165	ἔ-πορον (def. aor., cf. portio)	verschaffen, **schenken**
167	στίλβω	schimmern, **strahlen**
172	ἀ-εικ-έλιος St Ϝεικ (α 41)	unziemlich, schmählich, **hässlich**
	δέατ(ο) < δεjατο (cf. ε 301 δοάσσατο)	er schien, **deuchte (mir)**
174	βρῶσις ἡ St βορ, βρω (cf. βαλ, βλη) lat. de-vor-o	**Speise**
178	ἁρπαλέος (ἁρπάζω)	raffend, **gierig**; adv. abgeschwächt: mit Genuss
	δηρόν Adv. (α 208 δήν)	**lange**
	ἄ-παστος St πα (α 100 πατέομαι)	ungegessen; akt. nicht gegessen habend, **nüchtern**
181	κρατερ-ῶνυξ, -ώνυχος (ὄνυξ Nagel, Kralle, Huf; cf. unguis)	starkklauig, **starkhufig**
182	ἐξ-ονομάζω (cf. 45) (Zum impf. cf. S 17)	eigtl. den Namen aussprechen; verallg. **anreden**

186	ἀ-πινύσσω (cf. α 172 πινυτός)	unverständig sein
188	ὄφρα - - τόφρα (ε 135)	solange (τόφρα bleibt unübersetzt)
189	ἡγεμονεύω	Führer sein, führen, **vorausgehen** od. **vorausfahren**
190	ἐπήν (= ἐπάν = ἐπεί + ἄν)	wenn
	πύργος, ὁ (cf. Burg)	Bollwerk, Schutz, **Wall**
191	ἑκάτερ-θε(ν) = ἑκατέρω-θεν	1. von beiden Seiten; 2. (mit Betonung der Endruhe) **auf beiden Seiten**
192	εἰσ-ί-θμη, ἡ	Eingang, **Zugang**
	ἀμφι-έλισσα (nur fem.) St Ϝελ in ι 267 ἐλύομαι	beiderseits gebogen, an beiden Enden (am Bug u. Heck) aufgebogen, **doppelgeschweift**
193	ἐρύω (cf. ε 147) zu trennen von α 6 ἐρύομαι u. α 14 ἐρύκω!	ziehen, zerren
	ἐπί-στιον St στα	Standplatz; h. **Schiffsgestell**
194	Ποσιδήιον	**Heiligtum des Poseidon**
195	ῥυτός (ἐρύω)	(herbei) gezogen, (herbei) **geschleift** (weil sie zu groß zum Tragen waren)
	λᾶας, λᾶος, ὁ < λαϜας (cf. ε 265 λᾶιγξ, cf. Lava, Leie = Schiefer)	1. **Stein**; 2. **Fels** (block)
	κατ-ῶρυξ, -ώρυχος (cf. κ 160 ὀρύσσω)	eingegraben, (in den Boden) **eingelassen**

196 ἀ-λέγω τινός (β 77)	einrechnen: 1. sich kümmern um; 2. **etwas besorgen**; (meist negiert =) 3. missachten (cf. neglego)
197 πεῖσμα< πενσμα< πενθμα (idg. *bhn̥dh*, nhd. binden)	Band, Seil, Tau; (überh. jede) **Befestigung**
σπείρη, ἡ	alles Gewundene, h. **Sturmtau**
ἀπο-ξύω St ξεϜ (cf. ε 134 ξέω)	abschaben, **glätten**
ἐρε-τμόν (remus < resmos)	„Riemen", **Ruder**
198 βιός, ὁ (untersch. βίος!)	**Bogen**
φαρέ-τρη, ἡ (φέρω)	(Pfeil-) Träger; **Köcher**
199 ἐ-ίση (ε proth., N 20c, + St Ϝιδ) fem. zu ἴσος = att. ἴσος	gleich: 1. gleich, d. h. **ebenmäßig** gebaut; 2. **gleichschwebend**
200 ἀγάλλω	**schmücken**
ἀγάλλομαι (b. Hom. nur med.)	c. dat. prangen mit, **stolz sein auf**
201 φῆμις, ἡ (= 19 φάτις)	h. akt. **Gerede**
ἀ-δευκής (δεύκω = φροντίζω)	der Sorge ermangelnd, rücksichtslos, **lieblos**, unfreundlich; **schrecklich**
202 μωμεύω (β 43 μῶμος)	tadeln, höhnen, **lästern**
203 ἀντι-βολέω (cf. 33 συμβάλλομαι)	in den Wurf kommen, **begegnen**
206 κομίζω (cf. 155 κομέω)	besorgen, pflegen, **bewirten**

κομίζομαι indir. med. (aor. κομίσσατο) — sich besorgen, sich holen, **sich** (sibi) **mitbringen**

207 **τηλεδ-απός** (cf. α 22) — aus der Ferne (kommend), **fremd**

ἐγγύ-θεν Adv. (α 96 -θι) cf. 191 — 1. aus der Nähe; 2. (mit Betonung der Endruhe) so h. = ἐγγύς **in der Nähe**

208 **πολυ-άρητος** (α 140 ἀράομαι) — viel-, **heißerfleht**

210 **ὄνειδος**, τό — Vorwurf, Tadel, **böse Nachrede**

213 **ἀμ-φά-διος** (ἀνά + St φα in φαίνω, P 16) — offen(kundig), **öffentlich**

214 **ξυν-ίημι τινός τι** — von jem. etwas erfahren, **vernehmen**

216 **δήω** (isol. praes. mit fut. Bed.) — **ich werde** erfahren, **finden**

ἄλσος, τό — **Hain**

217 **νάω** u. **ναίω** (cf. nare, Najade: untersch. ναίω in α 46!) — **fließen**

218 **τέμενος**, τό (τέμνω, cf. templum) — Abgeschnittenes, Abgegrenztes: 1. für den König: **Krongut**; 2. für die Gottheit: **hl. Bezirk**

τε-θᾰλ-υῖα fem. zu τεθηλώς (cf. ε 24 u. ἀρηρώς in 49) — strotzend, **üppig** (V 12f.)

ἀλωή — (Frucht-) **Garten**; auch: Weinland, Tenne

222 ἔλπομαι (cf. β 48)	vox media: **erwarten** (hoffen und fürchten); h. verblasst zu **annehmen**
223 ἐρέω u. med. (cf. ε 36 ἐρεείνω, untersch. 142!)	**(er)fragen**
225 πάϊς (urspr. St παϜιδ) bei Hom. die häufigere Form	= **παῖς**
226 νήπιος (α 8)	h. verblasst: klein
τέ-τυκ-ται (perf. pass. zu α 187 τεύχω)	h. ist, **ist beschaffen**
228 κεύθω (ε 69) redupl. aor. ἐ-κέ-κυθ-ον (verw. custos?)	bergen; h. **aufnehmen**
αὐλή (cf. aula)	eigtl. Raum zum Übernachten, oder allg. Wohnen: 1. **Hof**; 2. **Hofmauer**
229 δι-έρχομαί τινος	**etwas durchschreiten**
230 μητέρ(α) bloßer Akk. d. Zieles bei einer Person! (S 13)	
231 θαῦμα, τό	**Wunder**
233 ποτι-κλίνω (cf. β 139)	**anlehnen**
234 οἰνο-ποτάζω St πο in πόσις (174)	**Wein trinken**
ἔφ-ημαί τινι (cf. χ 24 πάρ-ημαι)	**sitzen auf etwas**
235 παρ-αμείβομαί τινα (cf. χ 39)	vorbeiwechseln, **vorbeigehen an jem.**

236 βάλλειν περί τινι	legen, **schlingen um etwas**
239 ῥέε-θρα, τά (ῥέω, cf. 64 ῥόος)	Strömung, **Wellen**
240 τρωχάω (zu τρέχω wie 32 στρωφάω zu στρέφω)	stark, schnell **laufen**
πλίσσομαι	die Beine spreizen, **ausschreiten**; h. ausgreifen
241 ἡνι-οχεύω (ἡνία 60 + ἔχω)	die Zügel halten, **lenken**
ἅμα ἕπεσθαι (β 11)	h. Schritt halten, **mitkommen (können)**
242 ἐπι-βάλλω	daraufwerfen; h. **schwingen über**
ἱμάσ-θλη, ἡ (cf. ε 222 ἱμάσσω)	Peitsche(nriemen)
247 νῦν δή περ	jetzt doch wenigstens
248 ῥαίομαι (cf. ε 118 ῥαίω)	**scheitern**
249 ἐλε-εινός (cf. α 19 ἐλεέω)	1. akt. **mitleidsvoll**; 2. pass. mitleidswert, **Mitleid erregend** (so h.)

Buch η (7)

3 **ἀγα-κλυτός** u. -κλειτός, adv. ἄγαν = sehr + ε 223 κλυτός	1. sehr berühmt; 2. (bei Sachen) **herrlich**
4 στῆσεν erg. ἡμιόνους	sie stellte (die M.) hin, sie hielt an
6 **ὑπο-λύω τινός** (cf. ε 202 ὑπό)	**unten** (weg) **lösen von etwas**
ὑπ' ἀπήνης — ἔλυον (V 25)	sie schirrten ab
7 ὦρτο (β 2) — ἴμεν (S 29)	machte sich auf u. ging
8 **ἀήρ**, ἠέρος, ἡ (cf. ε 85)	dicke, dunstige Luft; **Nebel**
9 **μεγά-θυμος**	hochgemut
10 **κερτομέω** Abl. unsicher, viell. κερ in κείρω = scheren + στόμα	eigtl. ein Lästermaul haben; **necken**, spotten, höhnen, schmähen
ἐξ-ἐρέω u. med. (cf. ε 36 ἐρεείνω)	**ausfragen**
12 ἱσταμένῳ	als er sich hinstellte, d. h. stehen blieb
13 **αἴγλη**, ἡ	**Glanz**, strahlendes Licht
14 **ὑψ-ερεφής** (cf. ε 56 ὑψ-όροφος)	mit hohem Dach, **hochgebaut**
15 **τοῖχος** (cf. τεῖχος)	1. **Wand**, 2. Mauer
ἐλάω (cf. ἐλαύνω) ἐληλάδ-ατο (V 5b) = ἐλήλαντο	treiben, ziehen; h. **in einer Linie aufführen**
16 **μυχός**, ὁ	der innerste Teil, Tiefe, **Hintergrund**
θριγκός, ὁ	Mauerkranz, **Zinne**
κύανος, ὁ	(dunkel)blauer Stoff, blauer Stahl; **blauer Glasfluss** (Email)

17 ἐντός (cf. α 102) — (dr)innen, Subst. **das Innere**

ἔργω u. ἔργνυμι u. ἐέργω (< εϝεργω) = **εἴργω** — drängen: 1. zusammendrängen = **einschließen**; 2. wegdrängen = **ausschließen**

18 στα-θμός, ὁ St στα in ἵσταμαι — eigtl. Ständer; (Tür-) **Pfosten**

19 ὑπερ-θύριον (θύρα) — Oberschwelle, **Türsturz**

κορώνη > corona; h. anders als ε 21! cf. κορωνός = curvus = gekrümmt — eigtl. das Gekrümmte: 1. (Tür-) **Ring**; 2. Widerhaken, **Öse** am Bogen zum Einhängen der Sehne

21 πραπίς, -ίδος, ἡ (meist pl.) — eigtl. **Zwerchfell**; dann wie φρένες Sinn, **Verstand**

24 περὶ τοῖχον — ringsum an der Wand, entlang d. W.

ἐρείδω (ἐρ-ηρέδ-ατο V 5b) — (an)stemmen, **(an)lehnen**

εὔ-νητος u. ἐΰ-ννητος P 22, cf. νέω spinnen, weben — wohl gesponnen, **schön gewebt**

27 ἐΰ-δμητος cf. β 137 δέμω ἐπὶ βωμῶν (St βα, cf. βῆμα) — wohl, **schön gebaut** auf Tritten = Sockeln

28 αἰθ-όμενος cf. α 160 αἴθων — brennend, **leuchtend**

31 εἴσω u. ἔσω adv. — hinein, **nach drinnen**

32 μέδων, ὁ cf. ε 122 μήδομαι — eigtl. part. praes. waltend über; **Berater**, Herrscher, **Schirmer**

33	δέπας, -αος, τό	Becker
	πύματος	äußerster, letzter
	μι-μνήσκομαί τινος	gedenken, denken an etwas
	κοῖτος, ὁ cf. α 34 ἄ-κοιτις	Lager, meton. Schlaf
38	θέσ-φατος θεός + St φα in φημί, cf. β 12 θεσπέσιος	1. von der Gottheit verkündet, bestimmt, d. h. geweissagt; 2. allg. von der Gottheit ausgehend, göttlich
40	λιτανεύω cf. β 34 λίσσομαι	anflehen, bitten
43	δαιτυμών cf. α 24 δαίς	schmausend(er Gast)
	ὄλβιος cf. ζ 137 ὄλβος	1. reich, wohlhabend, mit Gütern gesegnet; 2. glücklich
	ὄλβια neutr. pl.	h. (Güter-) Segen
44	ἐπι-τρέπω (β 93)	h. hinterlassen
	γέρας, τό cf. γέρων	urspr. Alter, dann die dem Alter zukommende Ehre als Ehrengeschenk, Ehrenstellung
47	θᾶσσον (L 4 u. S 14)	schneller (als ich kam), gar schnell
48	κονίη, ἡ	Staub
50	ποικιλο-μήτης cf. α 108 ποικίλος + α 177 μητιάω	eigtl. mit allerlei Rat, schlau, gewandt, erfindungsreich
51	εἷσε (α 106)	hieß sich setzen
52	ἀγαπ-ήνωρ, -ήνορος (ἀγαπάω + ἀνήρ)	Mannhaftigkeit liebend, mannhaft
	54—58 = α 112—116	59 Anf. = ε 44 Anf.

61 **κρητήρ**, -ῆρος att. κρατήρ,   Mischkessel, **Mischkrug**
St κρα in κεράννυμι
μέθυ, τό cf. Met   eigtl. Honig; berauschendes Getränk, **Wein**
νεῖμον im peraor. von νέμω   teile zu!, h. schenke ein!
(ζ 137)

62 **τερπι-κέραυνος** cf. α 24   **blitzefroh**
τέρπω + ε 62 κέραυνος

63 **ὀπηδέω** τινί (cf. ἕπομαι)   jem. begleiten, **geleiten**

64 **μελί-φρων** (μέλι + α 37 φρήν)   Honig enthaltend, **honigsüß**
κιρ-νάω u. **κίρ-νημι** St κερα, κρα, cf. 61   **mischen**

65 **νωμάω** (zu ζ 137 νέμω wie ζ 240 τρωχάω zu τρέχω)   (reichlich) zuteilen, **verteilen**
ἐπ-άρχομαι   dabei, dazu beginnen; **den ersten Weileguß schöpfen,** das erste zuweihen

67 **κατα-κείω** (κεῖμαι)   **sich** (zur Ruhe) **legen**
68 **ὑπο-λείπω**   zurück, übrig lassen; **pass. zurückbleiben**

70 **ἀπο-κοσμέω**   wegordnen, **abräumen**
ἔντεα, τά cf. ζ 23 ἐντύνω   Rüstung, **Geschirr**

76 erste Hälfte ~ α 146 (F)

79 **δι-ηνεκής** St. ἐνεκ in ἤνεγκον   bis ans Ziel tragend, „durchgängig", zusammenhängend, **ausführlich**

80 **Οὐρανίωνες** (οὐρανός)   die Himmlischen, **Himmelsbewohner**

η (7)

81 zweite Hälfte ~ α 174
83 **δολό-εις** zum Suffix cf. **listenreich**
α 46
86 **ἐφ-έστιος** (ἑστία) **am Herd befindlich**
87/88 = ε 62/63
89 **ἑπτά-ετες** adv. (ἔτος < **sieben Jahre lang**
Ϝετος)
ἔμ-πεδος eigtl. im Boden stehend:
cf. πέδον = Boden u. 1. **fest**(stehend), 2. stand-
πεδίον (S 14) haft, 3. beständig,
dauernd
90 **δεύω** untersch. α 197! **benetzen**
91 **ὀγδό-ατος = ὄγδοος** <ογδοϜος., cf. octavus
ἐπι-πλόμενος cf. α 16 sich herbeibewegend, **her-
annahend**
93 **πολύ-δεσμος** (δέω) mit vielen Bändern, **fest
verklammert**
94 ἕσσε aor. zu ἕννυμι (β 3) h. gab zum Anziehen
96 **σκι-όεις** schattenreich, **schattig**
98 **ξύν-ειμί τινι** zusammensein mit, **leben
in etwas**
99 **ἐπ-όρνυμί τινι** (cf. β 2) erregen, **senden gegen
jem.**
100 **ἐφ-ορμάω τινί** (s. ob.) erregen, **senden gegen jem.**
101 **ὀρίνω** St ορ in ὄρνυμι erregen, **aufwühlen**
ἀ-θέσ-φατος (cf. 38) nicht von der Gottheit ver-
kündet, daher unerwartet
groß, **ungeheuer**
102 **ἀδινός**, adv. ἀδινά, Abl. 1. **reichlich,** zahlreich;
unsicher; viell. wie ε 2. heftig, bewegt, **laut**
172 ἄδην vom St σα

106 **θυμ-ηγερέων** (θυμός + ἀγείρω)	das Leben sammelnd, **wieder zu sich kommend**
107 **διει-πετής** St διϝ + St πετ in πίπτω	auf Zeus' Befehl fallend, zeusgesandt, **himmelentströmend**
109 **ἀφύω** u. **ἀφύσσω**	1. schöpfen; 2. sammeln, **anhäufen**
111 **εὕδω** (V 9) = att. καθεύδω	**schlafen**
112 **ἀν-ίημι**	los-, **verlassen**
115 **ἱκετεύω** cf. ε 282 ἱκέτης	als Schutzflehender kommen, **anflehen**
νόημα, τό cf. α 53 νοέω	das Gedachte: 1. **Gedanke**; 2. Einfall, Plan; 3. (als bleibende Eigenschaft) Sinn, **Gesinnung**
ἁ-μαρτάνω τινός cf. α 29 St σμερ, viell. in einem Adj. ἁ-μαρτος = unteilhaftig ἤμβροτεν < ἤμροτεν (cf. ἄμβροτος in ε 8) aor. II	1. (was man nicht hat) **verfehlen**; 2. (was man hat) **verlieren**; 3. es fehlen lassen an
117 **ἀ-φραδ-έω** cf. α 65 φράζω	**unverständig sein**
118 **ἅλις** zum Adj. erst. nom. < ϝαλις, St ϝελ in ε 143 εἶλαρ	dicht gedrängt, **in Menge**, reichlich
120 **ἄχ-νυμαι** St ἀχ in ἄχος = Kummer, cf. α 133 ἄγχι, lat. angor, nhd. Angst	sich betrüben, **traurig sein**
122 **ἐν-αίσ-ιμος** cf. ε 54 αἶσα	**gebührend**, billig

126 **νεικέω** (νεῖκος = Streit)	1. intr. streiten, **hadern**; 2. trans. **schelten**
129 **ἐπι-σκύζομαι**	aufgebracht, **unwillig sein (über)**
130 **δύσ-ζηλος** cf. ε 59 ζηλήμων	übel eifernd, **aufbrausend**
133 **μάψ** u. **μαψιδίως** adv.	blindlings, **planlos**
αἴσιμα (β 7 u. ε 54)	als Subst.: Mäßigung
134 **τεκμαίρομαι** cf. τεκμήριον = Zeichen	ein Zeichen (zum Ziel) setzen; bestimmen, **festsetzen**
135 **αὔριον** adv. < αὔσριον, cf. β 1 ἠώς	**morgen**, früh
τῆμος adv. cf. β 1 ἦμος	dann, **alsdann**
δε-δμη-μένος cf. ε 286 δαμάω	**überwältigt**
136 γαλήνην (ε 129) Akk. d. Erstreckg.	über ruhiges Meer
139 **ἀνα-ρίπτω** u. **-ρριπτέω**	aufwerfen, **aufwirbeln**
πηδόν, τό cf. ε 141 πηδάλιον	**Ruderblatt**
142 **αἴθε** (= εἴθε = utinam)	**oh dass doch**
143 **ζεί-δωρος** (ζειά = Spelt, eine Weizenart)	speltspendend; allg. **getreidespendend** (ständ. Beiwort zu ἄρουρα)
ἄρουρα, ἡ cf. ι 30 ἀρόω	eigtl. gepflügtes **Ackerland**; allg. Land, **Erde**
144 **ἄ-σβεστος** (σβέννυμι)	unauslöschlich, **unendlich**
146 κέκλετο redupl. Aor. zu κέλομαι (β 71)	
147 **αἴθ-ουσα**, ἡ cf. 28	die „Helle", **Halle**
ῥῆγος, ῥήγεος, τό (verw. ζ 131 ῥάκος?)	eigtl. Überzug; dann überzogener Matratzenteil, **Kissen**

148 στόρ-νυμι u. στρώ-ννυμι	hin-, **ausbreiten** (cf. sterno)
ἐφ-ύπερ-θε(ν)	(von) **oben darauf**
τάπης, ὁ	Teppich, **Decke**
149 χλαῖνα, ἡ	viereckiges Tuch zum Umwerfen als Obergewand, **Mantel**
οὖλος St Ϝολ, Ϝελ, cf. volvo	kraus, wollig, **dicht**
καθ-ύπερ-θεν (cf. 148)	1. von oben herab; 2. **oben (darüber)**
150 ἴσαν = ἦσαν (V 18)	(cf. ζ 163)
δάος, τό St δα in β 62 δαΐς	Brand, **Fackel**
151 λέχος, τό cf. α 31, lectus	Lager, **Bett**
ἐγ-κονέω (cf. διάκονος = Diener)	geschäftig, **diensteifrig sein**
153 ὄρσο imper. aor. zu ὄρνυμι (cf. ζ 183 ὄρσεο)	erhebe dich! steh auf!
κέω u. κείω desiderat. zu κεῖμαι, cf. 67	sich hinlegen, **schlafen wollen**
154 ἀ-σπάζομαι (α cop., N 20b + St σεπ, cf. α 1)	begrüßen, **bewillkommen**
ἀ-σπαστός adi. verbale von ἀσπάζομαι (cf. ι 295)	freudig begrüßt, **willkommen**

Buch ϑ (8)

1 = β 1; Anf. 2 = Anf. β 2

3 **πτολί-πορθος** (cf. α 2 — **Städtezerstörer**
   πτόλις + πέρθω)
   8 ~ η 32

11 **ἠοῖος** cf. β 1 ἠώς — morgendlich; **östlich**
   ἑσπέριος (ἑσπέρα) — abendlich; **westlich**

12 **ἔμπεδος** cf. η 89 — h. sicher, **gewiss**

14 **πρωτό-πλοος** (πλέω) — zum ersten Mal fahrend, **neu**

15 **κρίνω** u. **κρίνομαι** — scheiden, aussondern, **wählen**
   πάρος (α 21) beim Präs. — auch sonst

19 **ἐπι-τέλλω** u. med. — **auftragen**
   ἀρνείσθω (α 192) — soll (darf) sich weigern (ausschließen)

22 **ἀοιδός**, ὁ cf. ε 16 ἀοιδιάω — **Sänger**
   u. α 135 ἀοιδή

24 **ὅπ(π)η** (qua) adv. — wo, wohin, wie

26 **μετ-οίχομαί τινα** (cf. — jem. holen (lassen)
   μεταπέμπομαι)

29 **ἀσάμινθος**, ἡ — **Badewanne**
   οἰνο-ποτήρ — weintrinkend
   cf. ζ 234 οἰνοποτάζω

31 **τέγος**, τό (tego) — **Dach; Haus**
   πύκα adv. cf. α 206 — dicht, **fest**
   πυκινός

35 **ζωγρέω** (ζωός + ἀγρέω) — lebend fangen, d. h. das Leben eines Gefangenen schonen, **das Leben schenken**

ζω-άγρια, τά	Lohn, **Dank für die Lebensrettung**
ὀφέλλω (= ὀφείλω)	schuldig sein, **schulden**
38 ἐρί-γδουπος u. -δουπος (ἐρι = lat. per = sehr + ε 235 δοῦπος)	**laut donnernd,** (auch: stark brausend)
40 κεῖ-θι cf. α 212 κεῖ-θεν	**dort** (N 1 u. 2)
41 βιόω (nur aor) u. med.	am Leben erhalten, **das Leben retten**
43 μοίρας (β 57, 1)	h. Anteile am Mahl = Portionen
κεράω cf. η 61	**mischen**
44 ἐρί-ηρος cf. 38 ἐρι + St ἀρ in α 207, heteroklit. pl. ἐρίηρες	innig verbunden, **lieb, wert**
(and. zu ἀρέσκω, ἦρα = Gunst Liebesdienst)	sehr gefallend, gefällig, traut
45 τίω (τε-τι-μένος p.p.p.)	(hoch) schätzen, **ehren**
48 ἀπο-προ-τέμνω (nur part. aor. ταμών	(vorne) **abschneiden**
49 ἀργι-όδων, -όδοντος Präfix ἀργι—cf. α 33 u. ε 62	**weißzahnig**
ὗς, ὑός, ὁ u. ἡ = **σῦς**, συός (je nach dem Versbedürfnis, cf. sus) in den einsilb. Formen ῡ, in den and. ῠ	**Schwein**; masc. „**Eber**", fem. „**Sau**"
ἀλοιφή, ἡ cf. ζ 164 ἀλείφω	**Fett,** Salbe

50 τῇ δή St το des pron. dem. δή verstärkend
    da, nimm!

51 προσ-πτύσσομαι cf. ζ 90 πτύσσω
    eigtl. sich in die Falten des Gewandes schmiegen, **sich an jem. schmiegen**, umarmen; abgeschwächt: **freundlich begrüßen**

53 ἔμ-μορος cf. ε 161 ἄμμορος
    teilhaftig

αἰδώς, αἰδόος u. αἰδοῦς, ἡ cf. ζ 45 αἴδομαι
    Scheu, **Achtung** (vgl. A. Beil, AU 5,1,51 ff.)

54 οἴμη, ἡ
    Gesang, **Lied**

φῦλον, τό
57/58 = α 125/126 (F)
    Geschlecht, Gattung

60 αἰνίζομαι (cf. αἰνέω)
    loben, **preisen**

61 κατὰ κόσμον (cf. 64)
    der Ordnung nach, d. h. **gebührend**, geziemend

οἶτος, ὁ cf. εἶμι
    eigtl. Gang; **Schicksal**

64 μετα-βαίνω cf. α 22 μετά
    zu etw. hinschreiten, hinübergehen, **übergehen zu etwas**

κόσμος, ὁ
    Ordnung; h. Bau

65 δουράτεος cf. ε 83 δόρυ
    hölzern

66 ἀκρό-πολις
    Hoch-, Oberstadt; **Burg**

67 ἐξ-αλαπάζω
    ausplündern, **zerstören**

68 κατὰ μοῖραν cf. 61 u. β 57
    nach Gebühr

70 θέσπις (θεός + St σεπ, cf. α 1 u. η 38 θέσ-φατος)
    von Gott gesagt; (letzter Teil verblasst). göttlich, **wunderbar**

71 ὁρμάω cf. β 139 ὁρμή	antreiben, **anspornen**
φαίνω < φαν-jω, φαν Erweiterung von St φαϝ in φάος, cf. ε 37	zeigen; h. **hörbar machen, erschallen lassen**
72 ἔνθεν (ε 93) ἑλών	von da anfassend, d. h. da anhebend
73 κλισίη, ἡ (κλίνω)	(Lager-) **Hütte**
76 ἐρύομαι indir. med. (cf. 13, anders als α 6!)	**sich** (sibi) **ziehen**
77 ἄ-κριτος (κρίνω)	ungesondert, **verworren**
78 τρίχα adv. (τρεῖς)	dreifach, **in drei Teilen**
79 δια-πλήσσω	auseinanderschlagen, **zerspalten**
νηλεής < νε-ελεης cf. α 19 u. 75	erbarmungslos, **mitleidlos**
81 ἄγαλ-μα, τό cf. ζ 200 ἀγάλλομαι	1. Prunkstück; 2. (bes. als) **Weihegabe**
θελκ-τήριον, τό cf. α 52 θέλγω	Bezauberungs-, Besänftigungs-, **Sühnemittel**
82 τῇ περ	auf diese Weise, **so denn**
86 δια-πέρθω (cf. α 2) ἔπραθον aor. II	**völlig zerstören**
87 ἐκ-χέω	**herausgießen**
ἐκ-χέομαι Wurzel-aor. -χύμην	herausströmen, **sich ergießen**
λόχος, ὁ St λεχ, cf. α 31	Lager, Versteck
ἐκ-προ-λείπω	**verlassen**
88 ἄλλον ἄλλη cf. ε 215	**der eine hier, der andere dort**
κεραΐζω (κείρω scheren)	zerstören, **verwüsten**
αἰπός (= α 11 αἰπύς)	steil, **hoch gelegen**
90 ἠύτε	gleichwie, **wie**

93 περι-κλυτός cf. ε 223 κλυτός	sehr berühmt, **hochberühmt**; (von Sachen) **herrlich**
94 τήκομαι intr.	zerschmelzen; h. **zerfließen**
παρειαί, αἱ (für ält. παρηαί < παρ-αυσjαι, cf. auris)	die Stellen neben den Ohren, **Wangen**
96 ἐπι-φράζομαι cf. α 65 99 = 8	**bei sich überlegen**
100 φόρμιγξ, -ιγγος, ἡ (viell. zu βρέμω, lat. fremo = brausen, „brummen")	etwa: Laute, **Leier**
102 δόρπον, τό δορπέω	**Abendessen** **zu Abend essen**
ὤρορε (redupl. aor. II zu β 2 ὄρνυμι) mit intr. Bed.: fing an, hub an	
104 ἄχος, ἄχεος, τό cf. α 133 ἄγχι u. η 120 ἄχνυμαι ἀμφι-βεβηκέναι τι	Beklemmung: 1. **Angst**; 2. **Kummer**, Betrübnis (mit gespreizten Beinen zu beiden Seiten von etw. stehen) 1. schützend über etw. stehen, **schirmen**; 2. umlagern, **einhüllen**
109 τι-τύσκ-ομαι < -τυκ-σκ- St τυχ in α 187 τεύχω	1. **bereiten**; 2. (mit φρεσί) darauf ausgehen, **dahinstreben**
110 κυβερνή-τηρ u. -της cf. gubernator	**Steuermann**
113 πίων, πίειρα, πῖον cf. pinguis	1. feist, fett; 2. **fruchtbar**
114 ἐκ-περάω (cf. ε 243)	heraus-, **über hin fahren**

116 **πημαίνω** cf. α 49 πῆμα schädigen, **verletzen**
   ἔπι = ἔπεστι (V 27) ist dabei, **ist vorhanden**
   δέος, τό **Furcht**
   117 = α 167 (F)
118 **ἀπο-πλάζομαι** (cf. α 2) (verst.) **verschlagen werden**

Buch ι (9)

1 = η 125 (F)

2 **ἀρι-δείκ-ετος** (ζ 87 ἀρι = ϑ 38 ἐρι + δέχομαι begrüßen) — (sehr begrüßt) hochgeehrt, **ausgezeichnet.**

5 **ἐπι-τρέπομαι** c. inf. (cf. β 93) — sich zuwenden, **sich bewogen fühlen;** h. etwa: geruhen

στονό-εις (cf. α 186 u. ε 254) — **seufzerreich,** Jammer verursachend

7 **ὑστάτιον** (ep. statt ὕστατον) — als letztes, **zuletzt** (S 14)

10 **νηλεὲς** (cf. ϑ 79) **ἦμαρ** — **Todestag**

13 **μέλω τινί** — 1. Gegenstand der Sorge od. Teilnahme sein für jem.; 2. h. **bekannt sein bei**

14 **εὐ-δείελος** u. **-δήελος** (St δε wie ε 301 u. ζ 172 ἔν (V 27) = ἔνεστι — gut, **weit sichtbar**

15 **εἰνοσί-φυλλος** (εἰνοσι nach P 22 = ἐννοσι in ε 257, cf. ε 164) — **blätterschüttelnd**

ἀρι-πρεπής (cf. 2 ἀρι + πρέπω) — sehr hervorragend, **hochragend;** übertr. **ausgezeichnet**

18 **χϑαμ-αλός** (cf. ζ 120 χϑών) — (= humilis) an der Erde liegend, **flach,** niedrig; h. **nahe am Land**

παν-υπέρτατος — ganz zu oberst, **zu äußerst**

19 **ζόφος** — 1. Dunkel, Abend; 2. **Westen**

ἄνευ-θε(ν) cf. α 166 ἀπ-άν.   1. Adv. **fern**; 2. Präp. c. gen. fern von, **ohne**

20 κουρο-τρόφος (α 124 κοῦρος + τρέφω)   **Ernährerin** junger = tüchtiger, **streitbarer Männer**

22 γλύκιον compar. neutr. von γλυκύς, cf. ε 78, N 26   angenehmer, **lieber**

24 ἀλλοδ-απός   aus anderem Land, **fremd**

25 εἰ δ'ἄγε   **wohlan (denn)**

πολυ-κηδής (α 187 κῆδος)   kummerreich, mühsal–, **leidvoll**

27 ἀκαχημένοι p.p.p. v. ἀκαχίζω (α 179); untersch. ε 124 ἀκαχμένος!

28 ἀ-θέμιστος u. ἀθεμίστιος cf. β 34 θέμις   rechtlos, gesetzlos, **ruchlos**

30 φυτόν, τό St φυ, cf. ε 109 φυή   **Gewächs**, Pflanzung; h. Bäume

ἀρόω cf. η 143, lat. aro   **pflügen**

31 ἄ-σπαρτος (σπείρω)   ungesät, **unbesät**

ἀν-ήροτος (ἀρόω)   **ungepflügt**

32 πυρός, ὁ   **Weizen**; meist pl. Weizen(körner)

κριθαί   Gerstenkörner, **Gerste**

33 ἐρι-στάφυλος (θ 38 ἐρι + ε 24 σταφυλή)   **großtraubig**

ἀ-έξω < ἀ-Ϝεξω mit α proth. (N 20c) = att. αὔξω, αὐξάνω   fördern, **wachsen lassen**

34 βουλη-φόρος (φέρω)   ratgebend, **beratend**

36 θεμιστ-εύω τινός (cf. β 34)   Recht sprechen, **walten über**

38 ἐλαχύς cf. ἐλάσσων, ahd. *liht*, nhd. leicht — klein, gering

παρέκ (cf. ε 271) — draußen entlang; d. h. schräg gegenüber

39 ἀπο-τηλοῦ (cf. ε 197) — fern, weit ab

40 κατα-πλέω — von der hohen See hinabfahren, d. h. landen

41 ὀρφναῖος — dunkel, finster

προ-φαίνομαι — sichtbar, hell sein

42 βαθύς — tief; h. dicht

43 κατ-έχω — festhalten; h. verdecken

44 ἐσ-δέρκομαι (nur aor. -έδρακον) — ansehen; aor. ingr. erblicken

46 ἐπι-κέλλω (nur aor. -έκελσα, cf. β 71 κέλομαι) — 1. (wie lat. appello) hintreiben (auf d. Strand), auflaufen lassen (mit d. Bug); 2. intr. auflaufen, landen

47 καθ-αιρέω (cf. β 57) — herabnehmen, „reffen"

48 ῥηγμίν, ῥηγμῖνος, ὁ St Ϝρηγ- in ῥήγνυμι — Brandung; übertr. Strand

49 ἀπο-βρίζω (cf. ζ 125 βρίθω) — (ein)schlafen

50 = β 1

51 λεύσσω < λευκjω, cf. λευκός, lux — (klar) sehen, schauen

52 φθογγή, ἡ cf. β 6 φθόγγος — Ton, Stimme

56 πειράομαί τινος — jem. od. etw. erproben, auf die Probe stellen

57/58 = ζ 99/100

60 ἀνα-λύω — (wieder) losmachen

62 **ἑξῆς** cf. α 121 ἐξείης	nebeneinander, **in der (die) Reihe**
τύπτω	**schlagen**
64 ἐπ' ἐσχατίῃ (ε 127)	h. im Hintergrund
65 **δάφνη**, ἡ	**Lorbeer**(baum)
66 **μῆλα**, τά (sing. selten, cf. „Schmaltier")	Herdentiere, **Kleinvieh**, bes. Schafe u. Ziegen
ἰαύω	die Nacht zubringen, **nächtigen**
67 **δέμω** (cf. α 102 δόμος, β 137 δέμας)	**bauen**
68 **πίτυς**, πίτυος, ἡ	**Kiefer**, Föhre
ἰδέ, = α 12 ἠδέ	**und**
δρῦς, δρυός, ἡ cf. δέν-δρον, engl. tree, Wachol-der	(urspr. Holz) **Baum**; meist **Eiche**
ὑψί-κομος (κόμη Haar, Laub)	**hochbelaubt**
69 **ἐν-ιαύω** cf. 66	darin übernachten; allg. **wohnen**
πελώριος (πέλωρ Ungetüm)	ungeheuer, **riesenhaft**
70 **ποιμαίνω** (ποιμήν)	trans. **weiden (lassen)**
73 **σιτο-φάγος** (cf. ἔ-φαγ-ον)	**brotessend**
ῥίον, τό	Bergnase, **Bergvorsprung**
77 **δυοκαίδεκα**	= att. **δώδεκα**
κρίνας (θ 15)	h. nachdem ich ausgewählt hatte
78 **αἴγ-εος** = ζ 57 **αἴγ-ειος**	**aus Ziegenleder**
80 **ἄντρον**, τό	**Höhle**, Grotte
81 **νομεύω** (νομεύς) cf. 70	trans. **weiden (lassen)**
νομός, ὁ cf. ζ 137 νέμω	**Weide**(platz)
83 **ταρσός**, ὁ cf. ε 78 τέρσομαι	**Darre** (Einrichtung zum Trocknen)

τυρός, ὁ	Käse
βρίθω (ζ 125) τινός od. τινί	belastet sein mit etwas
στείνομαι (στεινός < στενϝος = att. στενός)	eng, **gedrängt voll sein**
σηκός, ὁ	**Hürde**, Pferch
84 ἀρήν, ἀρνός, pl. ἄρνες cf. α 23 ἀρνηός	eigtl. nur männl. **Lamm**
ἔριφος cf. aries	eigtl. männl. **Zicklein** (Böckchen)
δια-κρίνω (wie dis-cerno)	1. **absondern**, scheiden; 2. unterscheiden
85 ἔρχατο plqpf. ohne Redupl (wie οἶδα) von ἔργνυμι (η 17) V 5b	
χωρίς adv.	gesondert, **für sich**
πρό-γονοι	h. die früher geborenen Tiere, die **Erstlinge** (d. h. der erste Wurf des Jahres)
μέτασσαι (cf. α 19 μετά)	die Mittleren, **Mittlinge**
86 ἔρσαι (ἔρση Tau)	die mit Tautropfen verglichenen zarten Jüngsten, **Spätlinge**
ὀρός, ὁ	**Molke** (Käsewasser)
87 γαυλός, ὁ	**Eimer**
σκαφίς, -ίδος, ἡ (σκάπτω = schaben)	durch Schaben ausgehöhlter **Trog, Napf, „Schaff"**
τετυγμένα (cf. zu 72)	1. angefertigt, **gearbeitet**; 2. (gesteigert) **gut gearbeitet**

ἐν-α-μέλγω (α proth., N 20c, cf. mulgeo) — hinein „melken"

89 αἴ-νυ-μαι zu αἰτέω = seinen Anteil verlangen, cf. ε 54 αἶσα — nehmen, wegnehmen

90 νέμων (h. Grundb. hin u. her treiben), sc. die Herde; übers.: mit seiner Herde

ὄ-βριμος (o proth., N 20c, + βρίθω, cf. 83) — wuchtig, **gewaltig**

ἄχθος, τό — **Last**

91 ἀζ-αλέος — trocken, **dürr**

ποτι-δόρπιος (cf. zu θ 102, zu ποτι cf. β 139) — **beim Abendessen dienlich**

93 ἀπο-σσεύομαι (ε 196) — davonstürmen, **forteilen**

95 ἄρσην, ἄρσενος (cf. 84) = att. ἄρρην — **männlich**

θύρη-φιν cf. β 2 u. ε 244 θύραζε — an (vor) der Tür; adverb. erstarrt zu **draußen**

96 τράγος, ὁ (Tragödie) — **Ziegenbock**

ἔντοθεν (metr. bequem) — für **ἔντοσθεν** (92)

97 θυρ-εός, urspr. Adj. sc. λίθος — **Türstein**

ὑψό-σε — **in die Höhe**

99 τετρά-κυκλος (κύκλος Rad) — **vierräderig**

οὖδας, οὔδεος, τό — (Erd-)**Boden**

ὀχλίζω St ϝεχ, lat. veho — **fortbewegen** (S 27)

100 ἠλίβατος Herk. unkl. — schroff, steil; hoch, **gewaltig**

101 μηκάς, -άδος onom. — **meckernd**

102 ὑφ-ίημί τινι	unter etw. lassen od. legen
ἔμβρυον, τό	(b. Homer) junges Tier (Saug-) **Lämmchen**
103 ἥμισυ (Subst. neutr.) c. gen.	**die Hälfte** von etw.
τρέφω St. θρέφ	eigtl. dick, fest machen; h. **zum Gerinnen bringen**
γάλα, γάλακτος, τό (cf. lac, lactis)	**Milch**
104 πλεκτός (α 75)	**geflochten**
τάλαρος, ὁ St ταλ, cf. α 47	Mittel zum Tragen = **Korb**
ἀμάομαι (cf. ἅμα)	zusammennehmen, sammeln; h. **zusammenballen** (zu Käse)
107 σπεύδω	eilen, **eifrig sein**
πονέομαι	1. intr. sich mühen, **sich beschäftigen**; 2. trans. mit Mühe verrichten, **besorgen**
108 ἀνα-καίω verst. καίω (88)	**anzünden**
109 κέλευθα heteroklit. Plur. zu β 80 κέλευθος u. häufiger als -οι	
110 **κατά** c. acc. (cf. α 4)	h. übertr. im Hinblick auf, zum Zweck von, **um - willen**
τι adv. Akk. (S 14)	= irgendwie, etwa
πρῆξις, ἡ (L 1)	Unternehmen (Handels-) **Geschäft**
ἀλ-άλημαι pf. intens. = ε 220) ἀλάομαι (V 13 a)	**umherirren**

111	**ληισ-τήρ**, -τῆρος (att λῃστής)	Beutemacher, **Räuber**
	ὑπείρ (P 22) = **ὑπέρ** (cf. α 29)	h. c. acc. **über - hin**
113	**κατα-κλάω** St κλασ (ζ 103), untersch. κλαίω!	act.=trans. **(zer)brechen**; pass. = intr.
118	**μητί-ομαι** (cf. α 177 μητιάω)	ersinnen, **beschließen**
120	**ξείνιος** (cf. α 86)	**gastlich**
	ξειν-ήιον = ξείνιον, τό	1. gastl. Bewirtung; 2. **Gastgeschenk**
121	**δωτίνη**, ἡ, = δῶρον (δί-δω-μι)	Gabe, **Geschenk**
122	**φέρ-ιστος** (φέρω, N 27)	am meisten eintragend, mächtigster, stärkster, **bester**
123	**ἐπι-τιμή-τωρ**, -τορος (cf. α 93)	Ehrenwart, Schutzherr; **Rächer**
124	**ξείνιος** (120)	h. Beiname des Zeus: **Fremdenbeschützer**
127	**ἀλέομαι** u. **ἀλεύομαι** St αλεϝ, aor. ἀλέασθαι, cf. ε 229 ἀλύσκω	1. meiden; 2. **scheuen**
129	**ἐπεὶ ἦ** (cf. ε 225)	da wahrlich, **da ja**
	φέρ-τερος (cf. 122, N 27)	mehr eintragend, stärker, **besser**
130	**ἔχθος**, τό (cf. ἐχθρός)	**Feindschaft**, Haß
	φείδομαί τινος πε-φιδ-οίμην Opt. des redupl. Aor. (cf. ε 13)	**jem. (ver)schonen**
132	**σχεῖν** (ε 283) **νῆα**	ein Schiff anhalten, d. h. **landen**

	εὐ-εργής	gut gearbeitet, **gut gebaut**
133	ἐ-δά-ην isol. aor., cf. α 43, coni. δαήω (δαείω)	kennen lernen, **erfahren**
134	πειράζω (cf. 56)	**auf die Probe stellen**
135	ἄψ-ορρος	sich zurückbewegend; neutr. als Adv. (S 14) zurück, **wieder**
	δόλιος (β 50 δόλος)	**listig**
136	κατ-άγνυμι (verst. ἄγνυμι, cf. ε 198)	**zerbrechen**
137	πείρατα (ε 171) γαίης	Grenze, Ende des Landes = **Küste**
138	προσ-πελάζω (verst. πελάζω, cf. κ 231)	(her)**antreiben**
139	ὑπ-εκ-φεύγω	darunter herausfliehen, **entkommen**
141	ἀν-αΐσσω (cf. α 83)	aufspringen, **auffahren**
	ἐπ(ι)-ιάλλω τινί (cf. 125)	**ausstrecken nach**
142	συμ-μάρπτω	zusammen (d. h. mit jeder Hand einen) packen, **ergreifen**
	σκύλαξ, -ακος, ὁ	**junger Hund**
143	ἐγ-κέφαλος, ὁ (cf. ε 22)	(das im Kopf befindliche) **Gehirn**
	χαμά-δις (cf. ε 26 ἄλλυδις, aber χαμαί loc. = humi)	**auf den Boden**
	κόπτ(ε) impf. (S 17)	
144	δια-τάμνω (cf. α 194 u. ε 13)	zerschneiden, **zerstückeln**
	μελεϊσ-τί adv. (μέλος Glied)	gliedweise, **Glied für Glied**

145 ὀρεσί-τροφος (cf. ε 221 διο-τρεφής) — im Gebirge (ernährt =) **aufgewachsen**
   ἀπο-λείπω — h. **übrig lassen**
146 ἔγκατα, τά — **Eingeweide** (i. allg.)
   σάρξ, σαρκός, ἡ (Sarkophag) — **Fleisch**
   μυελό-εις (β 123 μυελός) — **markreich**
148 σχέτλιος (ε 59) — h. (von Dingen) grausig, **furchtbar**
   ἀ-μηχανίη, ἡ (ε 100 πολυμήχανος) — **Hilflosigkeit**
   ἔχε (impf.!) θυμὸν — hielt unsere Willenskraft fest = lähmte u. W.
149 νηδύς, -ύος, ἡ — Bauch(höhle), **Wanst**
150 ἀνδρό-μεος — **Menschen-**
   ἄ-κρητος St κρα, cf. η 61 — = att. ἄκρατος **ungemischt**, rein
151 τανύομαι med. (ζ 62) — h. **sich (aus)strecken**
   διά c. gen. — durch — hin, **zwischen**
   153 = 50 155 = 102
   156 = 107
159 ῥηίδιος (cf. α 136 ῥεῖα) — = ῥᾴδιος
160 πῶμα, τό — **Deckel**
161 ῥοῖζος, ἡ — zischendes **Pfeifen** (h. als Lockruf)
162 (ἐ)λιπόμην (S 16) = att. ἐλείφθην — **ich blieb zurück**
   βυσσο-δομ-εύω (βυσσός = Tiefe + δέμω 67) — in der Tiefe bauen, (tief) **im Herzen erwägen**
164 ῥόπαλον, τό (cf. ε 38 ῥάπις) — Keule, **Knüttel**

165 χλωρός (Chlor)	1. grünlich gelb, bleich; 2. (i. Ggs. zu dürr) h. **frisch, grün**
ἐλα-ίνεος = ε 125 ἐλάινος	**aus Olivenholz**
ἐκ-τάμνω (cf. 144)	heraus-, abschneiden, **abhauen**
166 αὐαίνω (ε 129 αὖος)	ausdörren, **trocknen**
ἐίσκω (ζ 119) h. c. acc.	vergleichend **schätzen**
167 ἐεικόσ-ορος (cf. ζ 197 ἐρε-)	**zwanzigrudrig**
168 φορτίς, -ίδος, ἡ (urspr. Adj. zu φέρω) sc. ναῦς	**Lastschiff**
169 πάχος, τό (ζ 103 παχύς)	**Dicke**
170 ὄργυια, ἡ	**Klafter**
172 ὁμαλός St ὁμο- cf. ἅμα	gleichmäßig, eben, **glatt**
θοόω untersch. ε 62 θοός!	spitz machen, **zuspitzen**
173 ἄκρος (ε 195 ἄκρη)	1. spitz; 2. oberst, **äußerst**
πυρ-ακτέω (ἄγω)	**im Feuer** herumführen, = **drehen**
κήλεος (ε 14 καίω)	brennend, **lodernd**
174 κατα-κρύπτω (verst.)	**gut verstecken**
κόπρος, ἡ	**Mist**
176 κλῆρος, ὁ (113 κλάω)	1. abgebroch. Stück (Holz, Stein, Ton), **Los**; 2. ausgelostes **Landgut, Erbgut**
πάλλω St πελ, cf. α 16	schwingen, **schütteln**
πάλλομαι indir. med.	für sich schütteln, **losen**
179 λαγχάνω (cf. ε 193)	**erlosen**; h. intr. (durchs Los) **herauskommen**
180 λέγω Wurzel- aor. ἐ-λέγμην, untersch. ε 313!	1. sammeln, **zählen**; 2. aufzählen, **erzählen**

185 = 97   186 = 101   187—189 = 155—157

191 κισσύβιον, τό	Napf
194 λοιβή, ἡ (β 168 λείβω)	Trankopfer
195 ἀν-εκτός (ἀνέχομαι ertragen)	erträglich
196 δέχομαι Wurzel-aor. ἐ-δεγ-μην (cf. β 139)	1. an-, **aufnehmen** (α 97) 2. **erwarten**
ἥσατο (S 16) = att. ἥσθη	einzige Form von ἥδομαι b. Hom.
αἰνῶς (cf. ε 289)	wie i. D. **furchtbar**, d. h. sehr, **gewaltig**
201 = 33	
202 ἀπο-ρρώξ (ablaut. St Ϝρηγ)	abgerissenes Stück, h. **Ausfluss**
204 ἀ-φραδίη (α 65 φράζομαι)	**Unverstand**
205 περι-έρχομαι	umfangen, h. **umnebeln**
208 ἐξ-ερέω (= -ερῶ) St Ϝερ, cf. verbum u. ζ 142, untersch. η 10!	**ich werde** heraussagen, **offen sagen**
ὑφ-ίσταμαι (cf. ὑπ-ισχνέομαι)	sich unter etw. stellen, etw. auf sich nehmen, **versprechen**
209 Οὖτις < οὔ τις (β 99)	**Niemand** (vgl. K. Ziegler, Gymn. 69, 396 ff.)
κι-κλή-σκω (wie γι-γνώσκω, cf. κέ-κλη-κα)	(verst. καλέω) **nennen**
214 ἀνα-κλίνομαι	**sich zurücklehnen**
ὕπτιος (cf. supinus)	rücklings, **auf dem (den) Rücken**
215 ἀπο-δοχμόω (δοχμός u. δόχμιος schief, schräg, quer)	seitwärts, **zur Seite beugen**
αὐχήν, -ένος, ὁ	Hals, **Nacken**

216 παν-δαμά-τωρ St δαμ (ε 286)	Allbezwinger
φάρυξ, υγος, ἡ (später φάρυγξ, idg. *bher*, ahd. *borōn*, nhd. bohren)	(eigtl. Spalte) **Schlund, Rachen**
ἐκ-σεύομαι (cf. zu 93)	**herausstürzen**
217 ψωμός, ὁ (ψάω zerbröckeln)	**Brocken,** Bissen
ἐρεύγομαι (ε 237)	h. aufstoßen, **rülpsen**
οἰνο-βαρείων isol. part. zu βαρύς	**von Wein beschwert, weintrunken**
218 σποδός, ἡ (ε 314 σποδίη)	**Asche**
219 θερμαίνω (θερμός)	**heiß machen;** pass. **heiß werden**
220 θαρσύνω (α 237 θάρσος)	**ermutigen**
ὑπο-δείδω (cf. ε 182)	verst. δείδω **sehr fürchten**
ἀνα-δύομαι	1. wie ε 203 **emportauchen;** 2. ἀνα- wie 164 wieder untertauchen, **sich zurückziehen**
222 ἅπτομαί τινος	etw. anfassen, berühren; intr. aor. ingr. sich entzünden, **Feuer fangen**
δια-φαίνομαι	durchscheinen, **glühen**
223 ἆσσον <ἄγχjον, compar. zu ἄγχι, cf. α 133	**näher**
224 ἐμ-πνέω	einhauchen, **eingeben**
226 ἐν-ερείδω (η 24) τινί	**in etw. hineindrücken**
ἀείρομαι (cf. α 117 ἀείρω) ἀερθείς part. aor. pass.	sich heben, **sich recken,** sich strecken
227 δινέω (ζ 95 δίνη)	(im Wirbel) **drehen**
τρυπάω	**durchbohren**

τρύπανον	**Drillbohrer**
νή-ιος	zum Schiff gehörig, **Schiffs-**
228 ἔνερθε(ν) adv.	(von) **unten**
ὑπο-σσείω (< -τϜειω, cf. ζ 68 σεύω)	**unten** in Bewegung setzen, **drehen**
ἱμάς, ἱμάντος, ὁ (cf. ε 222)	**Riemen**
229 ἐμ-μενής (μένω)	dabei bleibend, **beharrlich**, unablässig
ἐμμενές (S 14) stets verst. durch αἰεί)	**immerfort**
230 πυρι-ήκης St ἀκ, cf. 173	mit Feuerspitze, **mit glühender Spitze**
231 αἷμα, αἵματος, τό	**Blut**
περι-ζέω τι	**um etw. (herum) sieden**
andere: περι-ρρέω (-ρρεε < σρεϜε, impf.!)	(rings) **umströmen**
232 οἰμώζω St οἰμωγ	οἴμοι rufen, jammern; h. **aufschreien**
234 ἐξ-ερύω (ζ 193) τινός	**aus etw. herausziehen**
φύρω	**benetzen**
235 ἀλύω	außer sich sein (vor Freude oder Schmerz) **rasen**
236 ἠπύω	**laut rufen**
237 διά c. acc. (att. c. gen.!)	wie per = durch: 1. örtl. durch — hin, **überall in** (od. **auf**); 2. zeitl. während; 3. übertr. mit Hilfe von, mittels
ἄκρις, ἄκριος, ἡ (cf. 138)	**Höhe**, Gipfel
ἠνεμό-εις (η nach P 22)	windreich, windig, **windumweht**

238 **βοή**, ἡ (βοηθέω)	h. **Not-, Hilferuf**
ἀίω cf. αἰσθάνομαι < ἀϜισθ- (lat. audio) aor. ἄιον	hören, **merken**
φοιτάω	oft hin u. her gehen, **kommen,**
ἄλλοθεν ἄλλος (cf. ε 26)	der eine von hier, der and. von dort = **jeder anderswoher**
239 **κήδω** (α 187 κῆδος)	Sorge machen, bekümmern, **quälen**
241 **ἄ-υπνος**	**schlaflos**
242 **ἦ μή** (cf. zu ζ 148) = num	**doch nicht etwa**
243 **κτείνει** (de conatu)	will töten
251 **ἐξ-απατάω** (verst. ἀπατάω)	betrügen, **täuschen**
μῆτις, μήτιος, ἡ (cf. 118 u. ε 111)	praktische Klugheit; kluger **Plan**
252 **ὠδίνω**	heftige Schmerzen haben (bes. Geburtswehen), **sich winden** (vor Schmerzen)
253 **ψηλ-αφάω** (ψάλλω zupfen, cf. Psalm, + ἀφάω betasten)	**(be)tasten**
255 **εἴ — που** (cf. α 80)	um zu versuchen, **ob vielleicht**
στείχω (verw. „steigen")	schreiten, **gehen**
257 **ὄχα** (ε 59 ἔξ-οχα)	vor Superl. **bei weitem**
259 **ἐυ-τρεφής**	wohlgenährt, **feist**
δασύ-μαλλος (μαλλός Zotte)	**dichtvliesig**

260 **ἰο-δνεφής** (δνόφος Dunkel) veilchendunkel; allg. **dunkelfarbig**
εἶρος, τό **Wolle**

261 **ἀκέων**, fem. ἀκέουσα (cf. β 39 ἀκήν), untersch. ἀέκων (β 75)! schweigend, still, **stumm**
συν-εέργω (η 17 ἔργω) 1. zusammenschließen; 2. **zusammenbinden**
ἐυ-στρεφής (στρέφω) 1. gut gedreht (β 162); 2. gut drehbar (daher) **biegsam**
λύγος, ἡ eine Weidenart, dann die davon stammende **Rute**, Gerte

262 **πέλωρ**, τό (cf. 69) Ungetüm, **Ungeheuer**

263 **σύν-τρεις** **je drei zusammen**

267 **λάσιος** St Ϝλα, cf. lana verw. „wollig", **zottig**
γαστήρ, γαστρός, ἡ (auch) γαστέρος h. **Bauch**
ἐλύομαι St Ϝελ, cf. volvo, aor. ἐλύσθην sich winden, **sich wälzen**

268 κείμην (h. der Situation entspr.) = ich hing da
ἄωτος u. **ἄωτον** (zu αϜημι wehen) Flocke, b. Schaf **Wolle**

269 **νωλεμής** νε (α 75) + ο- Präfix + St λεμο zu ahd. *lam* = nhd. lahm viell. nicht zusammenbrechend; adv. **unablässig**
στρέφεσθαι h. sich eindrehen, **sich einkrallen**

τε-τλη-ώς St τλα (ε 110 u. α 47) part. vom pf. intens. 271 = 50	ertragend, **standhaft**
273 **θήλεια** (ε 294)	die Muttertiere
μέ-μη-κα pf. intens. (V 13a) cf. 101 μηκάς	meckern, **blöken**
ἀν-ήμελκτος (cf. 87)	ungemolken
274 **οὖθαρ**, οὔθατος, τό (cf. uber)	Euter
σφαραγέομαι	zischen; vor Überfülle **strotzen**
275 τείρω (β 37)	h. aufreiben, **quälen**
ἐπι-μαίομαι (aor.-εμα(σ)- σάμην)	berühren, betasten, **untersuchen**
277 εἰρο-πόκος (εἶρος 259 u. πέκω Wolle krempeln	mit Wolle bedeckt, **mit wolligem Vlies**
στέρνον (η 148 στορ-, cf. „Stirn")	eigtl. ausgebreitete Fläche; **Brust**
279 λάχνος u. λάχνη (267 λάσιος)	Wolle
στείνομαι (83)	h. **belastet sein**
πυκινός (α 206)	h. geistig schwer, **klug**
281 **κριός** (cf. κέρας, cervus)	Schafbock, **Widder**
πέπων, πέπονος	lieb, **traut**
282 λείπομαί τινος	**zurückbleiben hinter jem.**
283 νέμομαι (ζ 137)	h. trans. **abfressen**
τέρην, τέρενος (275 τείρω)	eigtl. zerrieben od. zerreibbar, daher **zart**, jung, **frisch**

ἄνθος, τό	Blüte, Blume
ποίη, ἡ (att. πόα)	(Weide-) Kraut
284 βι-βάς isol. part. zu erschlossenem βί-βημι = verst. βαίνω	(aus)schreiten, gehen
ῥοή, ἡ (ε 208 ῥοός)	Strömung, Flut(en)
ἀφ-ικάνω verst. ἱκάνω (β 28)	hinkommen
285 σταθ-μός, ὁ (η 18)	1. Stand(platz), Halteplatz; h. Gehöft, Stall; 2. Tagemarsch (Xenophon)
ἀπο-νέομαι verst. νέομαι (α 5)	heimkommen
286 παν-ύστατος	allerletzter
287 ποθέω τινά od. τι	sich sehnen nach, vermissen
ἐξ-αλαόω verst. ἀλαόω (α 64)	allg. blenden; bes. 1. (ὀφθαλμόν) rauben; 2. (ὀφθαλμοῦ τινα) berauben
291 ἠβαιός	klein, gering; adv. (S 14) wenig
293 τανaύ-πους,-ποδος < τανα(F)ος gestreckt, lang (ε 20) F nach Vokal zu υ: äol.	schlankfüßig
δημός, ὁ untersch. δῆμος!	Fett
294 περι-τροπέω iterat. zu τρέπω wie ε 208 φορέω zu φέρω	sich (oft) umwenden
295 ἀσπάσιος (cf. η 154)	willkommen
296 γοάω (α 185 γόος)	(be)klagen, (be)jammern

297 **ἀνα-νεύω** (νεύω nicken)	nach oben nicken, d. h. abwinken, **verbieten**
ὀφρύς, ὀφρύος, ἡ	**Braue**
300/301 = 61/62	
302 = ε 234	
303 **κερτόμιος** (η 10 κερτομέω)	stichelnd, spöttisch, **höhnisch**
304 **κατα-θνητός** κατα verst. (81)	= **θνητός**
305 **ἀλαω-τύς**, ἡ (cf. 287)	**Blendung**
306 **πτολι-πόρθιος** (α 2 u. ϑ 3)	**Städtezerstörer**
307 **οἰκία**, τά (!)	Wohnung, **Wohnsitz**
309 **παλαί-φατος** (cf. η 38, St φα in φημί)	**vor alters verkündet**
θέσ-φατον, τό (η 38)	**Götterspruch,** das von der Gottheit verkündete Schicksal (fatum), **Schicksalsbestimmung**
311 **τελευτάομαι** pass.	vollendet werden, **in Erfüllung gehen**
312 **ὀπ-ωπ-ή**, ἡ (ὄπωπα = ἑώρακα)	1. vom Subj. Sehen, **Sehkraft**; 2. vom Obj. **Anblick**
314 **ἐπι-ειμένος** part. pf. von ἕννυμαι (β 3) ebda εἷμαι < Ϝεσμαι	bekleidet oder **ausgerüstet**
ἀλκή, ἡ	1. Abwehr; 2. Abwehrkraft, **Stärke**
ὀλίγος	gering, h. Subst.: **ein Knirps**
315 **οὐτιδ-ανός** (zum δ cf. 24)	nichtswürdig, nichtsnutzig; **Nichtsnutz**

ἄ-κικυς (ἡ κῖκυς Stärke, Spannkraft)	schwach, schlapp; **Schlappschwanz**
318 ὀρέγω o proth. (N 20c), cf. lat. rego u. „recken"	**(aus)strecken**
ἀστερ-όεις z. Suff. cf. α 46	**gestirnt**
319 κυανο-χαίτης (η 16 + χαίτη Haupthaar	**mit** dunkelblauem = **dunklem Haar,** dunkelhaarig
320 ἐτεός (α 33 u. α 150)	seiend, wahr, **wirklich** (neutr. S 14)
323 ἐυ-κτίμενος	gut gegründet, **gut gebaut**
326 ἔκλυόν (ε 76) τινος	1. hörte jem., 2. hörte auf jem., 3. **erhörte jem.**
327 ἀπο-ρρήγνυμι (cf. 202)	**abbrechen**
κορυφή, ἡ (cf. κόρυς u. κέρας)	Höhepunkt, Spitze, **Gipfel**
328 ἐπι-δινέω (227)	dabei drehen, **schwingen**
ἐπ(ι)-ερείδω (226)	dagegenstemmen, **dahintersetzen**
πέλεθρον, τό (St πελ in α 16, cf. πλέθρον)	eigtl. Arbeitsfeld (des Pflügenden); 1. unbek. Flächenmaß: Hufe, **Morgen**; 2. Längenmaß (einer Furche bis zum „Wenden") ca. 30 m
ἀ-πέλεθρος	**unermesslich**
329 πρῴρη, ἡ eigtl. Adj. sc. νηῦς	Vorderschiff, **Bug**
κυανό-πρῳρος (cf. η 16)	mit dunkel(blauem) Bug, **dunkelbugig**

330 τυτθός	ganz klein; adv. (S 14) **ein wenig**
οἴήιον, τό	(Griff am) **Steuerruder**
331 κλύζω < κλυδjω, cf. cluo, cloaca, nhd. lauter	spülen; pass. aufgespült werden, aufwogen, **branden**
332 πρόσω	vorwärts, **nach vorn**
θεμόω (β 34 θέμις)	zur Satzung machen, veranlassen, **bewirken**
336 κέλλω (cf. 46) aor. ἔκελσα	antreiben, auflaufen lassen, **landen**
ψάμαθος, ἡ oft pl.	**Sand**
339 δατέομαι (cf. α 43) aor. ἐδασσάμην	**(ver)teilen**
ἴση, ἡ sc. μοῖρα (β 57 u. ε 54 αἶσα)	der gleiche = **gebührende Anteil**
341 ἔξοχα (ε 59)	h. vor and. voraus, **obendrein**
342 κελαι-νεφής (κελαινός dunkel, schwarz + ε 175 νέφος)	schwarz =, **dunkel-umwölkt**
343 ῥέζω (α 42, cf. α 56 ἱερὰ ῥέζω)	opfern, opfernd **schlachten**
μηρία, τά u. μηρά (heteroklit. pl. zu μηρός Schenkel, cf. κ 152	**Schenkelstücke**
344 = 27	
345 ἄσμενος urspr. part. zu ἥδομαι, cf. β 71 ἀνδάνω	erfreut, **froh**

Buch κ (10)

3 πλω-τός (ε 129 πλώω) — schwimmend, schiffbar
4 ἄ-ρρηκτος (St Ϝρηγ in ι 327) — unzerbrechlich, **unzerstörbar**
5 μείς, μηνός, ὁ äol. (cf. mensis) — = att. μήν **Monat**
   ἐξ-ερεείνω (ε 36 ἐρεείνω) — 1. **ausfragen,** ausforschen; 2. durchforschen, durchspüren
9 αἰνέω (cf. ξ 182 αἶνος) — gutheißen, loben
   ἀν-αίνομαι (α priv. + αἰνέω) aor. -ηνάμην — verneinen, verweigern, **ablehnen**
10 ἐκ-δέρω (β 124 δέρμα) — **abhäuten,** abziehen
   ἐννέ-ωρος (ἐννέα + β 64 ὥρη) — **neunjährig**
11 βύκ-της (βύζω heulen) — **heulend**
12 ταμίης, ταμίου (cf. α 115) — Verwalter, **Wart**
14 μέρμις, -ιθος, ἡ — **Schnur**
15 παρα-πνέω — **daneben herauswehen**
16 ἄ-ημι < αϜημι, cf. ε 174 ἄελλα u. ι 268 ἄωτος, lat. ventus — wehen
19 ἐνν-ῆμαρ (< ενϜα-) S 14 — neun Tage lang
   ὁμῶς (untersch. ὅμως!) — zusammen, **in derselben Weise,** gleichmäßig
20 ἀνα-φαίνομαι — ans Licht treten, **erscheinen**
21 πυρ-πολέω (α 16 πέλομαι) — Feuer besorgen, **Feuer unterhalten**
22 κε-κμη-ώς St καμ Schwst. — = att κε-κμη-κώς
23 πούς, ποδός — h. Fußtau, **Schote**

νωμάω (cf. η 65)	h. Grundbed. hin u. her bewegen, **handhaben**, lenken
28 ἐξ-ορούω St ορ, cf. β 2, orior	herausstürzen, **hervorstürmen**
32 ἀπο-φθίνομαι (cf. ε 82) nur im aor. -φθίμην	umkommen, **sterben**
33 ζωός (ζώω = att. ζάω)	**lebend,** lebendig
μέτ-ειμι c. dat.	**unter** (anderen) sein, **verweilen**
37 ἀφύσσομαι (cf. η 109) indir. med.	sich (sibi) **mitnehmen**
40 ὀπάζομαι (ζ 134,1) indir. med.	sich (sibi) als Begleiter nehmen, **mitnehmen**
45 χράω u. χραύω St χραϝ, aor. II ἔχραε < εχραϝε	anfallen, **befallen** (verw. in-gruo)
46 ἐν-δυκέως ζ 201 ἀ-δευκής)	sorgsam, **herzlich**
48 μετα-φωνέω (= ζ 160 -αυδάω)	**sprechen unter**
49 ἀάω < αϝαω (μ 190 ἄτη)	**schädigen,** verwirren, betören, verblenden; auch betrügen
50 ἀκέομαι (ἀ- = ἐν + St κεσ in ε 15 κεάζω, cf. in -cido, aor. ἠκεσάμην	durchschneiden, heilen; h. wiedergutmachen, **helfen**
53 ἔρρ(ε) (imper. zu ε 68 ἔρρω)	fahre hin, **packe dich!**
ἔλεγχος, ὁ	Schimpf, **Schande**
ἐλέγχιστος N 28	schimpflichster, **schändlichster**
55 ἀπ-εχθάνομαι (ι 130 ἔχ-	1. hassen; 2. (meist) **ver-**

ϑος) aor. II -ηχϑόμην   **hasst werden** (od. sein)
56 τόδε (h. loc.)   = **hierher**
58 = ι 27   59 = ι 345
61 **αὐδή-εις** (β 130 αὐδή)   mit reichem Gesang begabt,
    sangeskundig

δεινή   (als Göttin) mächtig; (als
    Zauberin) **schrecklich**

63 ἔδω (α 136) ϑυμόν   verzehre = zerquäle d. Herz
65 = ι 53
67 **φαεσί-μβροτος** (St φαϜ   **den Sterblichen leuch-**
   in ε 37 φαϜος > φάος)   **tend** (cf. ε 20)
68 **ἀνα-νέομαι** (cf. α 5)   empor-, **aufgehen**
70 **σκοπιή**, ἡ (σκοπέω)   Warte, **Aussichtspunkt**
   παι-παλό-εις (παι-πάλλω   wo man durchgeschüttelt
   Intensivredupl. v.   wird: 1. holprig, uneben;
   πάλλω, cf. ι 176)   daher auch; 2. felsig,
    zackig

71 **ἀ-πείριτος** (Weiterbil-   grenzenlos, **unendlich**
   dung von ε 9 ἀπείρων)
   στεφανόω (στέφανος)   umkränzen, herumsetzen;
    pass. **rundum liegen**
73 **δέρκομαι** (cf. ι 44)   sehen; aor. ingr. **erblicken**
   δρυμά, τά (ι 68 δρῦς)   **Gehölz**
75 **δί-χα** u. **δι-χϑά** (cf. δίς)   zweifach; h. **in zwei**
    Hälften (od. Gruppen)
76 **ἀριϑμέω** (ἀριϑμός)   (ab)zählen; h. **(ein)teilen**
   ἀρχός (ἄρχω)   **Führer**
   μετ-οπάζω (ζ 134   (als Begleiter) **mitgeben**
   ὀπάζω)
78 **κυνέη**, ἡ   Sturmhaube, **Helm**
79 **ἐκ-ϑρώσκω** (St ϑορ,   **herausspringen**
   aor. ἔϑορε)

82 **βῆσσα, ἡ** (< βηθjα, cf. βαθύς u. α 48 βένθος) — Tiefe, Schlucht, **Tal**

83 **περί-σκεπ-τος** (ε 275 σκέπας) — ringsum gedeckt, **rings umschirmt**

84 **ὀρέσ-τερος** (ὄρος + -τερος, cf. ι 145 ὀρεσίτροφος) — im Gebirge lebend, **Gebirgs-, Berg-**

85 **κατα-θέλγω** (α 52 θέλγω) — **verzaubern**

φάρμακον, τό — Heilmittel, Gift, **Zaubertrank**

86 **ὁρμάομαι** (θ 71) **ἐπί τινι** aor. ὡρμησάμην u. ὡρμήθην — losstürzen auf jem.

87 **οὐρή, ἡ** (zu ι 135 ὄρρος) — **Schweif**

περι-σσαίνω (< σϝανjω) — umwedeln (cf. „Schwanz")

88 **δαίτη-θεν** (α 24 δαίς) — **vom Mahl (her)**

89 **σαίνω** (cf. 87) — schwänzeln, **wedeln**

μειλίγ-ματα (ζ 111, μείλιχος) — **Besänftigungsmittel**

92 **καλλι-πλόκαμος** (α 75 u. ε 222) — **mit schönen Flechten**

94 ἐποιχομένη (ε 17) — hin und her gehend an

φθέγγομαι (ι 52 ψθογγή) — einen Laut von sich geben, **die Stimme erheben**

95 **οἴγ-νυμι** u. οἴγω < οϝιγ, St ϝειγ- in β 14 εἴκω, aor. ὤιξα = att. ἔῳξα — weichen machen, **öffnen**

96 **ἀ-ιδ-ρείη** St ϝιδ in οἶδα — Unwissenheit, **Einfalt**

97 **ὑπο-μένω** (cf. α 221) — ein wenig warten, **zurückbleiben**

99 **μέλι, μέλιτος**, τό (ζ 69) — **Honig** (cf. mel)

100 (ἐγ)-κυκάω	(ein)rühren, **mischen**
ἀνα-μίσγω (< μιγ-σκω) = -μίγνυμι (misceo)	**darunter mischen**
101 πάγχυ (= πάντως)	gänzlich, **ganz und gar**
103 ῥάβδος (ε 38 ῥάπις)	Rute, **Stab**
συ-φειός u. -φεός (σῦς + St φεϜ, φυ, ahd. *būan* = wohnen, nhd. bauen	**Schweinestall**, Kofen
κατ-έργνυμι (cf. η 17)	**einsperren**
106 ἐέρχατο < Ϝε-Ϝερχατο (V 5b)	wie ι 85, aber mit Redupl.
107 παρα-βάλλω (cf. ε 42 -τίθημι)	daneben =, **vorwerfen**
ἄκυλος, ἡ	essbare **Eichel, Ecker**
βάλανος, ἡ (glans)	**Eichel**
κράνεια, ἡ (cornus)	**Kornelkirschbaum**
108 χαμαι-ευνάς, -ευνάδος (ι 143 χαμαί u. β 2 εὐνή)	**am Boden lagernd**
109 ἄψ adv. (cf. ἀπό, lat. abs-)	rückwärts, **wieder**
111 ἔκ-φημι (med. = act.)	**aussprechen**, sagen
112 βε-βολη-μένος (St. βαλ) = att. βε-βλη-μένος	**getroffen**
116 φαίδ-ιμος < φαϜιδ-, cf. ε 37 φαεινός	1. glänzend; 2. **herrlich, stattlich**
118 λίγα adv. (ϑ 100 λιγύς)	durchdringend, **hell**
123 ἀ-ιστόω St Ϝιδ, α 178 ἄ-ιστος	unsichtbar = **verschwinden machen**
ἀ-ιστόομαι pass. = intr.	**verschwinden**
ἀ-ολλής α cop. (N 20b) + Ϝαλνης, cf. η 118 ἅλις, äol ολ<λ̥	**dicht gedrängt**; pl. alle zusammen

	κ (10)	
124	ἐκ-φαίνω	wieder zum Vorschein bringen
	ἐκ-φαίνομαι pass. = intr.	zum Vorschein kommen
	σκοπ-ιάζω (70 σκοπιή)	spähen (cf. speculor)
125	ἀργυρό-ηλος (ἧλος < Ϝη- λος Buckel, Nagel, cf. vallum	mit silbernen Buckeln (od. Nägeln beschlagen)
129	κεῖσ(ε) = ἐκεῖσε P 13	dorthin
138	πολυ-φάρμακος (cf. 85)	reich an Zaubertränken
140	ἐμ-φύομαι χειρί	in die Hand hineinwachsen, d. h. die H. kräftig, herzhaft anfassen
142	ἄ-ιδ-ρις St Ϝιδ, cf. 96	unkundig
143	ἔρχαται (V 5b) cf. ι 85	
	κευθ-μών, -μῶνος, ὁ (ι 193 κεύθω)	eigtl. Versteck, Schlupfwinkel; h. (Schweine-) Kofen
147	ὀλοφώιος	trügerisch, tückisch
	δή-νεα, τά St δα in ι 133 ἐδάην	Pläne, Ränke
148	κυκεών, -ῶνος, ὁ (cf. 100 κυκάω)	Mischtrank
151	περι-μήκης (cf. ζ 82)	sehr lang
152	μηρός, ὁ (cf. membrum)	(Ober-) Schenkel
153	ἐπ-αΐσσω τινί (cf. ι 141)	auf jem. losstürzen
158	φύσις, ἡ	h. Art, Wesen, Beschaffenheit
159	εἴκ-ελος St Ϝεικ, cf. α 41	vergleichbar, ähnlich
160	ὀρύσσω (cf. ζ 195)	(aus)graben (Gymn. 66, 509 ff.)
163	κραδίη, ἡ = καρδίη = κῆρ (L 5, α 227, lat. cor, cordis)	Herz

πορ-φύρω (ι 234 φύρω)   wogen, **aufwallen** (cf. furo, ferveo)

166 = 95 172 ∼ ζ 128 (F)

174 **ἄορ**, ἄορος, τό (ι 97 ἀείρω)   das am Wehrgehänge „schwebende", d. h. umgehängte **Schwert**

176 ὑπο-τρέχω   unterlaufen, **von unten heranlaufen**

177 ὀλοφύρομαι   wehklagen, **(be)jammern**

177 ∼ α 98 (F)

178 = α 146

181 πρῶτον (cf. ubi primum)   h. sobald (als)

185 **κολεόν**, τό (cf. culleus Ledersack)   (Schwert-) **Scheide**

189 καθήμενος (h. prägnant)   ruhig, still, müßig sitzend

192 **ἀπ-όμνυμ** u. **-ομνύω** (-ώμνυον impf., alte themat. Bildg.)   **abschwören** (d. h. durch einen Schwur von sich weisen)

199 **βρώ-μη**, ἡ (ζ 174 βρῶσις)   **Speise**

206 **δι-έκ** praep. c. gen.   **durch - hinaus**

βεβήκει (plqpf. für unmittelbar eintr. Handlung)   da war sie auch schon gegangen

208 **σίαλος**, ὁ (viell. Kreuzung von σῦς u. πίαλος, cf. ι 81 πίων)   **Mastschwein**

210 **προσ-αλείφω τί τινι** (cf. ζ 164)   jem. etw. anstreichen, **einen mit etw. bestreichen**

211 **μέλος**, τό stets im pl., cf. ι 144   (Körper-) **Glied**

212 **οὐλόμενος** part. v. ὀλέσθαι (P 22)   verwünscht, **verhasst**

216	ἱμερό-εις (α 41 ἱμείρω, cf. α 46)	1. **sehnsuchtsvoll**, rührend; 2. Sehnsucht weckend, reizend
	ὑπο-δύομαί (ζ 102) τινι	unter etw. tauchen od. schlüpfen; **jem.** beschleichen, **überkommen**
217	**κοναβίζω** (ζ 61 καναχή)	**erdröhnen**
	219 = ε 100 (F)	
230	**πάμ-πρωτον** (verst. πρῶτον	**zuallererst**
231	**πελάζω** (πέλας nahe)	nähern, nahebringen, **hinbringen**
232	ὀτρύνομαι (α 74 ὀτρύνω)	**sich beeilen**
238	**τελεσ-φόρος**	Vollendung bringend, **vollständig**
239	ἄ-σπετος (α priv. + Verbaladj. zum St σεπ, cf. α 1)	eigtl. unsagbar; **gewaltig viel** (od. **groß**)
240	περι-τρέπω (ι 294 -τροπέω)	**sich umwenden**
242	δαιμόνιος (cf. ε 255)	(von einer Gottheit erfüllt) 1. göttlich, gottbegnadet, wunderbar; 2. unbegreiflich, besessen, verblendet, **unselig**
	245 = 222	
248	ὑπό-σχεσις St σεχ in ὑπ-ισχ-νέομαι	**Versprechen**
249	ἔ-σσυ-μαι (cf. ε 196)	sich getrieben fühlen, streben, **begehren**
250	**φθινύθω** (α 193)	h. aufreiben, **bedrängen**

Buch λ (11)

2 ~ x 230

4 **ἐν-έβησα** kausat. aor. v. βαίνω — hineingehen machen, hineinschaffen, **verladen**

6 **κατ-όπισθε(ν)** verst. ὄπισθεν (β 115) — 1. hinten, 2. **hinterher**

7 **πληϲ-ίϲτιος** (cf. 3) — die Segel füllend, **segelschwellend**

8 = x 61

9 **βαθύ-ρροος** (ε 273 καλλί-ρροος) — **tiefströmend**

12 **κατα-δέρκομαί τινα** (cf. x 73) — **herabschauen auf jem.**

14 **προ-τρέπομαι** — sich vorwärts wenden, **sich senken**; intr. sinken

15 **ἐπι-τείνω** — ausspannen, **ausbreiten über**

16 ~ ι 336

19 **ἱερ-ήϊον**, τό (= att. ἱερεῖον) — **Opfertier**

20 ~ x 174

21 **πυγούσιος** — **eine Elle lang**

22 **χοή**, ἡ (χέω) — Guß, **Trankopfer**
νέκ-υς, -υος, ὁ (od. νεκρός, cf. necare) — **Toter**; 1. auf der Oberwelt Leiche; 2. in der Unterwelt **Abgeschiedener**

23 **μελί-κρητον** (x 99 μέλι + St κρα, cf. ι 150) — Honiggemisch (aus Milch u. Honig) **Honigtrank**
μετέπειτα (verst. ἔπειτα) — danach, hernach

24 **ἐπι-παλύνω** (cf. pulvis) — **darauf streuen**

25 **ἀ-μεν-ηνός** (α 78 μένος) — ohne Kraft, kraftlos, **wesenlos**

26 στεῖρα adi. fem. (cf. sterilis; untersch. β 164!)	unfruchtbar
βοῦς στεῖρα	junge Kuh (die noch nicht gekalbt hat) „Sterke"
27 πυρή, ἡ (πῦρ)	Feuerstätte, **Scheiterhaufen**
29 παμ-μέλας	**ganz schwarz**
30 εὐχ-ωλή, ἡ (β 112 εὔχομαι)	1. Rühmen, 2. Gelübde, 3. **Gebet**
λιτή, ἡ (β 34 λίσσομαι)	**Bitte**, Gebet
ἔθνος, τό < Ϝεθνος	Schar, **Schwarm**, Rudel; erst nachhomer. Volk
31 ἀπο-δειροτομέω (δειρή Hals + τέμνω)	den Hals ab- od. **durchschneiden, schlachten**
33 ὑπέκ od. ὑπέξ c. gen (cf. ι 139	von unten heraus aus, **unten hervor aus**
ἔρεβος, τό	**Dunkel** (s. Eig.)
35 ἰαχή, ἡ (β 164 ἰάχω)	Getöse, **Geschrei**
37 κατά-κειμαι	h. **daliegen**
σφάζω St σφαγ, att. σφάττω	**schlachten**
38 δέρω	**abhäuten**
κατα-καίω verst. καίω (ε 14)	**verbrennen**
ἐπ-εύχομαι (cf. β 112)	**dabei beten**
39 ἴφθιμος (Herk. unklar)	kräftig, stark, **mächtig**
ἐπ-αινή nur von Persephone	1. (zu κ 9 αἰνέω) **berühmt**; 2. (zu c 289 αἰνός) **schrecklich**
40 ~ κ 152	
42 πυνθάνομαί τινος	h. **jem. befragen**
45 φάος, τό St φαϜ = att. φῶς	**Licht**

46 **ἀ-τερπής** (α 24 τέρπω) **freudlos**
47 **ἀπο-χάζομαί τινος** weichen, **weggehen von etwas**

ἀπ-ίσχω (durch Dissim. < ἴσχω <σι-σχω, cf. β 54 μί-μνω) weghalten, **wegnehmen**

φάσγανον, τό < σφαγ-σκ-ανον, zu 37 σφάζω
1. Messer, Dolch;
2. **Schwert**

49 **ἀνα-χάζομαι** (cf. 47) **zurückweichen**
50 **ἐγ-κατα-πήγνυμι** festmachen, bergen in; hineinstecken, **hineinstoßen**

κουλεῷ (κ 185, οὐ nach P 22) lok. in d. Scheide

κελαινός (cf. 32) dunkel, **schwarz**
52 **δί-ζημαι** redupl. Bildg. zu ζητέω suchen, **erstreben**
53 **ὀίω** = α 149 ὀίομαι glauben, **meinen**
54 **κότος**, ὁ (ε 73 κοτέω) **Groll**, („Hader")
58 **σίνομαι** **rauben**, plündern

τεκμαίρομαι (η 134) h. verkünden, **vorhersagen**

65 **ἀ-βληχρός** (α proth. N 20c) schlaff, schwach, **sanft**

ἔ-πε-φν-ον (redupl. aor. II, Schwst. zum St φεν in φόνος) erschlug, **tötete** πέφνῃ nach S 20 fut.

66 **γῆρας**, γήραος, τό (att. γήρως) **Greisenalter**
70 = α 145 (F)
73 **ἐσ-άντα** (= ε 114 εἰς-άντα) **ins Antlitz**

λ (11) 155

προτι-μυθέομαι (cf. ε 167)	anreden
74 ἀνα-γιγνώσκω	(wieder)erkennen
76 ῥηίδιος (ι 159)	h. **leicht verständlich** od. leicht ausführbar
ἐνὶ φρεσὶ θήσω (α 78)	h. werde dir ans Herz legen
78 ἐνίψει ungewöhnl. Fut. zu ἐνέπω (α 1) = ἐνισπήσω (ε 48)	
79 ἐπι-φθονέω τινί τινος od. inf. (verst. φθονέω) 84 = χ 177 (F)	jem. etwas, od. etw. zu tun missgönnen, **verwehren**
85 ἠερ-όεις (cf. ε 85 -οειδής)	**dunstig**
ὑπὸ ζόφον (ι 19)	unter d. Dunkel hin = hinunter in d. D.
91 χρηώ (χρειώ, χρεώ) α 168	h. die Not, der Zwang (Orakel)
92 **χράομαί** τινι (fut. χρήσομαι)	1. (wie α 13) gebrauchen; 2. **sich ein Orakel geben lassen von**
95 τὰ πρώτ-ιστα (cf. α 200)	**zuallererst** (S 14)
96 ἐύ-πωλος (πῶλος Fohlen) 97 = θ 117 (F)	fohlenreich, **rosseberühmt**
99 **δολιχός**	**lang**
100 **βέλος**, τό (βάλλω)	**Geschoss**
ἐπ-οίχομαι (α 119)	herangehen; (h. feind.) **angreifen**
κατ-έπεφνον (cf. 65)	**töten**
111 **ἔκηλος** St Ϝεκ, cf. α 68	nach Belieben; **ruhig, sorglos**
113 ἐπ-έοικε = α 46 ἔοικε	**es** ziemt sich, **gebührt sich**

δικασ-πόλος (cf. α 112 ἀμφίπολος, δικασ-acc.pl.!) — rechtspflegend, **rechtsprechend**, Richter

116 ἐφ-ικάνω τινά (übertr. wie β 19 ἵκω) — 1. über jem. kommen; 2. (perfekt.) gekommen sein, d. h. **heimsuchen, quälen**

118 πόθος, ὁ (cf. 116) — Verlangen, **Sehnsucht**

119 ἀγανο-φροσύνη, ἡ (cf. β 96 ἀγανός) — Sanftmut, **Freundlichkeit**

ἀπ-ηύρᾱ (< η Ϝρᾱ, Wurzelaor.) τινά τι — riss weg, **raubte** jem. etw.

122 ἐφ-ορμάομαι (η 100 -άω) — anstürmen, **zustürzen auf**

126 με-μα-ώς part. des pf. intens. zum St μα = μεν (cf. α 78 μένος) — verlangend, **bestrebt,** begierig

127 περι-βάλλω — legen, **schlingen um**

128 κρυ-ερός (κρύος Frost, Weiterbildg. κρύσταλλον Eis) — eisig, schaurig, **grausig**

129 εἴδωλον (ε 110 εἶδος) — Gesicht, (Ab-) Bild, **Schattenbild**; h. **Trugbild**

133 ἀπαφίσκω — **täuschen**, betrügen

134 δίκη, ἡ (cf. β 34 θέμις) cf. δείκνυμι — 1. Weisung (beruhend auf) 2. **Brauch, Art**; 3. Wesen; (sie schafft das) 4. **Recht**

135 ἶνες (β 145) ἔχουσιν — h. die Sehnen halten zusammen

138 ποτέομαι (iterat. zu πέτομαι, cf. ε 208 φορέω-φέρω) — **herumflattern**

141 **νῶι** dual. (N 29) — **wir beide**
144 μυθέομαί (ε 167) τινα — von jem. reden, jem. erwähnen
ὀνομαίνω aor. ὠνόμηνα (cf. ζ 45) — **mit Namen nennen**
149 **ἀπο-σκεδάννυμι** — auseinander-, **forttreiben**
150 **ἁγ-νός** (cf. ἅγ-ιος) — 1. **heilig**; 2. rein, keusch
θηλύ-τεραι (ε 294 θῆλυς, z. Suff. -τερος cf. zu α 97) — i. Ggs. zu Männern **weiblich empfindend, zart**
152 ἀγ-ηγέρ-ατο (Vb 5) — plqpf. pass. von ἀγείρω (cf. ε 29)
156 = α 98 (F)
157 κῦδος, τό — Ruhm, Ehre, Zierde
κύδ-ιστος (N 28) — ruhmvollster, hochgeehrter, **erhabener**
158 = 98
160 **ἀ-μέγαρ-τος** (β 101 μεγαίρω) — (nicht beneidenswert) 1. von Personen: armselig, unselig; 2. v. Personen u. Sachen: heillos, **arg, schrecklich**
ἀυ-τμή, ἡ <αϝε- (cf. κ 16 ἄημι) — Hauch, W*e*hen
161 **ἀν-άρσιος** St αρ (cf. α 207) — ungefüge, **feindlich**
δηλέομαι (delere?) — schädigen, verderben, **töten**
162 **περι-τάμνομαι** (cf. ε 83) — für sich ringsum abschneiden, **rauben**
πῶυ, πώεος, τό — **Herde** (stets von Kleinvieh)
163 μαχέομαι — = μάχομαι
165 = κ 219 (F) — 166—168 ~ 159—161
171 **δειπνίζω** (ε 43 δειπνέω) — **bewirten**

	φάτνη, ἡ	Krippe
172	οἴκτ-ιστος (οἰκτίρω beklagen)	kläglichster
173	φόνος, ὁ	Tötung, **Mord**
174	μουνάξ adv. (cf. π 19 μοῦνος)	einzeln; h. **im Einzelkampf**
	ὑσμίνη, ἡ	**Feldschlacht**
176	πλήθω	voll sein; h. **mit Speisen besetzt sein**
177	δολό-μητις (ε 111 πολύμητις)	ränkesinnend, **verschlagen**
178	νοσφίζομαι (α 20 νόσφι)	sich trennen, **sich abwenden**
179	συν-ερείδω (cf. η 24 u. ι 226)	zusammendrücken, **schließen**
180	κύν-τερος (κύων, κυνός, N 28)	hündischer, **schamloser**
181	μετὰ φρεσίν — βάληται (cf. 76)	etwa: im Herzen brütet
182	στυγερός (cf. α 192)	(h. anders) **traurig**, leidvoll
	184 ~ 43 u. 151	
	185 = κ 177 (F)	186 = 165 (F)
189	ἀ-φραδής (cf. η 117 u. ι 204)	unverständig, **besinnungslos**
	190 = κ 133 (F)	
191	φέρ-τατος	(= φέριστος in ι 122) **bester**
192	χρέος, τό (cf. χρή u. α 168 χρεώ)	1. **Bedürfnis**, Anliegen; 2. Schuld
	194 = 93	
197	ἶσος < ϝιτσϝος (cf. ζ 199 ἐΐση)	= att. ἶσος

199 ἀκαχίζομαι (cf. ι 27)	sich betrüben, **traurig sein**
200 = 164 (F)	
201 παρ-αυδάω (cf. ε 40 u. ζ 160)	1. τινί jem. zureden; 2. τινί τι jem. etw. empfehlen, jem. über etw. trösten
202 ἐπ-άρουρος (cf. η 143)	1. auf der Erde lebend, **Erdenbewohner**; 2. auf dem Lande wohnend, **Landmann**
θητεύω (θής, θητός Lohnarbeiter)	um Lohn arbeiten
203 ἄ-κληρος (cf. ι 176)	**ohne** Erbgut, ohne (eig.) **Landbesitz**
204 κατα-φθίνω (cf. ε 82)	**dahinschwinden**
208 εὐρυ-πυλής (εὐρύς + πύλη)	**weittorig**
209 εἰσ-νοέω (cf. α 53)	wahrnehmen, **bemerken**
210 εἰλέω u. εἴλω St Ϝελ, cf. η 118 ἄλις	drängen, (mit ὁμοῦ) **zusammendrängen**
ἀσφόδελος, ὁ	**Asphodelos** (lilienartige Pflanze, ähnlich der Herbstzeitlose, aber mit essbaren Wurzelknollen)
ἀσφοδελός (Akz.!) adi.	Asphodelos tragend, **Asphodelos —**
211 οἰο-πόλος (οἶος in α 13 u. α 16 πέλομαι)	allein seiend, **einsam**
212 πάγ-χαλκος u. -χάλκεος	ganz ehern, **ganz aus Erz**
ἀ-αγής (ε 198 ἄγνυμι)	**unzerbrechlich**
213 ἐρι-κυδής (ϑ 38 ἐρι- + 157 κῦδος)	sehr berühmt, **herrlich**

214 **δά-πεδον** (δα, Schwst. zu δεμ, cf. ι 67 + πέδον, cf. η 89) — Hausboden; allg. **Boden**

215 **γύψ**, γυπός, ὁ — **Geier**
ἧπαρ, ἥπατος, τό (iecur) — **Leber**
κείρω St κερ, cf. η 10; ahd. *sceran*, nhd. scheren — abschneiden; h. **abfressen**

216 **δέρ-τρον** (δέρμα, cf. β 124) — (Netz-) **Haut**
δύνω (Nebf. zu δύω, cf. ε 158 — untertauchen; h. **ein-dringen**
ἀπ-αμύνομαι med. — **von sich abwehren**

217 **ἑλκέω** St σελκ in ἕλκω — hin u. her zerren, **miss-handeln**
κυδ-ρός (157 κῦδος) — ruhmvoll, **herrlich**
παρά-κοιτις (α 34 ἄ-κοιτις) — Lagergenossin, **Gemahlin**

218 **καλλί-χορος** (χορός Tanzplatz; zur Bildg. cf. ε 273 — **mit schönen Tanzplätzen**

220 **λίμνη**, ἡ (untersch. α 162 λιμήν!) — See, **Teich**
προσ-πλάζω (α 2) τινί — **an etw. schlagen**
γένειον, τό (genaWange) — **Kinn**(backe)

221 **στεῦ-μαι** St σταϝ, στεϝ, cf. lat. in-stauro — sich anstellen zu; als sinnl. Wollen **langen nach**
διψάω — **dürsten**
οὐκ εἶχεν (impf. iterat.) πιέειν — vermochte nicht zu trinken

222 **ὁσσ-άκι — τοσσ-άκι** — **wie oft - so oft** (cf. πολλ-άκις)
κύπτω — **sich bücken**, sich ducken

223 **ἀνα-βρόχω** (cf. βρόγχος Luftröhre) — zurückschlucken, **aufschlürfen**
ἀνα-βροχέν part. aor. pass. — (aufgeschlürft) **zurückströmend**
224 **κατα-ζαίνω** (ι 91 ἀζαλέος) — **austrocknen**
225 **πέταλον**, τό — **Blatt**
ὑψι-πέτηλος (ι 68 ὑψίκομος) — **hochbelaubt**
κρῆ-θεν (α 83 κάρη) — (vom Haupte her) über d. Haupt (cf. a tergo); h. dem vorherg. κατά entspr. **zum Haupte hin**
κατα-χέω (cf. β 12) — herabgießen; h. **herabneigen**
226 **ὄγχνη**, ἡ — **Birnbaum** (auch: Birne)
ῥοιή, ἡ — **Granate** (Baum u. Frucht)
μηλέη, ἡ (μῆλον = malum) — **Apfelbaum**
ἀγλαό-καρπος (β 66 ἀγλαός) — herrliche Früchte tragend, **fruchtprangend**
227 **συκέη**, ἡ (σῦκον Feige) — **Feigenbaum**
228 **ἰθύω** (α 95 ἰθύς) — gerade angehen, sich strecken: **sich anschicken**
ἐπι-μαίομαί τινος (cf. ι 275) — h. fassen nach etw. **etwas ergreifen**
229 **ῥίπτ-α-σκ-ον** (iterat. Prät. von ῥίπτω, V 14a) — schleuderte, **schnellte**
231 **βαστάζω** (viell. St βα in βαίνω, βαθμός Stufe) — tragen, heben, **schleppen**
232 **σκηρίπτομαι** — 1. sich stützen; 2. **sich (an)stemmen (gegen)**

233 **ἄνω** adv. (ἀνά) | empor, **hinauf**
ὠθέω St Ϝωθ, cf. ε 164 | stoßen, h. **wälzen**
λόφος, ὁ | 1. (bei Mensch u. Tier) **Nacken**; 2. Hügel, Anhöhe, h. allg. **Höhe**; 3. Helmbusch

234 **ὑπερ-βάλλω** τι | über etw. **hinaus werfen**
ἀπο-στρέφω | wegwenden, **entwinden**
κρατ-αι-ίς, ἡ (κράτος) | Wucht, **Übergewicht**

235 **πέδον-δε** adv (η 92 πέδον) | zum Boden hin, **hinunter**

236 **τι-ταίν-ομαι** (redupl. Bildg. zum St τα < τγ in τείνω. cf. ε 23 τανύω) | sich dehnen, **sich strecken**

ἱδρώς, ἱδρῶτος, ὁ St σϜιδ, cf. sudor < *suoidos*, ahd. *sweiz* | **Schweiß**

ἔκ-παγλος < -πλαγλος zu ἐκ-πλήττω | schrecklich, **entsetzlich**

Buch μ (12)

5 ἀλεύομαι (cf. ι 127, 1)	meiden, **entgehen**
7 ἀνθ-εμόεις (ι 283 ἄνθος)	**blumenreich**
8 πελάζομαι (cf. κ 231)	**sich nähern**
10 παρ-ίσταμαί τινι	zu od. vor jem. treten, **jem. begrüßen**
γά-νυμαι St γαϝ, lat. gaudeo (cf. ε 312 γηθέω)	sich freuen
11 λιγυρός (= θ 100 λιγύς)	**helltönend**, laut
12 δεσμός, ὁ (α 82 δέω)	Band, **Fessel**
14 ἱστο-πέδη, ἡ (πέδη Fußfessel)	**Mastschuh**
ὀρθός	h. = aufrecht stehend
ἀν-άπτω (β 43) ἔκ τινος	**befestigen an etw.**
15 τὰ ἕκαστα	alle diese Einzelheiten
πι-φαύ-σκ-ω u. med. (cf. λ 45 φάος)	leuchten lassen; kundtun, **mitteilen**
16 ἐξ-ικνέομαι (cf. ἀφ-ικν.)	**erreichen**
18/19 ~ ε 230/231	
20 μηρύομαι	aufwickeln, emporziehen, **reffen**
22 λευκ-αίνω (β 162 λευκός)	weiß machen, **aufschäumen lassen**
23 κηρός, ὁ (cera)	**Wachs**
τροχός (τρέχω)	eigtl. Läufer; Rad, (Töpfer-)**Scheibe**
24 πιέζω	(be)drücken; h. **kneten**
25 οὖς, οὔατος, τό (att. ὠτός)	**Ohr**
ἐπ-αλείφω (cf. ζ 164)	aufstreichen; h. **verkleben**
29 ~ ε 324	

30 ῥίμφα adv. (mhd. *ringe, geringe* leicht, schnell, bereit) — behende, **schnell**

διώκω (intr. wie ἐλαύνω) — **dahinfahren** (eigtl. zu erg. νῆα)

ὠκύ-αλος (β 8 ὠκύς + ἄλλομαι < σαλj-, lat. salio) — schnell springend, (vom Schiff), **schnell fahrend**

31 ἐν-τύνω (ζ 23) — h. **anstimmen**

32 πολύ-αινος (ξ 182 αἶνος) — 1. pass. viel beredet, v. **gepriesen**; 2. akt. viel ersinnend

33 καταστῆσαι νῆα — das Schiff anhalten, **anlegen**

νωί-τερος poss. dual. N 30 — **unser** (beider)

35 μελί-γηρυς (cf. λ 23, γῆρυς Stimme) — **süßtönend**

38 ἰότης, ἰότητος, ἡ — **Wille**

39 πολυ-βότειρα (βόσκω nähren) — **viele nährend**

40 ἱέναι ὄπα = vocem mittere — die Stimme erheben, ertönen lassen

κάλλιμος (ep. Nebf. zu καλός) — **herrlich**

42 νευστάζω (cf. ι 297) — nicken, **winken**

προ-πίπτω — sich nach vorn werfen, d. h. **weit ausholen**

ἐρέσσω St ἐρετ (cf. ζ 197 ἐρετμόν) — **rudern** (ἔρρεσσον impf.! h. = sie ruderten weiter)

49 ~ ε 10

52 βομβέω onom. cf. Bombe — dröhnen, sausen, **rauschen**

ἔσχετο (S 16) pass.	wurde festgehalten = blieb stehen
53 **προ-ήκης** (ι 230 πυρι-ηκής) (and. προ verstärkend)	vorne scharf, **scharfkantig, wohlgeschärft**
55 **παρα-στα-δόν** adv. (ζ 111 ἀπο-στα-δόν, V 22b)	hinzu-, **herantretend** (π. ἄνδρα ἕκαστον an jed. einzelnen herantretend)
56 **ἀ-δαή-μων** (α 43 δαΐ-φρων u. ι 133 ἐ-δά-ην)	unkundig, **unerfahren**
58 Zum Suff. -φι(ν) cf. N 4d	
59 **ἀρετή, ἡ**	allg. Tüchtigkeit; h. **Geschicklichkeit**
62 **κώπη, ἡ** (cf. cepi)	1. Griff; 2. Rudergriff (pars pro toto), **Ruder**
65 ἐνὶ θυμῷ (S 12b) βάλλευ (L5)	h. = nimm dir zu Herzen, beherzige
66 εὐήια (ι 330) νωμᾷς (κ 23)	das Steuer handhabst (= lenkst)
68 **σκοπ-ελός**, ὁ St σκεπ, σκοπ wie ε 126 σκέπαρνος	(jäh abgeschnittener) **Fels** (untersch. α 33!)
ἐπι-μαίομαι (cf. λ 126, aber anders als λ 228!)	erstreben, **darauf zuhalten,** zum Ziel nehmen
69 **ἐξ-ορμάω** (intr. wie κ 86 med.)	(aus der Richtung heraus-) **ent-eilen**
71 **ἄ-πρηκτος** (πρήσσω)	untunlich, **unabwendbar**
ἀνίη, ἡ (α 109 ἀνιάω)	**Plage,** Qual, Leid
72 **ἀπο-λλήγω τινός** (St. σλαγ, verst. λήγω, cf. 119)	**aufhören mit etw.**

73 **εἰρεσίη**, ἡ (44 ἐρέσσω) **Rudern** (P 22 u. V 3)
   πυκ-άζω (α 206 πυκ-νός) dicht bedecken, verhüllen, **verstecken**

74 **ἄ-ωρ-ος** (Bed. unsicher) **ohne Waden**

75 **δειρή** (cf. λ 31) **Hals**, Nacken, Kehle

76 **τρί-στοιχος** (στοῖχος u. **dreireihig**
   στίχος Reihe, cf. ι 255
   στείχω)

77 **πλεῖος** auch πλῆος (att. (= πλήρης) **voll**
   πλέως, cf. λ 176 πλήθω)

78 **στειν-ωπός**, ἡ (eigtl. mit enger Öffnung, **eng**; (h.
   Adj.) zu erg. πόντος) **Meerenge**
   ἀνα-πλέω τι **durch etw. hinfahren**

79 **ἑτέρω-θι** adv. **auf der anderen Seite**

80 **ἀνα-ρρυβδέω** **wieder einschlürfen**
   80 Schluß wie in 84 u.
   232 (F)

81 **ἐξ-εμέω** St ϝεμε, lat. **aus-speien**
   vomo

82 **ἀνα-μορμύρω** (mur- **aufrauschen**
   muro)
   κυκάομαι (cf. κ 100) pass. aufgerührt werden, aufwallen, **durcheinanderwirbeln**

86 **ὑπ-ένερθε** adv. (cf. ι 228) **tief unten**

87 **ψάμμος**, ἡ (ι 336 ψάμαθος) **Sand**
   κυάνεος (η 16 κύανος) blauschwarz, **dunkel**

91 **σκέπ-τομαι** (St σκεπ, σκοπ **sich umsehen nach jem.**
   in α 33 σκοπέω) μετά
   τινα

92 **ὕπερ-θεν** adv. (η 149 1. von oben; 2. **darüber**
   καθ-ύπ.)

94 ἐξ-ονομα-κλή-δην adv.	beim Namen (rufend)
ὕστατον (S 14)	zum letzten Mal
95 πρό-βολος (ε 239 προβλής)	(Küsten-) **Vorsprung**
ἁλι-εύς, -ῆος, ὁ (α 138 ἅλς)	auf dem Meer tätig, Schiffer, **Fischer**
96 δόλον (β 50) präd. zu εἴδατα (α 116)	Bissen als (Täuschungsmittel=) Köder
97 κέρας, τό	Horn; h. **Angelröhrchen**
ἀγρ-αυλός (ζ 228 αὐλή)	**auf dem Felde übernachtend**
98 ἀσπαίρω	zucken, **zappeln**
100 κλάζω St κλαγγ, lat. clangor	durchdringend tönen; **schreien**
κε-κλήγ-οντας (> att. -ότας) part. pf. intens., St κλαγγ, cf. α 2 πλαγγ	
103 πόρος, ὁ St περ (cf. „Poren" u. „Furt")	Durchgang; allg. Pfad, **Weg**
106 εὐρυ-μέτωπος (cf. ζ 86)	mit breiter Stirn, **breitgestirnt**
107 ἴφιος (ι 328 ἴς)	kräftig; h. kräftig entwickelt, **feist**
111 τερψί-μβροτος (α 24 τέρπω u. α 27 βροτός)	**die Menschen erfreuend** (cf. α 76 u. ε 20f.)
112 ἄμμιν (N 29) cf. ζ 153	
118 ἀδηκώς (isol. Part. Herk. u. Bed. unklar)	wahrscheinl. **überwältigt**
120 λᾱρός < λασ-ερος (α 15 λιλασ-jομαι)	**erwünscht**
τετυκοίμεθα opt. eines redupl. Aor. zu τεύχω (α 187)	

123 δήλημα, τό (λ 161 δηλέομαι) — Verderben
125 ἐξ-απίνης = ἐξ-αίφνης — plötzlich
126 ~ ε 177
130 ἠῶ-θεν (β 1 ἠώς) — morgen früh
131 ἐπ-αινέω — b. Homer meist absol. **beipflichten**
132 ὅ (= Konj. ὅτι) — 1. weil; 2. **dass** (so hier)
133 ~ α 98 (F)
134 βιάζω (wie ι 247 med.) — Gewalt antun, **zwingen**
μοῦνος < μονϝος (L 3 b) — = att. **μόνος**
135 καρτερός (= ε 34 κρατερός) — stark, wirksam; h. etwa: **heilig**
136 ἀγέλη, ἡ (ἄγω) — **Herde** (von Großvieh, meist Rindern)
143 ἄστρα, τά (sg. nachhom., lat. astrum) — i. Ggs. zu ἀστήρ (ν 1) die Gesamtheit der **Sterne**
μετα-βέβηκα (pf. intens. zu ϑ 64) — **hinübergehen**
145 λαῖλαψ, λαίλαπος, ἡ — **Regensturm**, heftiger Regen
146 = ε 176
147 ἄ-ληκτος (cf. 72) — **unaufhörlich**
151 ἐκ-φθίνομαί τινος (cf. ε 82) — intr. schwinden aus etw., d. h. **ihm ausgehen**
152 ἄγρη, ἡ — Fang, Jagd; auch **Jagdbeute**
ἀλητ-εύω (ε 220 ἀλάομαι u. ξ 96 ἀλήτης) — **umherstreifen**
154 ἀπο-στείχω, ἀπ-έστιχον aor II — **weggehen** (cf. ι 255)
157 ἐξ-άρχομαί τινος — mit etw. anfangen, etw. **anzetteln**
158 = 109

163 εἴ κεν ... ἀφικοίμεθα
(S 25)

164 **νηός**, ὁ = νᾱός = att. νεώς (cf. α 46 ναίω) — eigtl. Wohnung (des Gottes) **Tempel**

166 **ὀρθό-κραιρα** adi. fem. (viell. urspr. Subst., cf. κέρας) — mit hochstehenden Hörnern, **hochgehörnt**

167 **ἐφ-έπομαι** (verst. ἕπομαι, anders als ε 190) — übertr. sich anschließen, **zustimmen**

168 **ἅπαξ** (lat. semel) — h. ein für alle Mal, **mit einem Mal**

χαίνω aor. ἔ-χαν-ον (cf. gähnen) — klaffen, **den Mund aufsperren**

169 **στρεύγομαι** (Abl. unsicher) — langsam aufgerieben werden, **dahinschmachten**

170 = 131

172 **τῆλε** (ε 197, wie β 153 ἄγχι) c. gen. — fern, **weit von**

173 **βόσκω** — nähren, **weiden lassen**
βόσκομαι med. — intr. **weiden**
ἑλίσσω St ϝελ (cf. ι 267) — **winden**
ἕλιξ, ἕλικος (κ viell. Rest einer Kompos. von κέρας) — **mit gewundenen Hörnern**

175 **δρέπω** (cf. δρέπανον Sichel) — **abpflücken**

176 **κρῖ**, τό < κριθ (cf. ι 32 κριθαί) — **Gerste**

178 **κνίση**, ἡ — Fett(dampf), **Bratenduft**
κατα-καλύπτω — **umhüllen**

179 **δί-πτυχον**, τό (ζ 90 — doppelt zusammengelegt,

πτύσσω)	doppelte Lage, **doppelte Schicht**
ὠμο-θετέω (ὠμός roh)	(Stücke) **rohes Fleisch (auf)legen**
180 **ἱερόν**, τό (cf. α 56)	Weihegabe, **Opfer**
181 **ἐπ-οπτάω**	**darauf** (d. h. auf d. Feuer) **braten**
182 **σπλάγχνα**, τά (cf. ι 146)	**Eingeweide** (edlere; Herz, Leber, Lunge)
183 **μιστύλλω**	**zerstückeln**
ὀβελός, ὁ	(Brat-) **Spieß**
184 **ἥδυμος** (= ἡδύς)	**süß**
188 **γεγωνέω τινί** (ε 234 γέγωνα)	jem. zurufen, **zu jem. rufen**
190 **ἄτη**, ἡ <ἀϝατη, daher auch **ἀάτη** (cf. 49 ἀάω)	1. Betörung, **Verblendung**; 2. aus ihr erwächst die menschl. Schuld, **Frevel**
193 **ἐπι-σταδόν** (= 57 παρα- στ.)	**herantretend**
μῆχος, τό (ε 100 μηχανή)	Hilfsmittel, **Abhilfe**
195 **τέρας**, τέραος, τό	göttl. Zeichen, **Vorzeichen**
προ-φαίνω	**zum Vorschein kommen lassen**
197 ἄλλοθεν ἄλλον (cf. ι 238)	h. = alle der Reihe nach
196 **ἕρπω** St σερπ, lat. serpo	kriechen; allg. **sich bewegen**
μυκάομαι onom. cf. mugio	**dumpf brüllen**
197 **ὀπτ-αλέος** = ὀπτός (in χ 21, cf. 181 ὀπτάω)	**gebraten**
ὠμός (cf. 179)	**roh**

198 ἑξ-ῆμαρ zum Adv. erst. Akk. (cf. κ 19 ἐννῆμαρ)	sechs Tage lang
201 θύω u. θυίω (cf. α 4)	aufwallen, dampfen; übertr. stürmen, toben, **rasen**
203 ἀν-ερύω (cf. ζ 193)	emporziehen, **hissen**
207 ἀχλύω (ἡ ἀχλύς Dunkel)	dunkel werden, **sich verfinstern**
209 κεκληγώς (cf. 100)	h. (v. Wind) heulend
212 ἄντλος, ὁ < səmtlos (cf. sentina)	1. Sammelwasser am Schiffsboden, Sod-, **Kielwasser**; 2. Sammelraum, **Schiffsraum**
κατα-χέομαι med. (S 16) -έχυτο Wurzel -aor.	hinabgegossen werden, **hinabstürzen**
213 συν-αράσσω (cf. ε 137)	zusammenschlagen, **zerschmettern**
214 ἀρνευ-τήρ, ὁ (α 23 ἀρνειός)	eigtl. wer Bocksprünge macht, **Taucher**
216 βροντάω (βρέμω = fremo; βροντή < βρομ-τη Donner)	**donnern**
217 ἐλελίζω (cf. ε 196)	**erschüttern**
218 θέειον, τό (att. θεῖον)	**Schwefel**(dampf)
219 ἴκελος (= κ 159 εἴκελος, St Ϝικ)	vergleichbar, **ähnlich**
220 ἐμ-φορέομαί τινι (cf. ε 208)	auf etw. hin u. her getragen werden
ἀπ(ο)-αίνυμαι (verst. αίνυμαι)	**wegnehmen** (cf. ι 89)
222 κλύδων, -ωνος (ι 331 κλύζω)	Wogenschwall, **Brandung**

ψιλός	kahl (d. h. hier: ohne Schiffswände)
223 ἐξ-αράσσω (cf. 213)	herausschlagen
224 ἐπί-τονος (β 161 πρότονοι) (h. –⌣⌣–, cf. P 23)	**Hintertau,** Bugstag (das die Mastspitze mit dem Heck verbindet)
τε -τευχ-ώς isol. part. pf. mit intr. (= pass.) Bed. = τετύγμενος (ι 82)	
229 ἀνα-μετρέω	**wieder** durchmessen = **durchfahren**
232 ~ 80	
233 ἐρινεός, ὁ	(wilder) **Feigenbaum**
234 προσ-φύομαί τινι (κ 140 ἐμφύομαι)	an etw. anwachsen, **sich an etw. anklammern**
νυκτ-ερίς, -ερίδος, ἡ	**Fledermaus**
εἶχον, c. inf.	ich hatte die Möglichkeit, ich konnte
235 στηρίζω	stützen; intr. **sich stützen**
238 ἧκα (ἵημι) καθύπερθε (η 148)	ich ließ von oben los
φέρεσθαι (inf. final.)	um (hinunter) zu stürzen = zum Sturz
239 ἐν-δουπέω (ε 235 δοῦπος)	dumpf dröhnend hineinfallen, **hineinplumpsen**
240 δι-ερέσσω (cf. 42)	**hindurchrudern**
243 ~ λ 8	
244 μυθο-λογεύω (μῦθος)	**weitläufig erzählen**
245 χθι-ζός (adv. χθές gestern)	**gestrig**

Buch ν (13)

1 **εὖτε** = cum	**als,** während
ἀστήρ, ἀστέρος, ὁ	einzelner **Stern** (i. Ggs. zu μ 143 ἄστρα) h. **Morgenstern**
ὑπερ-έχω	h. intr. **stehen über**
φαάν-τατος (assim. aus φαεν- in φαείνω = φαίνω)	**strahlendster, hellster**
3 **προσ-πίλναμαι** (cf. πέλας)	**sich nähern**
ποντο-πόρος (ε 163 -πορεύω)	**meerdurchfahrend**
4 **ἅλιος** (ἅλς, untersch. β 118!)	im Meer wohnend, **Meer-**
6 **ἀπο-ρρώξ,** -ρρῶγος adi.	abgerissen, **zackig,** steil (cf. ι 202)
λιμένος πότι (V 26), cf. a tergo	eigtl. vom Hafen her; auf der Hafenseite
πτήσσω (part. pf. πεπτη-ώς) u. πτώσσω St πτακ bzw. πτωκ	trans. niederbeugen; intr. sich ducken, **sich senken** (cf. ζ 156)
7 **σκεπάω** (ε 275 σκέπας)	schützen (c. acc. gegen) od. schützend **abhalten**
9 **μέτρον,** τό	Maß; h. (volles M. des Weges =) **Ziel**
ὅρμος, ὁ (untersch. β 139 ὁρμή)	Anlegeplatz, **Ankerplatz**
ὅρμου μέτρον (Akk. d. Richtung)	ans Ziel des A. = an den A.
10 **εἰσ-ελάω** (cf. η 15) sc. λιμένα	hinsteuern, **einfahren**

11 (τοσοῦτον) ὅσον τ' ἐπὶ ἥμισυ	so weit, wie es bis zur Hälfte ist = etwa bis zur H.
12 σπερχομένη (α 20 σπέρχω) präd.	i. D. adv.: eilends, schnell
13 **ἐύ-ζυγος** (ζυγόν)	fest verbunden, **wohlgezimmert**
15 **λίνον**, τό (cf. linum)	„Lein", Linnen, **Leinentuch** (als Bettuch)
αὐτῷ σὺν λίνῳ	ihn samt dem Leintuch
19 **πυθμήν**, ὁ (cf. fundus)	„Boden", **Fuß** (eines Gefäßes od. Baumes =) **Stamm**
20 **ὁδίτης**, ὁ (ὁδός)	Wanderer; h. **Vorübergehender**
23 **λήθομαι** (ε 205 ἐπι-λήθ.)	= **ἐπι-λανθάνομαι**
ἀπειλή, ἡ	**Drohung**
24 **ἐπ-απειλέω** (nur aor.)	**androhen**
πρῶτον	h. = (früher) einmal
27 **γενέθλη**, ἡ (γένος)	**Abstammung**
29 ἀπηύρων (λ 119) impf. con.	wollte rauben, verwehren
30 **κατα-νεύω** (cf. ι 297 ἀνα-)	nach unten nicken, bejahend zunicken, **gewähren**
33 **ὑφαντός** (β 51 ὑφαίνω) 34 ~ ε 311 (F)	**gewebt**
35 **εὐρυ-σθενής** (σθένος Stärke)	**weithin gewaltig**
36 **ἀ-τιμάζω** (τιμή)	**missachten**
37 **ἀτιμίη**	**Unehre**
39 **ἐξ-οπίσω** adv. verst. ὀπίσω (cf. α 183)	1. örtl. rückwärts; 2. zeitl. hinterher, **künftig**

40	ἔρξον imp. aor. v. ἔρδω (β 102)	
45	ῥιζόω (cf. zu κ 159 ῥίζῃ)	wurzeln lassen, **fest machen**
46	κατα-πρηνής (cf. pronus)	**vorwärts niederfahrend**
	ὅδε — βεβήκει (cf. κ 206, S 19a)	und schon war er weg
48	δολιχ-ήρετμος (λ 99 δολιχός u. ζ 197 ἐρετμόν)	langrudrig, **lange Ruder führend**
50	πεδάω (πέδη Fußfessel)	fesseln; allg. festhalten, **hemmen**
	54 = ι 309	
56	πομπός, ὁ (ε 122 πομπή)	**Geleiter**
59	ἀμφι-καλύπτω (ε 319) τινί τι	etw. schützend um jem. herumhüllen, **jem. mit etw. umgeben**
64	κεκριμένους (cf. ι 77)	auserlesen
66	ἑτοιμάζω (α 125 ἑτοῖμος) aor. med. ἑτοιμασ(σ)άμην	bereithalten, **bereitstellen**
74	νοήμων (νοέω)	**verständig**
	75 ~ 68	
78	τείνυμαι (med. zu τίνω, cf. α 38, nachhom. τίνομαι	büßen lassen, **bestrafen**
	ἱκ-ετήσιος (ε 282 ἱκ-έτης)	schutzflehend; h. **Beschützer der Schutzflehenden**
79	ἐφ-οράω τι	**(auf) etw. sehen**
84	ὁ δ(έ) kein Ggs. (S 3a, cf. α 4)	
85	ἑρπύζω (μ 196 ἕρπω)	kriechen, **schleichen**
	πολύ-φλοισβος	**laut rauschend**

86 σχεδό-θεν (β 113 σχεδόν)	aus der Nähe (von Od. aus) **in die Nähe** (von Athene aus)
87 ἐπι-βώτωρ, ὁ (μ 173 βόσκω)	Hirt (cf. Strasburger a.a.O. S. 133f.)
88 δί-πτυχος (cf. μ 179)	doppelt gefaltet, **doppelt gelegt**
λώπη, ἡ	Hülle, Gewand, **Mantel**
89 ἄκων, ἄκοντος, ὁ	Wurfspieß, **Speer** (zu Stoß und Wurf)
91 = μ 135 (F)	96 = α 150 (F)
97 ἐγ-γίγνομαι (ζ 41 -γεγάασιν)	darin sein, **darin leben**
98 = α 154 (F)	
101 νώνυμος (α 8 νε-+ ὄνομα)	namenlos, **unbekannt**
104 ἱππήλατος (ἵππος + ἐλαύνω)	geeignet zum Pferdelenken, **bequem zu befahren**
105 αἰγί-βοτος (μ 173 βόσκω)	Ziegen nährend, **ziegenreich**
βού-βοτος	Rinder nährend, **rinderreich**
106 ἀρδμός, ὁ	**Tränke**
109 = η 140	
112 μειδάω (< σμ, cf. engl. smile)	**lächeln**
113 κατα-ρέζω (α 42 ῥέζω)	herunterbewegen, d. h. **mit der Hand streicheln**
115 = 91 (F)	
116 ἐπί-κλοπος (κλέπτω stehlen, betrügen)	**verschlagen**
παρ-έρχομαί τινα	jem. überholen, **es jem. zuvortun**

118 **ἄ-ατος** auch ἆτος (< α-σατος, lat. satis)	**unersättlich**
119 **λήγω** (μ 72 ἀπο-λ.) **τινός**	**aufhören mit etw.**
ἀπάτη, ἡ	Trug; pl. **Ränke**
120 **κλόπ-ιος** (cf. 116)	**trügerisch**
πεδό-θεν adv. (λ 235 πέδον-δε)	**von Grund aus**
121 **λέγομαί** (= διαλέγ.) τι	**sich etw (vor) erzählen**
124 **κλέομαι** St κλεϝ, ε 223 κλυτός	bekannt, **berühmt sein**
128 = ε 111 (F)	
132 **πολεμίζω**	= πολεμέω
136 **γουνάζομαί τινα** (ζ 116) **πρός τινος**	**jem. anflehen bei** (um-willen)
138 **ἀνα-στρέφομαι** c. acc. (cf. ι 269)	sich herumtreiben in, **herumirren in**
139 **ἠπεροπεύω**	betrügen, **berücken**
141 = α 230 (F)	
143 **ἕδος**, τό St σεδ (cf. α 106)	Sitz, **Stätte**
145 **τανύ-φυλλος** St τεν in τείνω	**langblätterig**
ἐπὶ κρατός (α 83)	an der Spitze, h. am innersten Ende
147 **τελ-ήεις** (τέλος)	das Ziel erreichend, **erfolgreich**
148 **κατα-έννυμι** St ϝεσ	bekleiden, **bedecken**
150 ~ 109	
151 **κυνέω** aor. ἔκυσα	**küssen**
156 **ἀγε-λείη** (ἄγω + λεία Beute)	Beute zuführend, **Beutespenderin**
157 **ζώω** (= ζάω)	**leben**
158 = 98 (F)	

Buch ξ (14)

1 **προσ-βαίνω** — vor-, **hinanschreiten**
   ἀ-ταρπός, ἡ (< -τραπος, lat. trepidus, nhd. traben + α cop., N 20b) sc. ὁδός — eigtl. Adj. ausgetreten, ausgetretener Pfad, **Fußsteig**

3 πέφραδε redupl. aor. II v. φράζω (α 65)
   ὑ-φορβός, ὁ (ὗς in 8 + φέρβω weiden) — Schweinehirt, **Sauhirt**

4 **κήδομαί τινος** (ι 239 κήδω) — sich kümmern um, **sorgen für etw.**
   οἰκ-εύς, -ῆος, ὁ (att. οἰκέτης) — Hausgenosse, (Haus-) **Knecht, Diener**; pl. Gesinde

5 **πρό-δομος**, ὁ — Vorhaus, **Vorraum**

6 ~ κ 83

7 **περί-δρομος** — **rings** (her)**umlaufend**
   συ-βώτης (σῦς + βόσκω, cf. 3) — **Sauhirt** (cf. μ 173)

8 **ὗς** (ϑ 49) — **Schwein** (masc. Eber, Keiler)

11 ἐρχατόωντο (P 25) isol. Bildg. zu ἔρχατο (ι 85) — sie waren eingepfercht

12 **τοκάς**; ἡ St τεκ in τίκτω — gebährendes **Mutterschwein**

13 **μινύϑω** (lat. minuo) — **vermindern**

14 **προ-ιάλλω** (α 125 ἰάλλω) — vorwärts-, = wegschicken, **entsenden**

15 **ζα-τρεφής** (δια + τρέφω) — gemästet, **feist**

17 ἴαυον (h. anders als in 12!) — wachten über Nacht

18 **ὄρχαμος** ὁ St ϝεργ (η 17 εἴργω) — Hort, übertr. Schutz, Beschützer, daher **Gebieter**

20 **βό-ειος** — aus Rindsleder, **Rindsleder**-
ἐϋ-χροής (χροή = χρώς, cf. ε 287) — schönfarbig, weil **schön gegerbt**

21 ἀγρομένοισι part. aor. II Schwst. ἀγερ in ἀγείρω (cf. λ 32) — zusammengetrieben

22 **ἀπο-προ-ίημι** (verst. προίημι) — **weit wegschicken** (cf. ε 154)

24 **ὑλακό-μωρος** (ὑλάω, lat. ululo bellen) — bellgewaltig, **laut bellend**

26 **κερδ-οσύνη**, ἡ (β 45 κέρδος, cf. ε 301 κερδίων) — kluge Berechnung, **Klugheit**

28 μετα-σπών part. schwst. aor. II v. μεθέπω (α 151) — h. war hinterher, setzte nach

29 **σκῦτος**, τό (scutum) — Haut, **Leder**
ἀνὰ πρόθυρον (cf. α 84) — h. zum Torweg (cf. 5 πρόδομος) hinaus

30 **ὁμο-κλάω** u. **-κλέω** (καλέω) — **laut zurufen**

31 **λιθάς**, ἡ (ε 249 λίθαξ) = λίθος — **Stein**

32 **δια-δηλέομαι** (cf. λ 161) — **zerreißen**

33 **ἐλεγχείη**, ἡ (κ 53 ἔλεγχος) — Tadel, Schimpf, **Schande**

34 **στοναχή**, ἡ (ε 254 στενάχω) — Stöhnen, **Seufzer**

35 **ἀχεύω** (ϑ 104 ἄχος) — ächzen, **stöhnen**

36 **ἀτιτάλλω** (redupl. ἀτάλλω) — **aufziehen**

41 **κορέννυμι** — **sättigen**

κορέννυμαί τινος	sich sättigen an etw.
44 ῥώψ, ῥωπός, ἡ	Reisig
ὑπο-χέω	darunter streuen, d. h. als Unterlage hinschütten
δασύς	h. dicht belaubt
45 ἐπι-στορέννυμι (= -στρώννυμι)	darauf ausbreiten
ἰονθάς, -άδος	zottig
46 ἐν-εύνα-ιον, τό (β 2 εὐνή)	Betteinlage
47 ὑπο-δέχομαι	aufnehmen
51 οὔ μοι θέμις ἐστίν	h. Sinn: es wäre von mir nicht recht gehandelt
52 ἀ-τιμάω (ν 36 ἀτιμάζω) 52/53 ~ ζ 155/156	missachten
57 κτῆσις, ἡ	Eigentum
58 πολυ-μνήστη (cf. α 31)	viel umworben
59 εὔ-θυμος	wohlwollend
60 κάμνω	sich mühen; h. dienen
ἐπ-αέξω (ι 33 ἀέξω)	dazu fördern
61 ἐπι-μίμνω	dabei bleiben, ausharren
64 πρόχνυ (für πρόγνυ, cf. γόνυ) 66 ~ λ 96	in die Knie sinkend = jählings, oder elendiglich
67 ζωστήρ, ὁ (= ζωνή)	Gurt, Gürtel
68 χοῖρος, ὁ	Ferkel
70 εὕω (uro < euso) 70 ~ μ 183	brennen, (ab)sengen
71 ὀπτάω (cf. μ 181)	braten
72 παλύνω (cf. λ 24)	h. urspr. Bed. zu Brei (machen) anrühren, kneten
76 χοίρε(α) sc. κρέα (cf. 68)	Ferkelfleisch

77	ὄπις, ὄπιδος, ἡ (cf. ε 72)	Beachtung: 1. **Scheu**; 2. göttl. **Vergeltung**, Rache
	ἐλεητύς, ἡ (= ἔλεος)	**Mitleid**
80	δαρδάπτω (< δαρδραπτω, cf. μ 175 δρέπω)	zerreißen, h. **verprassen**
82	φυτεύω	wachsen lassen; h. **ersinnen**
84	σκύφος, τό	**Becher**
85	ἐνί-πλειος c. gen.	angefüllt mit, **voll von etw.**
	86 = ν 115 (F)	
87	κτέαρ, κτέατος, τό (κτάομαι)	Besitz, **Habe**
94	ἀλαλημένος part. pf. (cf. ι 110)	umherirrend, **fahrend**
96	ἄλλως	anders (als es in der Ordnung wäre =) nur so hin, **aufs Geratewohl**
	κομιδή, ἡ (ζ 155 κομέω)	**Pflege**
	ἀλήτης, ὁ (cf. 94)	Landstreicher, **Fahrender**
99	ἀπατήλιος (ι 251 ἀπατάω)	**trügerisch**
	βάζω	reden, **schwatzen**
102	ἄλλο-θι (N 1)	anderswo, **in der Fremde**
103	παρα-τεκταίνομαι (cf. τέκτων Zimmermann)	(an der Wahrheit) vorbeizimmern, frei erfinden, fälschlich **erdichten**
105	οἰωνός, ὁ	(Raub-) **Vogel**
110	τετεύχαται (α 187, V 5b) 3. pl. trotz κήδεα (S7)	mit ὀπίσσω: sind hinterlassen
113	ὅθι πρῶτον (cf. ν 24)	wo einmal, wo einst
119	ἠθεῖος	**traut**, lieb; als ehrerbietige Anrede: **teurer Herr**
	120 ~ α 154 u. ε 312	

121 πάμ-παν (verst. πᾶν, S 14)	ganz und gar, **gänzlich**
122 ἄ-πιστος	h. akt. **ungläubig**
124 εὐαγγέλιον	h. = Lohn für gute Botschaft
129 = 50 (F)	
130 τίνω (fut. τείσω, cf. α 38)	als Lohn **zahlen**
134 κεδνός	fürsorglich, **treu** (besorgt)
135 ἄλαστος (α 64 ἀλαός)	(nicht anzuschauen =) unerträglich, **heftig**
136 ἀκουή (ἀκούω)	**Kunde** (τινός von etw.)
137 ἠγά-θεος (ε 60 ἄγα θεός, Anlaut gedehnt P 22)	ganz göttlich; **hochheilig**
138 λοχάω (ϑ 87 λόχος)	**auflauern**
141 = ν 96 (F)	
142—145 = α 146—149	146 = η 145 (F)
147 ἀγχί-μολον (cf. αὐτόμολος)	**nahe kommend**
148 ἦθος, τό	h. **gewohnter Platz**
149 κλαγγή, ἡ (μ 100 κλάζω)	Schall; h. **Grunzen**
αὐλίζω (ζ 228 αὐλή)	(in die αὐλή) **eintreiben**
152 ὀνίναμαι pass.	Nutzen haben, **sich gütlich tun**
154 κάματον (ε 289)	h. = den Ertrag der Mühen
156 πεντα-έτηρος (ἔτος)	**fünfjährig**
159 ἀπ-άρχομαι	das Opfer **beginnen**
162 ἀν-έχομαι	sich emporhalten; h. **ausholen**
δια-χέω St χεϝ (cf. zu α 218)	**zerlegen**
163 ἕπταχα (κ 75 δίχα)	siebenfach, **in sieben Teile**
δια-μοιράομαι (β 57 μοῖρα)	**in Portionen teilen**

164 ἴα (äol.) = att. μία	die eine (erg. μοῖρα)
166 γεραίρω (η 45 γέρας)	ehren
167 κυδαίνω (λ 157 κῦδος)	Glanz verleihen; h. **er-freuen**, mit stolzer Freude erfüllen
171 = 129 (F)	
175 ἄργμα (cf. 159)	**Weihegabe**; pl. Weihestücke
180 = ϑ 57 (F)	181 = 171 (F)
182 αἶνος, ὁ (cf. μ 32)	allg. Rede; bes. sinnvolle, berechnende Geschichte, **belehrende Fabel**
183 παρὰ μοῖραν (cf. ϑ 68)	wider Gebühr
νη-κερδής (cf. 26)	ohne kluge Berechnung (unnütz)
184 ~ ζ 141	
185 ἀν-ορούω (= -όρνυμι)	auffahren, **sich erheben**
188 παρά-κειμαι	h. **bereitliegen**
ἀμοιβάς (α 234 ἀμοιβή)	Wechsel-, **zum Wechseln**
189 χειμών, ὁ	1. Unwetter, Sturm; 2. **Winter**
194 περι-κήδομαι (cf. 4)	**sehr besorgt sein**
196 ἀλεξ-άνεμος (ἀλέξω abwehren)	**windabwehrend**
197 ἀν-αιρέομαι	aufnehmen, **ergreifen**
νάκη, ἡ	Vlies, **Fell**
198 ἀλκτήρ, ὁ (ι 314 ἀλκή)	**Abwehrer**
199 κείων (η 153)	in der Absicht sich hinzulegen
200 ἰωγή, ἡ (ε 238 ἐπιωγαί)	geschützte Stelle, **Schutz** (τινός vor)

Buch π (16)

2 **ἄριστον**, τό (< ἀερι in der Frühe + δ-τον Schwst. zu ἔδω, α 136) — **Frühstück**

3 **νομεύς**, ὁ (ι 81 νομεύω) — **Hirt**
ἀγρομένοισι (wie ξ 21) — zusammengetrieben

5 **ὑλάω** (cf. ξ 24) — **bellen**

6 **κτύπος**, ὁ — Schlag, **Schall**

9 **γνώ-ριμος** St. γνω, cf. gnarus — **bekannt**

12 **ταφών** St θαφ, part. aor. II zu α 239 θαμβέω — verwirrt, **überrascht**

15 **φάεα** pl. von φάος (λ 45, cf. lat. lumina) — **Augen**
μιν κεφαλὴν — φάεα — χεῖρας (S15)

17 **ἀγαπάζω** u. **ἀγαπάω** u. med. — liebevoll begrüßen, **willkommen heißen**

18 **ἄπιος** (ἀπό) — fern, **entlegen**

19 **τηλύγετος** (Bed. u. Herk. unsicher, St ταλ?) — viell. zärtlich geliebt; od. jugendlich, **zart**

21 **περι-φύομαι** (κ 140 ἐμ-φ.) — herumwachsen, **umarmen**
22 ~ λ 185 (F)

27 **δέχομαί τινί τι** (cf. α 97) — **jem. etw. abnehmen**

28 **λάινος** (cf. ζ 195 λᾶας) — **steinern**

29 **ἕδρη**, ἡ St. σεδ — **Sitz**
ὑπο-είκω τινί τινος (β 14 εἴκω) — **weichen vor jem. von etw.**

30 **ἑτέρω-θεν** (cf. μ 79 -θι) — von der anderen Seite her; h. übertr. **andererseits, dagegen**

ἐρητύω	fest-, zurückhalten
32 κατα-τίθημι (cf. ι 174)	h. einen Platz verschaffen
33 αὖτις (α 233) ἰέναι	zurückgehen
34 κῶας, τό pl. κώεα	Vlies, Fell
38 ἐσσυμένως (cf. ε 196)	eilig
38 ~ 123	41/42 = ϑ 57/58
44 ἄττα (Lallwort wie ζ 36 πάππα)	Väterchen
44-46 ~ ξ 143-145 (F)	47 = ξ 81 (F)
50 δινέομαι (ι 227 δινέω)	sich drehen, **sich herum- treiben**
53 ἐγγυαλίζω	in die Hand geben
55 = β 74 (F)	
56 θυμ-αλγής	**herzkränkend**
62 ἀμφ-ήκης (μ 53 προ-ήκης)	**zweischneidig**
66 κατα-τρύχω St τερ (β 37 τείρω)	aufreiben; h. **arm essen**
68 ὕβρις, ἡ	Übermut, **Frevel**
69 = ξ 120 (F)	
71 κατα-δάπτω (ξ 80 δαρδά- πτω)	**zerreißen**
72 μηχανάομαι (ε 100 πολυ- μήχανος)	**ersinnen**
73 ἀέκητι (α 68) σέθεν (Ν 29)	gegen deinen Willen
74 ὑπο-δάμναμαι (α 180 δάμνημι)	**sich unterwerfen**
75 ἐχθαίρω (ι 130 ἔχθος)	**hassen**
ἐφ-έπομαί τινι (anders als μ 167)	jem. folgen, **gehorchen**
ὀμφή, ἡ (cf. got. *siggwan* ahd. *singan*)	Stimme, **Prophezeihung**
76 ἐπι-μέμφομαι	**vorwerfen**

77 μάρναμαι	kämpfen
νεῖκος, τό (cf. η 126 u. Polyneikes)	Streit, **Hader**
78 = 55 (F) 79 ~ 48 (F)	81/82 = 76/77
83 γενεή, ἡ (ν 27 γενέθλη)	**Geschlecht**
μουνόω (μοῦνος)	vereinzeln, **auf zwei Augen stellen**
86 ἀπ-ονίναμαι (cf. ξ 152)	Vorteil, **Freude haben**
87 μυρίοι (Akzent!)	**unzählige**
88 — 94 = α 188 — 194	
96 ἐχέ-φρων	Sinn habend, besonnen, **klug**
99 ἀπ-αγγέλλω (verst. ἀγγ.)	ohne Obj. **Nachricht bringen**
106 ἀντί-θυρον, τό	**Raum gegenüber** (od. vor) **der Tür**
107 ἀντίον (cf. ε 96)	gegenüber; h. **vor sich**
108 ἐν-αργής (ε 62 ἀργής)	sichtbar, **leibhaftig**
110 ἐπι-νεύω (cf. ι 297)	zunicken, ein Zeichen geben, **winken**
111 τειχίον, τό	= τεῖχος
113 = λ 186 (F)	119 ~ ζ 157
120 ὀφέλλω (and. als θ 35!)	mehren, **steigern**
ἥβη (cf. α 36)	**Jugendkraft**
123 ταρβέω	bangen, sich fürchten, **scheuen**
ἑτέρω-σε (cf. μ 79)	auf eine andere Seite = **weg**
124 = ν 115 (F)	
125 ἀλλ-οῖος	andersartig, **von anderer Art**
128 ἵληθι (imp. zu ἵλημι)	**sei gnädig!**
130 = 69 (F)	

135	χαμᾶζε (ι 143 χαμάδις)	zu Boden
	νωλεμές (S 14, cf. ι 269)	h. standhaft
142	ἐθέλων	h. nach seinem Willen, ganz wie er will
	145 = ν 128 (F)	
147	περι-ώσιον (S 14, ὅσιος)	übermäßig, **allzusehr**
153	ἄλλοτε μὲν — ἄλλοτε δέ	**bald ... bald**
158	ἀμφι-χέομαι (cf. 21 περι-φῦναι)	sich herumgießen, **umarmen**
159	ὑπ-όρνυμι (β 2 ὄρνυμι)	allmählich erregen, **wecken**
	ὑπ-όρνυμαι intr.	sich allm. regen, erwachen, **überkommen**
	ἵμερος (α 41 ἱμείρω)	Sehnsucht, **Verlangen**
	163/164 = 45/46 (F)	165 = 69 (F)
173	ὑπο-θημοσύνη, ἡ (α 206 ὑπο-τίθεμαι)	Unterweisung, **Rat**
	175 = 55 (F)	
177	αἰχμη-τής	lanzenschwingend, **Lanzenkämpfer**
	ἐπί-φρων (ε 269 ἐπι-ρφοσύνη)	besonnen, **bedachtsam**
178	ἄγη, ἡ (κ 114 ἄγαμαι)	**Staunen**
180	δεκάς, ἡ	**Anzahl von zehn**; übers.: ein Dutzend
182	ἀντάω τινός u. τινί (α 23 ἀντιάω)	h. **zusammentreffen**
183	πολύ-πικρος (ς 204 πικρός)	**sehr bitter**
184	ἀμύντωρ, ὁ (cf. 185)	Abwehrer, **Helfer**
185	ἀμύνω	abwehren; intr. **beistehen**
	186 = 165 (F)	

187 συν-τίθεμαι	bei sich zusammenstellen; 1. erwägen; 2. h. vernehmen, **aufmerken**
189 ἀρκέω	1. h. **genügen**; 2. (arceo) abwehrend helfen
190 = 175 (F)	
191 ἐπ-αμύντωρ (cf. 184)	Mithelfer, **Beschirmer**
192 ὕψι adv. alter loc. (ε 85)	**hoch**
194 = 186 (F)	
195 ἀμφίς (cf. α 51)	auseinander = getrennt, d. h. **fern**
196 **φύλοπις**, -όπιδος, ἡ	**Kampf,** Schlacht

Buch ρ (17)

1 = ι 271 (F)	2 ~ α 82
4 **ἄλκιμος** (ι 314 ἀλκή)	1. (auf d. Person) wehrhaft, streitbar, tapfer; 2. (a. d. Waffe) kräftig, **stark**
8 **κλαυθμός**, ὁ (κλαίω < κλαϝjω)	lautes **Weinen**
δακρυό-εις (zu -εις cf. α 46)	tränenreich, **tränenvoll**
10 **ἐκεῖ-θι** (= ἐκεῖ)	**dort**
11 **πτωχεύω** (ζ 156 πτωχός)	intr. betteln; trans. **erbetteln**
12 = π 145 (F)	
13 **ἐρύκομαι** (α 14 ἐρύκω)	zögern, **verweilen**
20 = π 28	
21 **τροφός**, ἡ (τρέφω)	Ernährerin, Pflegerin, **Wärterin**
22 **κατα-στόρνυμι**	**ausbreiten**
24 **ἠγερ-έθομαι** (freq. zum St. ἀγερ in ε 290, η nach P 22)	sich (nacheinander) **versammeln**
28 **πῆχυς**, ὁ (ahd. *buog*, nhd. Bug)	1. Ellenbogen, (Unter-)**Arm**; 2. Bug, Bügel (Stelle, die die beiden Bogenhälften verbindet
30 = π 22 (F)	
33 **λάθρῃ** St λαθ in λανθάνω	**heimlich**
39 **σήμερον** < κι-ᾱμερον (cf. κε in κεῖνος) + ἡμέρα = att. τήμερον	heute, **noch heute**
40 **ῥυτήρ**, ὁ (α 6 ῥύομαι)	Beschützer, **Hüter**

βουλοίμην ἄν σε λιπέσθαι (S 16)	ich hätte dich lieber hier behalten
42 νεικείω (= η 126 νεικέω)	h. **schelten**, hadern
ὁμοκλή, ἡ (ξ 30 ὁμοκλάω)	lauter Zuruf, **Vorwurf**
43 μέ-μβλω-κα (pf. zum St μολ)	gekommen, dasein; h. **vorbei sein**
44 τὰ ἕσπερα	**Abendstunden**
45 = 12 (F)	
ῥίγιον (ε 299 ῥῖγος, N 28)	**kälter**
48 ῥόπαλον (ι 164)	h. Stock, **Knüttel**
49 ἀρι-σφαλής (ζ 87 ἀρι- + σφάλλω)	(sehr zu Fall bringend) 1. **sehr schlüpfrig**; 2. **sehr holprig**
50 ἀ-εικής (=ζ 172 ἀ-εικέλιος)	ungebührlich, **garstig**
πήρη, ἡ	**Ranzen**
51 πυκνά (α 206) adv. (S 14)	dicht, fest, sehr (ā vor ρ nach P 4)
ῥωγ-αλέος (abltd. St Ϝρηγ, ι 48)	**zerrissen**
στρόφος, ὁ (στρέφω)	gedrehter **Strick**
ἀορ-τήρ (cf. κ 174)	Aufhänger, **Tragband**
52 θυμ-αρής (θυμός + St αρ in α 207 ἀραρίσκω)	dem Verlangen entsprechend, **erwünscht**
53 βώτωρ, βώτορος (cf. ν 87)	**weidend**
55 = π 201	
56 σκήπτομαι (= 49 σκηρίπτομαι)	**sich stützen**
57 κατα-στείχω (cf. ι 255)	**hinabschreiten**
59 τυκτός (= ι 82 τετυγμένος)	h. prägn. **schön** (ein)**gefaßt**
ὑδρεύω u. med. (ὕδωρ)	**Wasser holen**

61	αἰ-πόλιον (αἴξ + St πολ, lat. colo)	Ziegenherde
64	ἡγηλάζω (= ἡγέομαι)	(dahin) **führen**
66	μολοβρός, ὁ (unerkl. Schimpfwort)	1. Schmutzferkel (als Schmutzfresser); 2. **Schmarotzer**
67	ἀνιηρός (μ 71 ἀνίη)	**lästig**
	ἀπο-λυμαν-τήρ (ἀπο-λυμαίνομαι abspülen, säubern)	Schmutzentferner, **Restevertilger**
70	σφέλος, τό	(Fuß-) **Schemel**
71	πλευρά, ἡ	Seite, **Rippe**
	ἀπο-τρίβω	**abscheuern**
72	λάξ adv.	mit der Ferse, **mit d. Fuß**
	ἐν-θρῴσκω (aor. ἔθορον, cf. α 53)	**springen auf** (= treten in)
73	ἰσχίον, τό (cf. Ischias)	**Hüfte**
	ἀταρπιτός (=ξ 1 ἀτραπός)	Pfad, **Weg**
	στυφελίζω	stoßen, **drängen**
74	ἀσφαλέως	h. etwa: ohne zu wanken
	ὁ δέ (S 3a) wie ν 84, kein Gegensatz!	
75	μετ-αΐσσω (ι 141 ἀν-α.)	nachspringen, **nachsetzen**
	ἐξ-αιρέομαι	herausholen, **rauben**
76	ἀμφ-ουδίς ἀείρειν (ι 99 οὖδας)	beiderseits am Boden = **an beiden Füßen hochheben**
77	ἐπι-τολμάω	dabei geduldig ausharren, **standhaft bleiben**
79	κρηναῖος (κρήνη)	zur Quelle gehörig, **Quelljem.**
80	ἐπι-καίω τινί	**jem. zu Ehren verbrennen**

καλύψας	h. = umhüllend
81 **κραιαίνω** u. **κραίνω** (< κρανjω, cf. α 83 κάρηνον)	krönen, **vollenden**
ἐέλδωρ, τό (cf. ε 107)	**Wunsch**
83 **ἀγλαΐη**, ἡ (cf. β 66)	Glanz, Hoffart, „Staat"
86 **αἰ-πόλος**, ὁ (cf. 61)	**Ziegenhirt**: dann allg. Hirt (daher αἰγῶν pleonast. hinzugefügt)
89 **ἀλφ-άνω** (aor. ἦλφον)	erwerben, verdienen, **einbringen**
90 **ἀργυρό-τοξος**	**mit dem silbernen Bogen**
93 **ἦκα** (abltd. = β 39 ἀκήν)	sanft, sacht, **langsam**
98 = α 115	
100 **ἰωή**, ἡ	Ton, **Schall**
105 **εἶναι ἔκ τινος**	**sich anschließen**
ἐπ-ασκέω	noch dazu bearbeiten, **versehen (mit)**
106 **εὔ-ερκής** (α 59 ἕρκος)	1. akt. **wohl umhegend**; 2. pass. gut verwahrt
107 **δι-κλίς** (κλίνω)	**zweiflügelig**
ὑπερ-οπλίζομαι	sich hinwegsetzen über, übermütig **verachten**
108 τίθενται	h. = veranstalten
109 **ἀνέθω** (ι 283 ἄνθος)	sprossen, **quellen**
ἀν-ήνοθεν (pf. II, att. Redupl.)	(Bratenduft) ist emporgequollen, liegt in d. Luft
111 = π 47 (F)	
115 **δύομαί τινα**	h. **gehen unter jem.**
117 **δηθ-ύνω** (α 44 δηθά)	**lange verweilen**
119 = π 130 (F) 120 = 46	122 = ξ 146 (F)
126 **ἀγινέω** (= ἄγω)	treiben, führen; h. **mitnehmen**

127 ἀγρό-τερος (cf. zu α 97) fast = ἄγριος	auf dem Felde lebend, **wild**
πρόξ, ἡ	**Reh**
λαγωός, ὁ (att. λαγώς)	**Hase**
128 ἀπό-θεστος	weggewünscht, verwünscht, **verabscheut**
129 κυνο-ραιστής (α 194 δια-ρραίω)	(eigtl. Hundezerschmetterer) **Hundelaus**
133 νόσφιν adv. (α 20)	abseits, d. h. **verstohlen**
ἀπ-ομόργνυμαι	**sich** (sibi) **abwischen**
135 μοῖρα (β 57) θανάτου	der vom Schicksal bestimmte Tod
136 αὐτίκα beim part. aor.	**sogleich nachdem**
139 νεύω (ι 297 ἀνα-νεύω)	zunicken, **winken**
ἐπι-καλέω	**zurufen**
πα-πταίνω	sich umsehen, **umherspähen**
δίφρος (δι + Schwst. φερ-)	Wagenkasten; **Sessel**
140 ἐφ-ίζω (β 35 καθ-ίζω)	intr. **darauf sitzen**
143 ἐφ-έζομαι (ε 93 καθ-έζομαι)	**sich darauf setzen**
146/147 = 55/56	
148 μέλινος (μελίη Esche)	**aus Eschenholz**
149 κυπαρίσσ-ινος (cf. ε 19)	**aus Zypressenholz**
150 = ε 134	
152 ἄρτος, ὁ (ἀρτύνω bereiten)	(Weizen-) **Brot**
οὖλος (and. als η 149!) < ὁλϝος, (lat. salvus, solidus)	**ganz**
153 χανδ-άνω St χαδ < χενδ (prehendo, engl. to get)	**fassen** (können)

155 αἰτίζω (αἰτέω)	betteln; er-, **anbetteln**
161 προ-ίκτης, ὁ (προ+ St ἰκ in ε 282 ἱκέτης) 162 = 45 (F)	**Bettler**
168 ἐν-δέξια adv. S 14	**nach rechts hin**
169 παντό-σε	**überallhin**, allerwärts
173 ἀγα-κλειτός (= η 3 -κλυτός)	hochberühmt, **herrlich**
174 ὄπ-ωπα pf II zu ὁράω	**ich habe gesehen**
178 τίη (= τί ἦ)	**warum denn**
179 ἀλήμων, ὁ (ε 220 ἀλάομαι)	(umherziehend) **Landstreicher**
180 ὄνομαι	schelten, tadeln, **zu gering achten**
184 καλέω	h. **einladen**
ἐπ-έρχομαι (α 164)	h. besuchen; ohne Obj. **Besuch machen**
185 δημιο-εργοί	(Gemeinde-) Arbeiter, **Erwerbsleute**
186 ἰητήρ, -ῆρος (ἰάομαι)	Heiler, **Arzt**
τέκτων (cf. texere)	**Handwerker** (faber, bes. in Holz)
τέκτων δούρων (ε 83)	**Zimmermann**
188 κλητός (184 καλέω) 194 = π 190 (F)	**geladen**
196 εἴωθα pf. zu ἔθω = ἐθίζω	gewohnt sein, **pflegen**
ἐρεθίζω	**reizen**
200 δίεμαι (Umbildung von δίομαι nach ἵεμαι)	**fortjagen**
201 ἀναγκαῖος	1. akt. zwingend, **nötigend** (so h.); 2. pass. gezwungen

ρ (17)

203 ἄζομαι < ἀγjομα, cf. λ 150 ἀγνός (zu ζ < γj cf. α 2)	(ehrfurchtsvoll) **scheuen**
207 = β 42	
211 **πρυμνός** (β 153 πρυμνή)	**der äußerste**
212 **σφάλλω** aor. σφῆλεν (lat. fallo, nhd. fallen)	**zu Fall bringen**
215 **ἐύ-πλειος** (ξ 85 ἐνί-πλ.)	**wohlgefüllt**
216 = 173	
218 **μάν** (= μήν)	traun, **wahrlich**
220 **ἀργεννός** (= ε 62 ἀργής)	**glänzend**
230 **ὑπερ-ηνορέων** (α 87 ἀγ-ήνωρ)	(übermännlich) **übermütig**
232 **ἐπ-ουράνιος**	**himmlisch**
234 **τελέθω**	(vollendet) **sein**
ἐπι-στρωφάω (cf. α 153)	sich umhertreiben, **durchwandern**
235 **εὐ-νομίη**	Gesetzlichkeit, **Rechtlichkeit**
238 **χαμαί** (cf. ι 143 u. κ 108)	= humi, am, h. **zu Boden**
239 = 213	

Buch σ (18)

2 **ἔμ-πλειος** c. gen. (cf. ξ 85) — **gefüllt mit**

4 **δει-δί-σκ-ομαι** (V 14b) < δει-δικ-σκομαι — **bewillkommnen**

7 = ρ 162 (F)

11 **πνείω** = πνέω (cf. ε 9 πνοιή) — **atmen, leben**

13 **ὄρνυμαι** (β 2) pf. ὄρωρα) — h. **sich regen**

15 **ἀ-εκαζ-όμενος** (β 75 ἀ-Ϝεκων) — **wider Willen**

19 ~ ν 38

20 **πισυνός** = πιστός — **vertrauend**

23 **μηχανάω** (wie med. π 72) — **ersinnen**

27 **ὑπ-εξ-άγω** — (darunter) **hinwegführen**

29 **ἀν-αιμωτί** (αἷμα) — **ohne Blutvergießen**
   δια-κρίνω (and. als ι 84!) — **trennen**, med. **sich trennen**

30 **μέλαθρον**, τό < κμελαθρον, cf. camera — Wölbung, **Dach; Haus**

32 **κοσμήτωρ** (κόσμος) — Ordner, **Gebieter**

34 **ὄσσομαι** (α 91, cf. κ 194) — (mit θυμῷ) ahnen, **voraussehen**

37 **πετάννυμι** — ausbreiten, **weiten**

42 **ἄψεα**, τά (ι 214 ἅπτομαι) — Gelenke, **Glieder**

43 **κλιντήρ**, ὁ (κλίνω) — **Lehnstuhl**
   τέως (cf. ἕως) — **inzwischen**

45 **ἀπεβήσετο** aor.mixt. (V 11b) v. ἀποβαίνω

49 **αἰνο-παθής** (ε 289 αἰνός + πάσχω) — **schrecklich duldend**

κῶμα, τό (κεῖμαι)	tiefer Schlaf
53 ἔξ-οχος (ε 59, 2)	hervorragend vor
54 ὑπερώϊα, τά (u. sg.)	Obergemach, „Söller"
57 ἄντα c. gen. (α 72 ἀντία)	gegenüber; h. **vor**
59 φρένες (α 37,4)	h. Wille, Wollen
63 τεύχομαι (α 187) pass.	(wie fieri) **geschehen**
64 ἀ-εικ-ίζω (ρ 50 ἀεικής)	misshandeln, **beschimpfen**
66 ῥυστακτύς, -ύος, ἡ	**Misshandlung**
ἀλεγεινός (α 4 ἄλγος)	**schmerzhaft**
67 λώβη, ἡ	Lästerung, Schimpf, **Schande**
68 = ρ 194 (F)	
72 ἐκ-πλήσσω	aus der Fassung bringen, **verwirren**
73 ἀρωγός, ὁ	Helfer, **Beistand** (im Kampf)
74 μῶλος, ὁ (lat. moles)	**Kampf**(gewühl)
76 = ρ 122 (F)	
82 ἐΐση (cf. ζ 199) h. fast = ἐναίσιμος (η 122)	eigtl. im Gleichgewicht schwebend; billig, **besonnen**
85 εἰσ-ανα-βαίνω	**hinaufgehen nach**
88 καρπός, ὁ (cf. β 142)	**Handwurzel** (als Drehpunkt der Hand)
91 μαχητής (μάχομαι)	**Kämpfer**
96 γενει-άω (λ 220 γένειον)	**Barthaare haben**
98 τώς = οὕτως	**so**
99 ἀντιβολέω (ζ 203) **τινός**	herankommen an, **zukommen auf jem.**
102 τὸ πάροιθε adv. (cf. α 238)	vormals, **sonst**

104 **μνηστεύω** (cf. α 87) **freien**
αὐτοί h. = aus eigenen Mitteln
114 **ἐπι-ανδάνω** (=ἐφανδάνω) **gefallen**
 = verst. ἀνδάνω (β 71)

Buch τ (19)

6 **δινωτός** adi. verbale zu δινόω, cf. ι 227 δινέω	gedrechselt; h. **kunstvoll ausgelegt** (c. dat. instr. mit)
ἐλέφας, ὁ	**Elfenbein**
8 **προσ-φυὴς ἔκ τινος**	(angewachsen) **befestigt an etw.**
14 **ὀτρ-αλέως** (α 74 ὀτρύνω) 19 = ξ 142 (F)	flink, **hurtig**
20 **γρηῦς** (auch γρηὺς u. γρῆυς) < γραϝυς, St γερ in γέρων	(= att. γραῦς) alte Frau, **Greisin**
παμ-φανάω (πᾶν + St φαν)	strahlen, **blinken**
21 **εἰν-απο-νίζω** (cf. α 114)	**in** (etw.) **(ab)waschen**
22 **ἐπ-αφύω** (η 109 ἀφύω)	**dazu schöpfen**
23 **σκότος** (cf. ahd. *scato*, nhd. Schatten)	Dunkel, **Schatten**
25 **οὐλή**, ἡ St ϝολ, lat. *volnus*	**Narbe**
ἀνα-φράζομαι (cf. α 65)	**wiedererkennen**
ἀμφαδά neutr. pl., P 16, cf. κ 20 ἀναφαίνομαι u. ζ 213	offen, **öffentlich**
29 **ἐπ-ακτήρ** (ἐπάγω sc. κύνας)	**Jäger**
30 **ἐρευνάω** (ζ 223 ἐρέω)	nachspüren, **suchen**
32 **κραδάω**	**schwingen**
δολιχό-σκιος (λ 99 + η 96 σκιά)	langschattig (d. h. langen Schatten werfend, daher selbst) **lang**
33 **λοχμή**, ἡ (ϑ 87 λόχος)	**Wildlager**

35 ἐπ-άγω | herführen, **anspornen**
ξύλοχος, < ξυλο-λοχος | Gehölz, **Dickicht**
36 φρίσσω < φρικjω (cf. frigus) | starren, **sich sträuben**
λοφιή, ἡ (λ 233 λόφος) | Kamm, **Rückenborsten**
δέρκομαι (κ 73) part. pf. δε-δορκ-ώς | blicken; h. **blitzen**
39 οὐτάζω u. οὐτάω u. οὔτημι | treffen, **verwunden**
40 δι-αφύσσω (cf. η 109) | eigtl. ganz ausschöpfen; h. **wegreißen**
41 λικριφίς adv. (cf. obliquus) | (in die Quere), von der Seite, **seitwärts**
43 ἀντικρύ (cf. coram) | gegenüber; gerade durch, **gänzlich**
ἀκ-ωκή, ἡ (Intensivredupl. zum St. ακ in ι 173 ἄκρος) | **Spitze** (von Geschossen)
44 μηκάομαι (ι 101 μηκάς) μακών part. aor. | **aufschreien** (fast nur von verwundeten Tieren)
ἀπο-πέτομαι (aor. ἔπτατο) | **davonfliegen**
45 ἀμφι-πένομαι (πόνος) | sich bemühen, **sich zu schaffen machen um**
46 ὠτειλή, ἡ < οϜατειλη (cf. μ 190 ἄτη u. 39 οὐτάζω) | **Wunde**
47 ἐπ-αοιδή, ἡ (α 130 ἀείδω) | Zauberspruch, „**Besprechung**"
48 ἔσχεθον (Nebf. zu ἔσχον) | hielten an, d. h. brachten zum Stehen
51 κνήμη, ἡ | Schienbein, **Wade**
καναχέω (ζ 61 καναχή) | schallen, **dröhnen**

53	χάρμα, τό (α 99 χαίρω)	Freude
57	ἀμφ-αφάω u. med. (cf. 55 ἅπτομαι)	rings betasten
60	ἀθρέω	schauen; aor. **erblicken, sehen**
64	μαῖα (Vokat. St μᾶ in μή-τηρ)	**Mütterchen**
65	μαζός, ὁ (verw. madeo = triefen, überfließen) 66 = π 150 74 = α 59	1. Brustwarze; 2. bes. **Mutterbrust**
75	οὐκ ἐπι-εικτός St ϝεικ (vinco)	**unbesieglich**
76	στερεός (cf. starr) 77 ~ κ 206	**hart**
78	ποδά-νιπτρα, τά (ποῦς + α 114)	**Wasser zum Fußwaschen**
80	ἀσσο-τέρω adv. c. gen. (hom. Neubildg. zu ι 223 ἆσσον)	**näher**
81	θέρομαι (θερ-μός)	**sich wärmen** (auch: heiß werden)
83	ὑποκρίνομαι (β 68)	h. (den Traum) **deuten**
84	χήν, ὁ u. ἡ (cf. anser)	**Gans**
86	αἰετός, ὁ < αϝj-ετος (cf. avis)	= att. ἀετός **Adler** (als „großer" Vogel)
	ἀγκυλο-χείλης (ἀγκύλος krumm, cf. Angel, ÷ χεῖλος Lippe, Rand)	**krummschnäbelig**
	ἀγκυλο-χήλης (χήλη, Kralle)	**krummkrallig** (Variante)
89	κωκύω	aufschreien, **aufschluchzen**

90	ἐϋ-πλοκαμίς, -ῖδος (fem. zu α 75 ἐϋ-πλόκαμος)	flechtengeschmückt
91	οἰκτρός (λ 72 οἴκτιστος)	kläglich (vgl. zu ε 181)
93	βρότεος (α 27 βροτός)	menschlich
	κατ-ερητύω (α 50 -ερύκω)	abhalten
94	τηλε-κλειτός u. -κλυτός (cf. ζ 33 κλειτός)	weitberühmt
95	ὄναρ, τό	Traum
	ὕπαρ, τό indekl.	wahre, **wirkliche Erscheinung**
101	ἐρέπτομαι (cf. rapio)	(für sich abrupfen) **fressen**
	πύελος, ἡ (dissim. < πλυελος zu ζ 21 πλύνω)	(Waschtrog) **Fresstrog**
	102 = σ 7 (F)	
104	ἀπο-κλίνω	ablenken; (ὄνειρον) **umdeuten**
	107 ~ 73	
108	ἀ-μήχανος (cf. ι 148)	hilflos, ratlos; (ὄνειροι) **unerklärbar**
	ἀκριτό-μυθος (ϑ 77 ἄκριτος)	verworren, **unklar**
112	πριστός (adi. zu πρίω sägen)	gesägt, **geschnitten**
113	ἐλεφαίρομαι (κ 147 ὀλοφώιος)	täuschen, **trügen**
	ἀ-κράαντος (ρ 81 κραιαίνω)	unerfüllbar, **eitel**
115	ἔτυμος (ι 320 ἐτεός)	wahr, **wirklich**
118	ἐνὶ φρεσὶ βάλλεσϑαι (μ 65)	**beherzigen**
119	δυσ-ώνυμος (ὄνομα)	verwünscht, **schlimm**
120	ἀποσχήσει	fernhalten, h. trennen wird

122 **δρύ-οχοι,** οἱ (ι 68 δρῦς + ἔχω)	Schiffsrippen, **Spanten**
ἵστασχ', = ἵστασκε (V 14b)	aufzustellen pflegte
123 **δια-ρρίπτω** u. **-άω** (< Ϝριπjω)	h. **hindurchschießen**
ὀιστός	**Pfeil**
125 **ἐν-τανύω** (ε 23 τανύω)	**einspannen** (d. h. den entspannten Bogen krümmen und die Sehne an der κορώνη einhängen, cf. η 19)
126 **δι-οϊστεύω** (ὀιστός) c. gen.	**mit d. Pfeil hindurchschießen**
128 **κουρίδιος** (β 129 κούρη)	eigtl. (vom Mann) wer die κούρη heiratet, (von der Frau) wer als κούρη geheiratet wird, daher **ehelich**, rechtmäßig; h. (vom Haus): **des Gatten**
133 **Κακο-ίλιος**	Unglücks-, **Unheils-Ilios**
ὀνομαστός	**nennbar**

Buch φ (21)

1 ἐπὶ φρεσὶ θῆκε	h. = ἐν φρ. θ. (α 78), also: gab ein
5 **κλίμαξ, ἡ**	Leiter, **Treppe**
6 **ἐυ-καμπής** (κάμπτω biegen)	schön gebogen
7 **ἔπ-ειμι** (-ῆεν = -ῆν)	daran sein
12 **ἀνα-κόπτω**	zurückstoßen, **zurückschieben**
ὀχεύς (ἔχω)	(Halter) **Riegel**
13 **ἀν-έβραχον** (defekt. Aor.)	auf-dröhnen, **krachend aufspringen**
θύρετρα, τά (cf. θύρη)	(die beiden) Türflügel, **Tür**
15 **σανίς, ἡ**	Brett, Bohle; Brettergerüst, **Bühne**
χηλός, ἡ (χαίνω klaffen)	Truhe, **Lade**
17 **ὀρέγομαι** (cf. ι 318)	sich strecken, (mit den Händen) **greifen** (nach)
πάσσαλος, ὁ < πακjαλος, St παγ in πήγνυμι	Nagel, **Pflock** (in der Wand)
18 **γωρυτός, ὁ** (skyth. Lehnwort?)	Bogenüberzug, **Bogenfutteral**
19 **κατ' αὖθι** (auch καταῦθι) = αὖθι	**dort** (cf. ε 105)
21 **πολυ-δάκρυτος**	**tränenreich**
23 **παλίν-τονος** (τείνω)	(eigtl. zurückspannbar) **elastisch**
24 **ἰο-δόκος** (ζ 81 ἰός + δέχομαι)	**Pfeile bergend**
29 **ἐπι-σχεσίη, ἡ** (St σεχ in ἔχω)	**Vorhalten**

φ (21)

μύθου ἐπισχεσίη	(Vorh. eines Wortes) Vorwand, **Ausrede**
33—37 = τ 125—129	40 = β 145
49 μύνη, ἡ (cf. ἀ-μύνω)	**Vorwand**
παρ-έλκω	(auf d. Seite ziehen) hinziehen, **verzögern**
50 ἀπο-τρωπάω (τρέπω)	**abwenden**
ἀποτρωπάομαί τινος	**sich sperren gegen etw.**
τανυστύς, ἡ (ε 23 τανύω)	**Spannung** (der Bogensehne)
56 φοινῑκόεις (φοῖνιξ Purpur)	(purpur-) **rot**
58 δι-ορύσσω (κ 160 ὀρύσσω)	(durch den Boden) **hindurchziehen**
60 τάφος, τό (π 12 ταφών)	Staunen, **Verwirrung**
νάσσω < νακjω, aor. ἔναξε	**feststampfen**
61 ἐυ-κόσμως adv.	schön geordnet, **gut verteilt**
62 πειρητίζω (cf. ι 56) τινός	etw. versuchen, **probieren**
63 πελεμίζω (Weiterbildg. zu ι 176 πάλλω)	in Bewegung setzen, erschüttern, **erzittern machen**
64 ἐπι-έλπομαι (cf. ζ 222)	**darauf hoffen**
65 νευρή, ἡ < σνευρη (lat. nervus, ahd. *snuor*)	**Bogensehne** (Sehne im Körper = νεῦρον)
66 ἀν-έλκω	**hochziehen** (die Sehne mit dem Bogenende)
68 ὁμ-αρτέω (ἅμα + ἀραρίσκω)	**zusammen**-treffen, **-gehen** (cf. α 207)
77 ἐπι-βου-κόλος (cf. αἰπόλος)	**Rinder hütend** (cf. ρ 86)

81 **ὣς δ' αὔτως**	**gerade so auch**
ἐπ-εύχομαί (λ 38) τινι	(h. = εὔχομαι) **beten zu** jem.
88 **ἀρι-φραδής** (ζ 87 ἀρι + α 65 φράζω, cf. λ 189 ἀ-φραδής)	sehr deutlich, **leicht kenntlich**
89 **πιστόω** (aor. med. u. pass.)	**vertrauen**
92 **ἀπο-εργάθω** (St Ϝεργ)	entfernen, **trennen**
95 ἀγαπαζόμενοι (π 17)	in liebevoller Begrüßung
97 = π 160	
101 **προ-μνηστ-ῖνοι**	**einer hinter dem anderen**
107 **κληίω** < κληϜιω, inf. aor. κληῖσαι (cf. β 155 κληίς)	**schließen**
110 **προ-βλώσκω** < μβλο-, St. μολ (cf. ρ 43)	hervorgehen, **herauskommen**
112 **ἐπι-ιάλλω** (inf. aor. -ιῆλαι)	h. anlegen, **darumschlingen** (cf. ι 141)
117 **θάλπω** (α 143 θαλπωρή)	**wärmen**
σέλας, σέλαος, τό St σϜελ, cf. σελήνη, dor. σελᾶνα < σελασνα u. α 8 ἠέλιος	(Licht-)Glanz, (Feuer-)**Schein**
118 **στένω** (ε 254 στεναχίζω)	stöhnen, **seufzen**
κυδ-άλιμος (λ 157 κῦδος)	herrlich, edel, **erhaben**
119 ∼ κ 140	
124 **ἐπι-δευής** (< -δεϜης) c. gen.	arm, **zu gering an** (cf. 197)
129 **ἑορτή**, ή < Ϝε-Ϝορ-τη, St. Ϝερ in α 169 ἔρανος	(urspr. Liebeserweisung an eine Gottheit) Fest, **Festtag**
130 **οἰνο-χόος** (cf. α 124)	Weinschenk, **Mundschenk**

131	ἀγκύλος (cf. τ 86)	krumm, **geschweift**
134	κλυτό-τοξος (cf. ε 223)	bogenberühmt, **mit dem herrlichen Bogen**
	136 = σ 114	
137	δολο-φρονέων (isol. Part.)	**mit listiger Absicht**
	138 = ρ 214	
144	σθένος, τό (cf. ν 35)	**Stärke**
145	γναμπτός	gebogen, (daher auch) **biegsam**
146	ἄλη, ἡ (ε 220 ἀλάομαι)	Umherirren, **Irrfahrt**
	ἀ-κομιστίη, ἡ (cf. ζ 206 u. ξ 96)	**Mangel an Pflege**
148	ἐν-ίπτω (aor. -ένιπε, cf. ἐνιπή)	**schelten** (cf. ε 278)
149	ἆ (Interjektion)	**ha!**
	ἔνι (cf. ε 315 πάρα)	h. = **ἔν-εισι** (V 27)
151	ἀμέρδω τινός	einer Sache berauben, etw. **vorenthalten** pass. verlustig gehen, **verlieren**
152	ῥῆσις, ῥήσιος, ἡ (cf. ζ 142)	Rede, **Unterhaltung**
154	τρώω (= τιτρώσκω)	h. etwa: **einen Stich geben**
155	κουρό-τερος (cf. α 124 κοῦρος)	jugendlicher, **rüstiger** (N 28)
	156 = τ 107 (F)	
160	πιθέω (cf. ε 6 ἀ-πιθέω)	**vertrauen**
	164 = ο 68 (F)	167 ~ α 190
168	ἱππό-βοτος (cf. ν 105 αἰγί-βοτος)	**rossenährend**
170	καθ-άπαξ (verst. ἅπαξ)	**ein für alle Mal**
173	ἔργον ἐποίχεσθαι (cf. χ 94)	h. allg. ihre Arbeit zu tun

176 ἐνθέσθαι θυμῷ (cf. μ 65f.)	beherzigen
182 τοὔνεκα < τοῦ ἕνεκα	deshalb
189 πάντῃ (adv. zu πᾶς)	1. überall; 2. überall hin, nach allen Seiten
ἀνα-στρωφάω (cf. ζ 32)	umdrehen
190 ἴψ, ἰπός, ὁ	Bohrwurm
192 θηητήρ, ὁ (cf. β 13)	Beschauer, **Kenner**
193 οἴκο-θι (= α 12 οἴκοι)	daheim
195 ἔμπαιος	erfahren
197 ὄνησις, ὀνήσιος, ἡ (ὀνίνημι)	Nutzen, **Vorteil**
202 κόλλοψ, ὁ	**Wirbel** (am Joch der φόρμιγξ)
χορδή, ἡ (cf. lat. haruspex, nhd. Garn)	(eigtl. Darm, dann aus Därmen Gedrehtes) **Saite**
203 ἅπτω (untersch. ι (222!)	befestigen
ἔν-τερον, τό (zum Suff. cf. α 97)	(eigtl. Inneres) **Darm**
206 ὑπ-αείδω	darunter (d. h. unter seiner Hand) = **dabei** „singen", **erklingen**
χελῑδών (κιχλίζω zwitschern, St *ghel*, ahd. *gellan* = tönen, nhd. gellen)	**Schwalbe**
208 κτυπέω aor. ἔκτυπε (cf. κτύπος)	erschallen, **donnern** (cf. π 6)
ἐτράπετο	h. änderte sich
210 ἀγκυλο-μήτης (cf. 131)	**verschlagen**
214 γλυφίς, -ίδος, ἡ	**Kerbe** (am Pfeil)
215 αὐτό-θεν (ε 105 -θι)	von Ort und Stelle aus

αὐτόθεν ἐκ	unmittelbar von ... aus
216 ἄντα (σ 57) τιτυσκόμενος (ϑ 109)	h. geradeaus zielend
217 **στειλειή** (= ε 125 στειλειόν)	Stiel
218 **χαλκο-βαρής** (ε 191 χαλκήρης)	erzschwer; h. **mit eherner Spitze**
219 **ἐλέγχω** (ξ 33 ἐλεγχείη)	h. **Schande machen**
220 **σκοπός**, ὁ (μ 91 σκέπτομαι)	eigtl. Späher, (das erspähte) Ziel
223 **ἐψιάομαι**	**sich ergötzen**
227 **κορύσσω** < κορυϑjω (cf. κόρυς, κόρυϑος Helm)	rüsten, **wappnen**

Buch χ (22)

5	ἀάατος (viell. < α cop. + ἀ(F)άω schädigen)	schrecklich
7	εὖχος, τό (β 112 εὔχομαι)	Siegesruhm
9	ἄλεισον, τό	Becher
	ἀν-αιρέω (u. med.)	auf-, **emporheben** (ξ 197)
10	ἄμφ-ωτος (μ 25 οὖς)	**zweihenklig**
12	μέ-μβλε-ται < -μ(ε)λε-, pf. intens. zu μέλω (= μέλω τινί = μέλει μοί τινος)	**denken an** (Zur Bildg. cf. ρ 43)
15	λαιμός, ὁ (ε 243 λαῖτμα)	Kehle
	ἐπ-έχομαι	darauf hinhalten, **zielen**
16	ἁπαλός	jugendlich frisch, zart, **weich**
18	αὐλός, ὁ	eigtl. Rohr (Flöte); h. **Strahl**
20	ἀπο-χέω	verschütten
	ἔραζε (verw. η 143 ἄρουρα?)	zur Erde
21	ὀπτός (μ 197 ὀπταλέος)	gebraten
	φορύνω	vermischen, **besudeln**
	ὁμαδέω	lärmen
24	χολωτός (α 64 χολόω)	h. akt. **zürnend**
25	τοξάζομαι (τόξον)	**mit dem Bogen schießen**
29	ὑπό-δρα < -δρακ (ι 44 ἔδρακον)	von unten, d. i. **finster** (blickend)
30	ὑπό-τροπος (τρέπω)	**zurückkehrend**
31	κατα-κείρω (cf. λ 215)	kahl scheren, **aufzehren**
32	ὑπο-μνάομαι (cf. α 34)	heimlich = unerlaubterweise **umwerben**

34 νέμεσις ἡ (cf. α 95)	Zurechnung, **Vergeltung**
35 ὀλέθρου πείρατα (ε 171, cf. ε 207)	das zielsetzende **Verderben**
ἐφ-άπτω (cf. φ 203)	anknüpfen; übertr. **verhängen über**
44 χατίζω (μ 168 χαίνω)	„schnappen", verlangen nach, **wünschen**
48 ἐν μοίρῃ (= ϑ 68 κατὰ μοῖραν)	= merito
πέ-φαται St φεν in φόνος	ist erschlagen, **liegt tot da** (pf. pass.)
49 ἀρέσκω (att. gefallen)	b. Homer wieder gutmachen, **ersetzen**
ἀρέσκομαι med.	**sich entschädigen lassen**
50 ἐκ-πίνω (-πέ-ποται pf. pass.)	**austrinken**
51 ἄγω (anders als ε 193)	h. heranführen, **bringen**
τιμή (α 93,1)	h. Buße, Bußgeld
ἐεικοσά-βοιος (βοῦς)	**im Wert von zwanzig Rindern**
52 ἀποδίδωμι	h. = **zurückerstatten**
53 νεμεσσητός (cf. α 95)	**zu verargen**
54 ~ 29	
58 ὑπερ-βασίη, ἡ (βαίνω)	Ausschreitung, Vergehen, **Frevel**
59 ὕμιν παράκειται	**es steht vor euch** (zur Wahl)
ἐναντίον	h. Mann gegen Mann
64 ἄ-απτος (ι 222 ἅπτομαι)	unberührbar, **unnahbar**
67 χάρμη, ἡ (τ 53 χάρμα)	Kampfesfreude, **Kampf**
70 ἁμ-αρτή (φ 68 ὁμαρτέω) alter instrum.	zusammentreffend, **gleichzeitig**

72 ἐμ-πήγνυμι (cf. ε 84; V 25)	hineinstoßen, **hineintreiben**
73 περι-ρρηδής τινι	**taumelnd über etw.**
74 ἰδνόομαι	**sich krümmen**
75 ἀμφι-κύπελλος	**beiderseits** (oben u. unten) **einen Becher habend**
δέπας ἀμφικύπελλον	(römerartiger) **Pokal**
76 ἀνιάζω (α 109 ἀνιάω)	**sich ängstigen**; part. in Todesangst
77 λακτίζω (ρ 72 λάξ)	(mit d. Fuß) **ausschlagen**
ἀχλύς, ἡ (μ 207 ἀχλύω)	**Dunkel**
82 μεσσ-ηγύς (ε 207 μεσσός + ἐγγύς)	1. Adv. in der Mitte; 2. Präp. c. gen. inmitten, **in der Mitte zwischen**
83 δουπέω (ε 235 δοῦπος)	**dröhnen**
84 ἀπ-οροὐω (β 2 ὄρ-νυμι)	**wegspringen**
85 περὶ—δίε aor. zum St δϜι	**er fürchtete sehr** (cf. ε 182)
87 προ-πρηνής acc.-πρηνέα (cf. ν 46)	vorwärts geneigt, **gebückt**
τύπτω (ι 62) h. i. Ggs. zu ἐλάσειε	stechen, **durchbohren**
88 βῆ δὲ θέειν (β 5 βῆ δ᾽ ἴμεν)	**er ging eiligst** (weg)
εἰσ-αφικάνω (cf. π 168)	**gelangen zu**
90 σάκος, τό	eigtl. Haut (dann der mit Tierhaut überzogene) **Schild**
91 κρόταφος, ὁ (κροτέω klopfen)	(eigtl. Klopfstelle) **Schläfe** (meist pl.)
93 τευχέω (98 τεύχεα) 94 = τ 102 (F)	rüsten, **wappnen**

95 ἀμύνομαι (π 185 ἀμύνω)	von sich abwehren, **sich verteidigen**
96 ἀπο-κινέω τινός	**wegdrängen von etw.**
98 τεύχεα, τά (α 187 τεύχω)	Geräte; bes. Waffen, **Rüstung**
100 ἱππο-δάσεια (δασύς)	**mit dichtem Rosshaarbusch**
107 ἀγχι-στῖνος (ζ 71 στείβω) St στι	dicht aneinander; h. **dicht aufeinander**
108 ὀιστ-εύω (τ 123 ὀιστός)	**Pfeile schießen**
109 ἐυ-σταθής St στα in ἵστημι	fest hingestellt, **fest gebaut**
110 ἐν-ώπια, τά St οπ in ὄψομαι	die (im Blickpunkt des Eintretenden liegende) **Stirnwand**
παμφανόων (cf. τ 20)	strahlend, **hell**
111 τετρα-θάλυμνος	aus vier Lagen (od. Schichten), **vierschichtig**
112 ἐΰ-τυκτος (ζ 226 τέτυκται)	**gut gefertigt**
113 ἵππ-ουρις (κ 87 οὐρή)	**mit einem Rossschweif**
115 φθεισί-μβροτος (φθείρω + βροτός, cf. μ 111 τερψί-μβρ.)	**Menschen vernichtend**
116 ὑψό-θεν (ι 97 ὑψό-σε)	von oben, **aus der Höhe**
ὀροφή, ἡ (ε 56 ἐρέφω)	**Dach**
πτοιέω St πτω in ν 6 πτώσσω	**in Schrecken setzen**
117 φέβομαι (φόβος)	gescheucht werden, **flüchten**
ἀγελαῖος (μ 136 ἀγέλη)	**Herden** = (Ggs.: zum Ziehen, zur Arbeit verwendet)

118 αἰόλος	beweglich, **flatternd**
οἶστρος, ὁ	**Bremse**
δονέω	(eigtl. schütteln) **scheuchen**
119 εἰαρ-ινός (ἔαρ, P 22, ver)	**Frühlings-**
120 αἰγυπιός, ὁ	**Geier**
γαμψ-ῶνυξ, -ώνυχος (γαμψός krumm + ὄνυξ)	mit krummen Fängen, **krummkrallig**
121 θρῴσκω (cf. ρ 72, ἔθορον aor. II)	springen = **sich stürzen**
123 ἐπι-στροφ-άδην (στρέφω)	sich (überall) hindrehend, **kreuz und quer**
124 θυίω (μ 201 θύω)	**dampfen**
133 θυο-σκόος < σκο Fος (ahd. scouwon schauen)	**Opferschauer**
134 εὐ-εργέα (cf. ι 132)	**rechtschaffenes Handeln**
135 = 54	
140 δυσ-ηλεγής (66 ἀλεγεινός)	arg schmerzend, **schmerzvoll**
προ-φεύγω	**entfliehen**, entrinnen
145 ἀλυσκάνω (ε 229 ἀλύσκω)	ausweichen, **entrinnen**
148 προσ-αΐσσω (α 83 ἀΐσσω)	h. **hineilen zu**
149/50 = 126/127	
159 ἴσχω St. σεχ in ἔχω (Schwst. mit Präsensredupl.)	halten, **zurückhalten, abwehren**
ἴσχομαι	sich zurückhalten, an sich halten, **einhalten**
163 ὀρινομένῳ (η 101)	als du dahinstürmtest
166 νεό-δαρτος (δέρω)	**frisch abgezogen**
167 ἀπο-δύνω	**ablegen**
βοείη, ἡ (ξ 20 βόειος)	h. **Rindshaut**; sonst Schild (cf. 90)

169 = 149

171 **περι-σθενέων** (isol. part. zu φ 144 σθένος) — in seiner Übermacht

174 **ἐπι-μειδάω** (cf. ν 112) — dazu lächeln

175 **θαρσέω** (α 237 θάρσος) — mutig, **getrost sein**

177 **κακο-εργίη**, ἡ (ἔργον) — Schlechttun, **Übeltat**
  εὐ-εργεσίη, (cf. 134 u. zu μ 73) — Rechttun, **rechtschaffenes Handeln**

179 **πολύ-φημος** (β 22 φήμη) — 1. akt. a) viel redend oder singend; b) **liederreich**; 2. pass. vielbesprochen, **berühmt**

185 **ὑπο-κλοπέομαι** (ν 116 ἐπίκλοπος) — sich heimlich verbergen

188 **αἰγιαλός**, ὁ — Strand

189 **δίκτυον**, τό — Netz
  πολυ-ωπός (μ 78 στείνωπος) — mit vielen Öffnungen, **vielmaschig**

Buch ψ (23)

1 **καγ-χαλάω** (redupl. Bildg.) — ausgelassen sein, **frohlocken**

2 **δέσ-ποινα** < δεμσ-, St δεμ in δόμος + ποτνja (cf. α 14) — Herrin, **Gebieterin**

3 **ῥώομαι** — sich rasch bewegen, **hasten**

ὑπερ-ικταίνομαι — **sich überhasten**

4 **κεφαλή, ἡ** (ahd. *gibil* Giebel) — **Haupt,** Kopf

7 **ἱκάνομαι** (med. selten) — = **ἱκάνω** (β 28)

9 **βιάω** u. med. (= ι 247 βιάζομαι) — bedrängen, **Gewalt antun**

10 = φ 156 (F)

11 **μάργος** — **toll**

13 **βλάπτω** — (h. geistig) schädigen, betören, **verblenden**

14 **λωβεύω** (σ 67 λώβη) — schmähen, **kränken**

πολυ-πενθής (β 36 πένθος) — kummerreich, **leidenreich**

15 **παρέξ** (cf. ε 271) — h. vorbei an der Wahrheit = **wahrheitswidrig**

ἀν-εγείρω (verst. ἐγείρω) — **wecken**

18 = τ 133

20 **τίκτω** (< τι-τκ-ω) aor. ἔτεκον u. ἐτεκόμην, St τεκ in τέκνον — **erzeugen,** gebären

26 = τ 74 (F)   30 = τ 27

31 **ἀπο-νίζω** (τ 26 νίζω) — **abwaschen**

32 **μάσταξ** St μνθ in μασάο- — (eigtl. Kauer) **Kiefer**; h.

μαι < μαθj- (lat. mand--uco, nhd. Mund)	beide Kinnbacken
33 πολυ-κερδείη (ξ 26 κερ-δοσύνη)	Verschlagenheit, Schläue; h. **kluge Berechnung**
34 περι-δίδομαί τινος	**wetten um etw.**
35 ἐξ-απαφίσκω (cf. λ 133, ἐξ verst.) aor. ἤπαφον	betrügen, **täuschen**
36 = σ 83 (F)	
38 εἴρυμαι (h. and. als α 6!)	beobachten, erforschen, **durchschauen**
πολύ-ιδρις St. Ϝιδ in οἶδα	sehr schlau, **sehr klug**
50 ὄψις, ἡ	**Ansehen**
ἐν-ωπαδίως Adv. (χ 100 ἐνώπια)	von Angesicht (cf. 60)
ἐίσκω (ζ 119)	h. **ähnlich finden**
53 δυσ-μήτηρ	Unmutter, **böse Mutter**
ἀπ-ηνής (viell. St ἀνσ zu got. *ansts* Gunst, ahd. *abanst* Ungunst)	unfreundlich, **hart**
55 = α 174 57 = 10 (F)	
58 τέ-θηπα (St θαφ) perf., aor. ἔταφον (cf. π 12 ταφών)	**verwirrt sein**
60 ὤψ, ὠπός, ἡ (St οπ, cf α 39)	**Gesicht**
62 λώιον (S 14)	**besser**
75 μετ-οχλίζω (cf. ι 99)	(mit einem Hebel) **wegrücken**
76 ἀσκητός (cf. 85 ἀσκέω)	**kunstvoll gefertigt**
78 ἀκμη-νός (ἀκμή Vollkraft)	**ausgewachsen**
πάχετος (= ζ 103 παχύς)	**stark, dick**

80 ἐρέφω (ε 56 ὄροφος)	**bedachen**
81 κολλητός (adi. verb. von κολλάω fest zusammenfügen)	**fest** (gefügt)
82 κόμη (eigtl. Haar)	h. (vom Baum) Laub (und Äste, d. h.) **Krone**
83 κορμός, ὁ (λ 215 κείρω)	entlaubter **Baumstumpf**
προ-τάμνω (cf. ε 13 τάμνω)	vorwärts, d. h. **von unten nach oben behauen u. abschneiden**
ἀμφι-ξέω (ε 134 ξέω)	**ringsum glätten**
84 ~ ε 134	
85 ἑρμίς, ἑρμῖνος, ὁ	Stütze, **Bettpfosten**
ἀσκέω (cf. 76)	**sorgfältig ausarbeiten**
87 δαι-δάλλω < δαι-δαλjω (cf. α 107) mit Intensivredupl. (cf. κ 70)	kunstvoll arbeiten, **verzieren** (vgl. Daidalos)
88 φοίνικι (φ 56) φαεινόν (ε 37)	durch Purpur glänzend, d. h. einen glänzenden purpurnen Gurt
91 ὑπο-τάμνω (cf. 83)	**unten abschneiden**
96 σκύζομαι	**zürnen**
97 πέ-πνυ-μαι pf. med., St πνεϝ in πνέω (cf. α 173 u. ε 290)	klug, **verständig sein**
103 ἔρριγα (pf. intens.) = ε 57 ῥιγέω	**schaudern**
112 ~ π 160	
114 περάτη ἡ (περᾶ darüber hinaus, jenseits) sc. γῆ	**der äußerste Rand** (der Erde), **Westen**
116 ὠκύ-πους (β 8 ὠκύς)	**schnellfüßig**
120 = 57 (F)	124 = σ 76 (F)

125	ἐντύω (= ζ 23 ἐντύνω) nur impf.	**bereiten**
126	λάμπω u. med (cf. Lampe)	**leuchten**
127	= η 151	
128	θαλαμη-πόλος, ἡ (cf. β 5 u. ρ 86)	**Kammerfrau**
133	ἀ-ίδηλος (ἀ priv. + St Ϝιδ, cf. λ 80 'Ἀίς)	1. akt. (unsichtbar machend) zerstörend; 2. pass. (nicht anzusehen) **verhasst**
135	πίθος, ὁ (ähnl. nhd. Butte)	großer Krug, **Fass**
137	ὀιζύω (cf. ε 171 ὀιζύς)	**Mühsal erdulden**

Alphabetisches Wörterverzeichnis

Mehrere Fundstellen sind nur dann angegeben, wenn ein anderer Ausdruck oder eine zusätzliche Angabe zu finden ist.

α
ἀάατος χ 5
ἀαγής λ 212
ἄαπτος χ 64
ἀάτη μ 190
ἄατος ν 118
ἀάω κ 49
ἀβληχρός λ 65
ἀγα- ε 60
ἀγακλειτός ρ 173
ἀγακλυτός η 3
ἀγάλλω u. med. ζ 200
ἄγαλμα ϑ 81
ἄγαμαι ε 60
ἀγανός β 96
ἀγανοφροσύνη λ 119
ἀγάομαι ε 60
ἀγαπάζω π 17
ἀγαπάω π 17
ἀγαπήνωρ η 52
ἀγαυός ζ 34
ἀγγελίη β 49
ἄγγος β 122
ἄγε, ἄγετε α 65
ἀγείρομαι ε 290
ἀγελαῖος χ 117
ἀγελείη ν 156
ἀγέλη μ 136
ἄγη π 178

ἀγήνωρ α 87
ἀγήραος ε 65
ἀγήρως ε 115
ἀγινέω ρ 126
ἀγκυλομήτης φ 210
ἀγκύλος φ 131
ἀγκυλοχήλης τ 86
ἀγλαΐη ρ 83
ἀγλαόκαρπος λ 226
ἀγλαός β 66
ἀγνο(ι)έω ε 33
ἁγνός λ 150
ἄγνυμι ε 198
ἀγνώς ε 34
ἄγομαι ξ 18
ἀγορή β 7
ἀγραυλός μ 97
ἄγρη μ 152
ἀγρονόμος ζ 85
ἀγρός ε 315
ἀγρότερος ρ 127
ἄγρωστις ζ 69
ἄγχι α 133,
  c. gen. β 153
ἀγχιβαθής ε 247
ἀγχίμολον ξ 147
ἄγχιστα ζ 119
ἀγχιστῖνος χ 107
ἀγχοῦ ε 80
ἄγω ε 193 χ 51

ἀδαήμων μ 56
ἀδευκής ζ 201
ἀδέω α 110
ἀδηκώς μ 118
ἄδην ε 172
ἀδινός η 102
ἀδμής ζ 88
ἄεϑλος α 18
ἀείδω α 130
ἀεικέλιος ζ 172
ἀεικής ρ 50
ἀεικίζω σ 64
ἀείρομαι ι 226
ἀείρω α 117
ἀεκαζόμενος σ 15
ἀέκητι α 68
ἀέκων β 75
ἄελλα ε 174
ἀελπής ε 242
ἀέξω ι 33
ἀζαλέος ι 91
ἄζομαι ρ 203
ἀηδέω α 110
ἄημι κ 16
ἀήρ η 8
ἀθάνατος α 68
ἀθεμίστιος ι 28
ἀθέμιστος ι 28
ἀθέσφατος η 101
ἀθρέω τ 60

ἀθρόος α 25
αἱ α 206
αἴ κε (ποθι) α 206
αἶα α 36
αἴγειος ζ 57
αἴγειρος ε 19
αἴγεος ι 78
αἰγιαλός χ 188
αἰγίβοτος ν 105
αἰγίοχος ε 66
αἰγίς ε 66
αἴγλη η 13
αἰγυπιός χ 120
αἰδέομαι ζ 45
ἀίδηλος ψ 133
αἰδοῖος α 115
αἴδομαι ζ 45
ἀιδρείη κ 96
ἄιδρις κ 142
αἰδώς θ 53
αἰεί, αἰέν α 51
αἰειγενέτης β 168
αἰετός τ 86
αἴθε η 142
αἰθόμενος η 28
αἴθουσα η 147
αἴθοψ β 33
αἰθρηγενέτης ε 178
αἴθων α 160
αἷμα ι 231
αἱμύλιος α 51
αἰνέω κ 9
αἰνίζομαι θ 60
αἰνοπαθής σ 49
αἶνος ξ 182

αἰνός ε 289
αἴνυμαι ι 89
αἰνῶς ι 196
αἰόλος χ 118
αἰπόλιον ρ 61
αἰπόλος ρ 86
αἰπός θ 88
αἰπύς α 11
αἶσα ε 54
αἴσιμος β 97
ἀίσσω α 83
ἄιστος α 178
ἀιστόω u. pass.
    κ 123
αἴσυλος β 98
αἶσχος α 172
αἰσχύνω β 43
αἰτίζω ρ 155
αἰχμητής π 177
αἶψα β 6
αἰψηρός β 108
ἀίω ι 238
αἰών ε 78
ἄκανθα ε 209
ἀκαχίζομαι λ 199
ἀκαχίζω α 179
ἀκαχημένος ι 27
ἀκαχμένος ε 124
ἀκέομαι κ 50
ἀκέων ι 261
ἀκηδής ζ 16
ἀκήν β 39
ἀκιδνός ε 114
ἄκικυς ι 315
ἀκλε(ι)ής α 184

ἄκληρος λ 203
ἀκμηνός ψ 78
ἄκοιτις α 34
ἀκομιστίη φ 146
ἀκουή ξ 136
ἀκράαντος τ 113
ἀκραής β 157
ἄκρη ε 195
ἄκρητος ι 150
ἄκρις ι 237
ἀκριτόμυθος τ 108
ἄκριτος θ 77
ἀκρόπολις θ 66
ἄκρος ι 173
ἀκτή ε 77
ἀκτίς ε 306
ἄκυλος κ 107
ἀκωκή τ 43
ἄκων ν 89
ἀλάλημαι ι 110
ἀλαλημένος ξ 94
ἀλάομαι ε 220
ἀλαόω α 64
ἄλαστος ξ 135
ἀλαωτύς ι 305
ἄλγος α 4
ἀλεγεινός σ 66
ἀλεγύνω β 77
ἀλεγω β 77 ζ 196!
ἀλεείνω ε 207
ἄλεισον χ 9
ἀλείφω ζ 164
ἀλεξάνεμος ξ 196
ἀλέομαι ι 127
ἀλεύομαι ι 127 μ 5

ἄλη φ 146
ἀλήμων ρ 179
ἀλητεύω μ 152
ἀλήτης ξ 96
ἁλιεύς μ 95
ἅλιος β 118 ν 4
ἁλιόω ε 67
ἁλιπόρφυρος ζ 32
ἅλις η 118
ἀλκή ι 314
ἄλκιμος ρ 4
ἀλκτήρ ξ 198
ἀλλά ε 282
ἄλλη ε 215
ἄλληκτος μ 147
ἀλλοδαπός ι 24
ἄλλοθεν ἄλλον μ 193
ἄλλοθεν ἄλλος ι 238
ἄλλοθι ξ 102
ἀλλόθροος α 159
ἀλλοῖος π 125
ἄλλον ἄλλη ϑ 88
ἄλλοτε μέν -
 ~ δέ π 153
ἀλλότριος α 136
ἄλλυδις ἄλλη ε 26
ἄλλυδις ἄλλη ε 215
ἀλλύω β 62
ἄλλως ξ 96
ἅλμη ζ 105
ἁλμυρός ε 50
ἀλοιφή ϑ 49
ἄλοχος α 31
ἅλς α 138
ἄλσος ζ 216

ἀλυσκάνω χ 145
ἀλύσκω ε 229
ἀλύω ι 235
ἀλφάνω ρ 89
ἄλφιτον β 123
ἀλωή ζ 218
ἅμα ε 9
ἀμάομαι ι 104
ἁμαρτάνω η 115
ἁμαρτή χ 70
ἀμβροσίη ε 43
ἀμβρόσιος ε 8
ἄμβροτος ε 8
ἀμέγαρτος λ 160
ἀμείβω u. med.
 α 39
ἀμενηνός λ 25
ἀμέρδω φ 151
ἀμηχανίη ι 148
ἀμήχανος τ 108
ἄμμορος ε 161
ἀμόθεν α 10
ἀμοιβάς ξ 188
ἀμοιβή α 234
ἄμοτον ζ 62
ἄμυδις ε 294
ἀμύμων β 92
ἀμύντωρ π 185
ἀμύνομαι χ 95
ἀμύνω π 185
ἀμφαδά τ 25
ἀμφάδιος ζ 213
ἀμφαφάω τ 57
ἀμφέρχομαι ζ 101
ἀμφήκης π 62

ἀμφί c. dat. α 43
ἀμφί adv. ε 27
ἀμφίαλος β 126
ἀμφιβάλλω ζ 131
ἀμφιβεβηκέναι ϑ 104
ἀμφιέλισσα ζ 192
ἀμφικαλύπτω ε 319
 ν 59
ἀμφικύπελλος χ 75
ἀμφιξέω ψ 83
ἀμφιπένομαι τ 45
ἀμφίπολος α 112
ἀμφίρυτος α 45
ἀμφίς α 49 π 195
ἀμφιφορεύς β 123
ἀμφιχέομαι π 158
ἀμφοτέρωθεν ε 124
ἀμφουδίς ρ 76
ἄμφω zu ε 285
ἄμφωτος χ 10
ἄν = ἀνά β 152
ἀνά c. acc. ε 15,288
ἀναβαίνω ζ 19
ἀναβάλλομαι α 131
ἀναβρόχω λ 223
ἀναγιγνώσκω λ 74
ἀναγκαῖος ρ 201
ἀναδύομαι ε 203
 ι 220
ἀνάθημα α 128
ἀναιδής α 197
ἀναιμωτί σ 29
ἀναίνομαι κ 9
ἀναιρέομαι ξ 197
ἀναιρέω χ 9

ἀναΐσσω ι 141
ἀνακαίω ι 108
ἀνακλίνομαι ι 214
ἀνακόπτω φ 12
ἀναλύω ι 60
ἀναμετρέω μ 229
ἀναμίσγω κ 100
ἀναμορμύρω μ 82
ἀνανέομαι κ 68
ἀνανεύω ι 297
ἄναξ ε 277
ἀναπίμπλημι ε 104
ἀναπλέω μ 78
ἀναπνέω ε 290
ἀνάπτω β 43 μ 14
ἀναρπάζω ε 253
ἀναρριπτέω η 139
ἀναρ(ρ)ίπτω η 139
ἀναρρυβδέω μ 80
ἀνάρσιος λ 161
ἄνασσα ζ 116
ἀνάσσω α 93
ἀναστρέφομαι ν 138
ἀναστρωφάω φ 189
ἀνατρέχω ε 246
ἄναυδος ε 288
ἀναφαίνομαι κ 20
ἀναφράζομαι τ 25
ἀναχάζομαι λ 49
ἀνδάνω β 71
ἀνδρόμεος ι 150
ἀνέβραχον φ 13
ἀνεγείρω ψ 15
ἀνέθω ρ 109
ἄνειμι α 202

ἀνείρομαι α 174
ἀνεκτός ι 195
ἀνέλκω φ 66
ἀνερέπτω α 184
ἀνερύω μ 203
ἀνέρχομαι α 233
ἄνευθε(ν) ι 19
ἀνέχομαι ξ 162
ἀνέχω ε 202
ἀνέω β 106
ἀνηλεγής β 57
ἀνήμελκτος ι 273
ἀνήνοθεν ρ 109
ἀνήροτος ι 31
ἀνθεμόεις μ 7
ἄνθος ι 283
ἀνιάζω χ 76
ἀνιάω α 109
ἀνίη μ 71
ἀνίημι η 112
ἀνιηρός ρ 67
ἀνοήμων β 115
ἀνόπαιος α 236
ἀνορούω ξ 185
ἄντα σ 57
ἀντάω π 182
ἄντην β 5
ἀντία α 67
ἀντιάω α 23
ἀντιβολέω ζ 203
σ 99
ἀντίθεος α 21
ἀντίθυρον π 106
ἀντικρύ τ 43
ἀντίον ε 96 π 107

ἀντίον αὐδάω α 173
ἀντίος α 67
ἄντλος μ 212
ἄντρον ι 80
ἄνυμι ε 132
ἀνύ(τ)ω ε 132
ἄνω! ε 132
ἄνω λ 233
ἄνωγα α 232
ἀνώγω α 232
ἀοιδή α 135
ἀοιδιάω ε 16
ἀοιδός ϑ 22
ἀολλής κ 123
ἄορ κ 174
ἀορτήρ ρ 51
ἀπαγγέλλω π 99
ἁπαλός χ 16
ἀπαμείβομαι α 58
ἀπαμύνομαι λ 216
ἀπάνευθεν α 166
ἅπαξ μ 168
ἀπάρχομαι ξ 159
ἄπαστος ζ 178
ἀπάτη ν 119
ἀπατήλιος ξ 99
ἀπαφίσκω λ 133
ἀπειλή ν 23
ἀπείριτος κ 71
ἀπείρων ε 9
ἀπέλεθρος ι 328
ἀπεχθάνομαι κ 55
ἀπέχω τ 120
ἀπήμων ε 154
ἀπήνη ζ 36

ἀπηνής ψ 53
ἀπηύρα λ 119
ἀπηύρων ν 29
ἀπιθέω ε 6
ἀπινύσσω ζ 186
ἄπιος π 18
ἄπιστος ξ 122
ἀπίσχω λ 47
ἄπνευστος ε 288
ἀπ(ο)αίνυμαι μ 220
ἀποβρίζω ι 49
ἀποδειροτομέω λ 31
ἀποδίδωμι χ 52
ἀποδοχμόω ι 215
ἀποδρύφω ε 267
ἀποδύνω χ 167
ἀποεργάθω φ 92
ἀποθαυμάζω ζ 27
ἀπόθεστος ρ 128
ἀποθρῴσκω α 53
ἀποίχομαι α 111
ἀποκινέω χ 96
ἀποκλίνω τ 104
ἀποκοσμέω η 70
ἀπολείπω ι 145
ἀπολλήγω μ 72
ἀπόλλυμι β 29
ἀπολυμαντήρ ρ 67
ἀπόμνυμι κ 192
ἀπομόργνυμαι ρ 133
ἀπονέομαι ι 285
ἀπονίζω ψ 31
ἀπονίναμαι π 86
ἀπονόσφιν ε 54
ἀποξύω ζ 197

ἀποπέτομαι τ 44
ἀποπλάζομαι ϑ 118
ἀπόπροθεν ζ 161
ἀπόπροθι ε 35
ἀποπροΐημι ξ 22
ἀποπροτέμνω ϑ 48
ἀποπτύω ζ 74
ἀπορούω χ 84
ἀπορρήγνυμι ι 327
ἀπορρώξ ν 6
ἀποσκεδάννυμι λ 149
ἀποσσεύομαι ι 93
ἀποσταδά u. ~όν
  ζ 111
ἀποστείχω μ 154
ἀποστρέφω λ 234
ἀποτείνυμαι α 205
ἀποτηλοῦ ι 39
ἀποτίνω α 38
ἀποτρίβω ρ 71
ἀποτρωπάω u. med.
  φ 50
ἀποφθίνομαι κ 32
ἀποφθίνω ε 82
ἀποχάζομαι λ 47
ἀποχέω χ 20
ἄπρηκτος μ 71
ἅπτομαι ι 222
ἅπτω φ 203
ἄπυστος α 185
ἄρ, ἄρα α 87
ἀράομαι α 140
ἀραρίσκω α 207,
  β 122; ε 45,
  π 115

ἀραρυῖα ζ 49
ἀραρών ε 138
ἀράσσω ε 137
ἀργαλέος ε 219
ἀργεϊφόντης α 33
ἀργεννός ρ 220
ἀργής ε 62
ἀργιόδων ϑ 49
ἄργμα ξ 175
ἀργός β 11
ἀργυρόηλος κ 125
ἀργυρότοξος ρ 90
ἀρδμός ν 106
ἀρέσκω u. med. χ 49
ἀρετή μ 59
ἀρημένος ζ 2
ἀρήν ι 84
ἀρηρώς ζ 49
ἀρι- ζ 87
ἀρίγνωτος ζ 87
ἀριδείκετος ι 2
ἀριθμέω κ 76
ἀριπρεπής ι 15
ἀριστερός ε 163
ἀριστεύς ζ 24
ἄριστοι α 188
ἄριστον π 2
ἀρισφαλής ρ 49
ἀριφραδής φ 88
ἀρκέω π 189
ἄρκτος ε 159
ἄρμενος ε 123
ἁρμόζω ε 83
ἁρμονίη ε 137
ἀρνειός α 23

ἀρνέομαι α 192
ἀρνευτήρ μ 214
ἀρνηός α 23
ἄρνυμαι α 5
ἄρουρα η 143
ἀρόω ι 30
ἁρπαλέος ζ 178
ἁρπάζω ε 250
ἄρρηκτος κ 4
ἄρσην ι 95
ἄρτος ρ 152
ἀρχός κ 76
ἀρωγός σ 73
ἀσάμινθος θ 29
ἄσβεστος η 144
ἀσκελής α 63
ἀσκέω ψ 85
ἀσκηθής ε 70
ἀσκητός ψ 76
ἀσκός ε 151
ἄσμενος ι 345
ἀσπάζομαι η 154
ἀσπαίρω μ 98
ἄσπαρτος ι 31
ἀσπάσιος ι 295
ἀσπαστὸς η 154
ἀσπερχές α 20
ἄσπετος κ 239
ἀσπίς α 199
ἆσσον ι 223
ἀσσοτέρω τ 80
ἀστερόεις ι 318
ἀστήρ ν 1
ἄστρα μ 143
ἄστυ α 3

ἀσφαλέως ρ 74
ἀσφοδελός λ 210
ἀσχαλάω α 221
ἄσχετος β 42
ἀτάρ α 157
ἀταρπιτός ρ 73
ἀταρπός ξ 1
ἀτασθαλία α 7
ἀτάσθαλος α 7
ἀτέλεστος β 118
ἀτέμβω β 47
ἄτερ β 59
ἀτερπής λ 46
ἄτη μ 190
ἀτιμάζω ν 36
ἀτιμάω ξ 52
ἀτιμίη ν 37
ἀτιτάλλω ξ 36
ἀτρεκής α 145
ἄττα π 44
αὖ α 154
αὐαίνω ι 166
αὐγή ζ 77
αὐδάω ε 40
αὐδή β 130
αὐδήεις κ 61
αὖθι ε 105
αὔλειος α 85
αὐλή ζ 228
αὐλίζω ξ 149
αὐλός χ 18
αὖος ε 129
ἄυπνος ι 241
αὔρη ε 296
αὔριον η 135

αὐτάρ α 9
αὖτε α 154
αὐτή ζ 101
αὐτίκα ε 7, ρ 136!
αὖτις α 233
αὖτις ἰέναι π 33
ἀυτμή λ 160
αὐτόθεν φ 215
αὐτόθι ε 105
αὐτοί σ 105
αὐτός α 28
αὐτοῦ ε 160
αὔτως ζ 111
ὣς δ' αὔτως φ 81
αὐχήν ι 215
αὔω ε 316
ἀύω ζ 96
ἀφαιρέομαι α 9
ἄφαρ β 52
ἀφικάνω ι 284
ἀφνειός α 141
ἀφραδέω η 117
ἀφραδής λ 189
ἀφραδίη ι 204
ἄφρων ζ 136
ἀφύσσομαι κ 37
ἀφύσσω η 109
ἀφύω η 109
ἀχεύω ξ 35
ἄχθος ι 40
ἀχλύς χ 77
ἀχλύω μ 207
ἄχνη ε 237
ἄχνυμαι η 120
ἄχος θ 104

ἄψ **κ** 109
ἄψεα **σ** 42
ἄψορρος **ι** 135
ἄωρος **μ** 74
ἄωτος **ι** 268

β
βάζω **ξ** 99
βαθύρροος **λ** 9
βαθύς **ι** 42
βαίνω **ε** 61
~ ἀμφί **ε** 217
βάλανος **κ** 107
βάλλω περί **ζ** 236
βασίλεια **ζ** 94
βαστάζω **λ** 231
βεβαώς **ε** 61
βεβήκει **κ** 206
βεβηκέναι περί **ε** 61
βεβολημένος **κ** 112
βέβρυχα **ε** 246
βέλος **λ** 100
βένθος **α** 48
βῆ δὲ θέειν **χ** 88
βῆ δ' ἴμεν(αι) **β** 5
βῆσσα **κ** 82
βιάζω **μ** 134
βίαιος **β** 102
βιάω **ψ** 9
βιβάς **ι** 284
βιός **ζ** 198
βίοτος **α** 136
βιόω **ϑ** 41
βλάπτω **ψ** 13
βλέφαρον **ε** 157

βοείη **χ** 167
βόειος **ξ** 20
βοεύς **β** 162
βοή **ι** 238
βόθρος **ζ** 71
βόλομαι **α** 177
βομβέω **μ** 52
βορέης **ε** 178
βόσκω u. med. **μ** 173
βούβοτος **ν** 105
βουλή **α** 75
βουληφόρος **ι** 34
βρίθω **ζ** 125, **ι** 83
βροντάω **μ** 216
βρότεος **τ** 93
βροτός **α** 27
βρώμη **κ** 199
βρῶσις **ζ** 174
βύκτης **κ** 11
βυσσοδομεύω **ρ** 162
βωμός **η** 27
βώτωρ **ρ** 53

γ
γαῖα **α** 21
γαιήοχος **α** 63
γάλα **ι** 103
γαλήνη **ε** 230
γάμος **α** 169
γαμψός **χ** 120
γαμψῶνυξ **χ** 120
γάνυμαι **μ** 10
γαστήρ **ι** 267
γαυλός **ι** 87
γεγάασιν **ζ** 41

γέγηθε **ζ** 85
γέγωνα **α** 234
γεγωνέω **μ** 188
γείνομαι **ζ** 15
γείτων **ε** 315
γενειάω **σ** 96
γένειον **λ** 220
γενεή **π** 83
γενέθλη **ν** 27
γενέσθαι μετά τινι
   ε 121
γένος zu **ζ** 25
γεραίρω **ξ** 166
γέρας **η** 44
γηθέω **ε** 312
γηθόσυνος **ε** 155
γῆρας **λ** 66
γλαυκῶπις **α** 39
γλαφυρός **α** 15
γλυκερός **ε** 299
γλύκιον **ι** 22
γλυκύς **ε** 78
γλυφίς **φ** 214
γναμπτός **φ** 145
γνώριμος **π** 9
γοάω **ι** 296
γόμφος **ε** 137
γόνυ **α** 204
γόος **α** 185
γουνάζομαι **ζ** 116,
   ν 136
γουνόομαι **ζ** 116
γρηῦς **τ** 20
γυῖα **ζ** 108
γυμνόομαι **ζ** 162

γύψ λ 215
γωρυτός φ 18

δ
δαιδαλέος α 107
δαιδάλλω ψ 87
δαιμόνιος κ 242
δαίμων ε 255
δαίνυμι u. med.
  α 171
δαίομαι α 43
δαίς α 24
δαΐς β 62
δαίτηθεν κ 88
δαιτρός α 117
δαιτυμών η 43
δαΐφρων α 43
δαίω ε 16
δακρυόεις ρ 8
δαλός ε 314
δαμάζω α 180
δαμ(ν)άω α 180
δάμνημι α 180
δάος η 150
δάπεδον λ 214
δαρδάπτω ξ 80
δάσκιος ε 297
δασύμαλλος ι 259
δασύς ξ 44
δατέομαι ι 339
δάφνη ι 65
-δε Suffix α 17
δέ α 19
δέ τε α 48
δέατο ζ 172

δεδμημένος η 135
δειδίσκομαι σ 4
δείδω ε 182
δειλός ε 181
δεινός κ 61
δεπνέω ε 45
δεῖπνον ε 45
δειπνίζω λ 171
δειρή μ 75
δεκάς π 180
δέμας β 137
δέμνιον ζ 10
δέμω ι 67
δένδρεον α 46
δενδρήεις α 46
δεξιτερός α 97
δέομαι α 82
δέος ϑ 116
δέπας η 33
δέρκομαι κ 73 τ 36
δέρμα β 124
δέρτρον λ 216
δέρω λ 38
δεσμός μ 12
δέσποινα ψ 2
δεύομαι α 197
δεῦρο ε 49
δεύτατος α 213
δεῦτε β 146
δεύω α 197, η 90
δέχομαι α 97,
  ι 196, π 27
δέω α 82
δή α 16
δή τοτε ζ 160

δηθά α 44
δηθύνω ρ 117
δηιοτής ζ 151
δηλέομαι λ 161
δήλημα μ 123
δημιοεργοί ρ 185
δῆμος α 84
δημός ι 293
δήν α 208
δήνεα κ 147
δηρόν ζ 178
δήω ζ 216
διά c. gen. ι 151
~ c. acc. ι 237
δια - α 194
διαδηλέομαι ξ 32
διάημι ε 305
διακρίνω ι 84, σ 29
διάκτορος α 73
διαμοιράομαι ξ 163
διαμπερές ε 142
διαπέρθω ϑ 86
διαπέτομαι α 236
διαπλήσσω ϑ 79
διαπρήσσω β 80
διαρραίω α 194
διαρρίπτω τ 123
διασκεδάννυμι ε 215
διατάμνω ι 144
διατμήγω ε 243
διατρέχω ε 50
διατρίβω β 140
διαφαίνομαι ι 222
διαφύσσω τ 40
διαχέω ξ 162

διειπετής η 107
διέκ κ 206
δίεμαι ρ 200
διερέσσω μ 240
διερός ζ 149
διέρχομαι ζ 229
δίζημαι λ 52
διηνεκής η 79
δικασπόλος λ 113
δίκη λ 134
δικλίς ρ 107
δίκτυον χ 189
δινέω ι 227, med. π 50
δίνη ζ 95
δινήεις ζ 68
δινωτός τ 6
διογενής ε 100
διοϊστεύω τ 126
διορύσσω φ 58
δῖος α 14
διοτρεφής ε 221
δίπτυχον μ 179
δίπτυχος ν 88
δίφρος ρ 139
δίχα, διχθά κ 75
διψάω λ 221
διώκω μ 30
δμωή α 123
δμώς ζ 48
δοάσσατο ε 301
δοιοί ε 303
δοκεύω ε 160
δόλιος ι 135
δολιχήρετμος ν 48

δολιχός λ 99
δολιχόσκιος τ 32
δολόεις η 83
δολόμητις λ 177
δόλος β 50
δολοφρονέων φ 137
δόμος α 102
δονέω χ 118
δορπέω ϑ 102
δόρπον ϑ 102
δόρυ ε 83
δόσις ζ 156
δουπέω χ 83
δοῦπος ε 235
δουράτεος ϑ 65
δοῦρε α 199
δουροδόκη α 104
δρέπω μ 175
δρυμά κ 73
δρύοχοι τ 122
δρῦς ι 68
δύνω λ 216
δυοκαίδεκα ι 77
δύομαι ρ 115
δυσαής ε 177
δύσζηλος η 130
δυσηλεγής χ 140
δυσκηδής ε 239
δυσμενέων β 38
δυσμενής ζ 148
δυσμήτηρ ψ 53
δύσμορος α 44
δύσπονος ε 319
δύστηνος α 50
δυσώνυμος τ 119

δύω intr. ε 158
δῶ α 152
δῶμα α 46
δωτίνη ι 121

ε
ἐγγίγνομαι ν 97
ἐγγυαλίζω π 53
ἐγγύθεν ζ 207
ἐγγύθι α 96
ἐγείρομαι ζ 92
ἔγκατα ι 146
ἐγκαταπήγνυμι λ 50
ἐγκέφαλος ι 143
ἐγκονέω η 151
ἐγκρύπτω ε 314
ἐγκυκάω κ 100
ἔγχος α 85
ἐγών α 77
ἐδάην ι 133
ἐδέγμην ι 196
ἐδητύς α 126
ἕδνα ζ 125
ἕδος ν 143
ἕδρη π 29
ἕδω α 136
ἔδω θυμόν κ 63
ἐδωδή ε 45
ἔεδνα ζ 125
ἐεικοσάβοιος χ 51
ἐείκοσιν α 207
ἐεικόσορος ι 167
ἐεισαμένη ζ 14
ἐείσατο ε 274
ἐέλδομαι ε 107

ἐέλδωρ ρ 81
ἐέργω η 17
ἐέρση ε 294
ἕζομαι α 121
ἕζω α 106
ἐθελοντήρ β 125
ἐθέλων π 142
ἔθνος λ 30
εἴ γε μέν (= μήν)
  ε 103
εἰ δ'ἄγε ι 25
εἰ ... κεν α 214
εἰ μή πού τι β 37
εἴ περ = εἴπερ α 141
εἴ πέρ τε α 164
εἴ που ι 255
εἰαρινός χ 119
εἶδαρ α 116
— ειδής α 89
εἴδομαι α 86
εἶδος α 89
εἴδωλον λ 129
εἴθε η 142
εἴκελος κ 159
εἴκω β 14
εἰκώς α 41
εἰλαπινάζω β 33
εἰλαπίνη α 169
εἶλαρ ε 143
εἰλάτινος β 160
εἰλέω λ 210
εἰλήλουθας ε 38
εἴλυμα ζ 132
εἰλύω ε 237
εἷμα β 3

εἵμαρται ε 194
εἰν, εἰνί, ἐνί α 138
εἶναι ἔκ τινος ρ 105
εἶναι πρός τινος ζ 155
εἰνάλιος ε 22
εἰναπονίζω τ 21
εἵνεκα ζ 123
εἰνοσίφυλλος ι 15
εἴργω η 17
εἰρεσίη μ 73
εἴρομαι α 164
εἰροπόκος ι 277
εἶρος ι 260
εἴρυμαι ψ 38
εἴρω ζ 142
εἰρωτάω ε 47
— εις α 46
εἰς α 146
εἰς ὅ κε β 54
εἰς ὅτε β 56
εἶσα α 106
εἰσαναβαίνω σ 85
εἰσάντα ε 114
εἰσαφικάνω χ 88
εἰσελάω ν 10
ἐΐση ζ 199, σ 82
εἰσίθμη ζ 192
ἐΐσκω ζ 119, ι 166,
  ψ 50
εἰσνοέω λ 209
εἰσοράω α 94
εἴσω η 31
εἴωθα ρ 196
ἐκ πάντων β 169
ἑκάς β 27

ἑκάτερθεν ζ 191
ἑκατέρωθεν ζ 191
ἑκατόμβη α 23
ἐκβάλλω ε 133
ἔκβασις ε 244
ἐκδέρω κ 10
ἐκεῖθι ρ 10
ἔκηλος λ 111
ἐκθρώσκω κ 79
ἔκιον α 22
ἔκλυον ι 326
ἔκπαγλος λ 236
ἐκπεράω θ 114
ἐκπίνω χ 50
ἐκπλήσσω σ 72
ἐκπροκαλέομαι
  β 136
ἐκπρολείπω θ 87
ἐκπτύω ε 203
ἐκσεύομαι ι 216
ἐκτάμνω ι 165
ἔκτανε α 31
ἐκτελέω β 55
ἐκτός ζ 51
ἔκτο(σ)θεν α 108,
  ε 245
ἐκφαίνω u. med.
  κ 124
ἔκφημι κ 111
ἐκφθίνομαι μ 151
ἐκχέω u. med. θ 87
ἐλάαν ε 172
ἐλαίη ε 304
ἐλαΐνεος ι 165
ἐλάϊνος ε 125

ἔλαιον ζ 58
ἐλάτη ε 128
ἐλαύνω ε 63, 217!
ἐλαφρός α 140
ἐλαχύς ι 38
ἐλάω η 15
ἔλδομαι ε 107
ἐλεαίρω α 19
ἐλέγμην ε 313
ἐλεγχείη ξ 33
ἐλέγχιστος κ 53
ἔλεγχος κ 53
ἐλέγχω φ 219
ἐλεεινός ζ 249
ἐλεητύς ξ 77
ἐλελίζω μ 217
ἐλεύσομαι α 77
ἐλεφαίρομαι τ 113
ἐλέφας τ 6
ἕλιξ μ 173
ἑλίσσω μ 173
ἑλκέω λ 217
ἔλπομαι ζ 222
ἔλπω β 48
ἐλύομαι ι 267
ἕλωρ ε 300
ἐμβάλλω β 24
ἔμβρυον ι 102
ἐμμενής ι 229
ἔμμορος ϑ 53
ἐμπάζομαι α 232
ἔμπαιος φ 195
ἔμπεδος η 89, ϑ 12
ἐμπήγνυμι χ 72
ἔμπης ε 102, ζ 139

ἔμπλειος σ 2
ἐμπνέω ι 224
ἐμπρήθω β 163
ἐμφορέομαι μ 220
ἐμφύομαι κ 140
ἔν adv. α 46
ἔν = ἔνεστι ι 14
ἐναίσιμος η 122
ἐναλίγκιος β 5
ἐναμέλγω ι 87
ἐναντίον χ 59
ἐναργής π 108
ἐναρηρώς ε 125
ἐνδέξια ρ 168
ἐνδέω ε 146
ἔνδοθι ε 13
ἔνδον ε 13
ἔνδον ε 13, ζ 30
ἐνδουπέω μ 239
ἐνδυκέως κ 46
ἐνέβησα λ 4
ἔνεικα ε 135
ἐνέπω α 1
ἐνερείδω ι 226
ἔνερϑε(ν) ι 228
ἐνέστακται β 116
ἐνεύναιον ξ 46
ἔνϑα α 11
ἔνϑα καὶ ἔνϑα β 80
ἐνϑάδε α 149
ἔνϑεν ε 93
ἐνϑέσϑαι ϑυμῷ φ 176
ἐνϑρῴσκω ρ 72
ἐνί α 25

ἔνι = ἔνεισι φ 149
ἐνιαυτός α 16
ἐνιαύω ι 69
ἐνίημι (πόντῳ) β 128
ἐνιπή ε 278
ἐνίπλειος ξ 85
ἐνίπτω φ 148
ἐνίψω λ 78
ἐννέωρος κ 10
ἐννῆμαρ κ 19
ἐννοσίγαιος ε 257
ἔννυμι u. med.
   β 3, ζ 18
ἐνοσίχϑων ε 164
ἐνστάζω β 116
ἐντανύω τ 125
ἔντεα η 70
ἔντερον φ 203
ἐντός η 17
ἔντο(σ)ϑεν α 102
ἐντρέπομαι α 55
ἐντύνω u. med.
   ζ 23, μ 31
ἐντύω ψ 125
ἐνωπαδίως ψ 50
ἐνώπια χ 110
ἐξ ἀρχῆς α 164
ἐξ οὗ β 18
ἐξαιρέομαι ρ 75
ἐξαίφνης μ 125
ἐξαλαόω ι 287
ἐξαλαπάζω ϑ 67
ἐξαναδύομαι ε 270
ἐξαπατάω ι 251
ἐξαπαφίσκω ψ 35

ἐξαπίνης μ 125
ἐξαποδύνω ε 218
ἐξαράσσω μ 223
ἐξάρχομαι μ 157
ἐξαῦτις ε 253
ἐξείης α 121
ἐξέλκω ε 264
ἐξεμέω μ 81
ἐξερεείνω κ 5
ἐξερέω u. med.
η 10
ἐξερέω (fut. ι 208
ἐξερύω ι 234
ἐξῆμαρ μ 198
ἑξῆς ι 62
ἐξίεμαι α 126
ἐξικνέομαι μ 16
ἐξονομάζω ζ 182
ἐξονομαίνω ζ 45
ἐξονομακλήδην μ 94
ἐξοπίσω ν 39
ἐξορμάω μ 69
ἐξορούω κ 28
ἔξοχα, ἔξοχον ε 59,
ι 341
ἔξοχος σ 53
ἐοικώς α 41
ἑορτή φ 129
ἐπάγω τ 35
ἐπαέξω ξ 60
ἐπαινέω μ 131
ἐπαινή λ 39
ἐπαΐσσω κ 153
ἐπακτήρ τ 29
ἐπαλαστέω α 195

ἐπαλείφω μ 25
ἐπαμάομαι ε 308
ἐπαμύντωρ π 191
ἐπαοιδή τ 47
ἐπαπειλέω ν 24
ἐπάρουρος λ 202
ἐπάρχομαι η 65
ἐπασκέω ρ 105
ἐπαφύω τ 22
ἐπεί α 152
ἐπεὶ ἄρ α 174
ἐπεὶ δή ε 76
ἐπεὶ ἦ ι 129
ἐπείγω u. med.
α 226
ἔπειμι φ 7
ἔπειτα α 60
ἐπέκλυον ε 76
ἐπελθεῖν τινι ε 299
ἐπέοικε λ 113
ἐπέρχομαι α 164,
ρ 184
ἐπέσσυμαι ε 196
ἐπεσσυμένος ε 260
ἐπεύχομαι λ 38, φ 81
ἔπεφνον λ 65
ἐπέχομαι χ 15
ἐπηγκενίδες ε 139
ἐπηετανός ζ 65
ἐπήν ζ 190
ἐπήρετμος β 139
ἐπί α 218, c.acc . ε 8
ἔπι = ἔπεστι ϑ 116
ἐπιανδάνω σ 114
ἐπιβαίνω ε 233

ἐπιβάλλω ζ 242
ἐπιβουκόλος φ 77
ἐπιβώτωρ ν 87
ἐπιδευής φ 124
ἐπιδήμιος α 176
ἐπιδινέω ι 328
ἐπιεικτός τ 75
ἐπιειμένος ι 314
ἐπιέλπομαι φ 64
ἐπιερείδω ι 328
ἐπ(ι)ιάλλω ι 141,
φ 112
ἐπικαίω ρ 80
ἐπικαλέω ρ 139
ἐπικέλλω ι 46
ἐπικεύθω ε 68
ἐπίκλησις ε 159
ἐπίκλοπος ν 116
ἐπικλώθω α 17
ἐπικρατέω α 188
ἐπίκριον ε 140
ἐπιλήθομαι ε 205
ἐπιμαίομαι ι 275,
μ 68!
ἐπιμειδάω χ 174
ἐπιμέμφομαι π 76
ἐπιμένω α 226
ἐπιμίμνω ξ 61
ἐπιμίσγομαι ζ 153
ἐπινεύω π 110
ἐπιόψομαι β 127
ἐπιπαλύνω λ 24
ἐπιπείθομαι β 60
ἐπιπλείω ε 166
ἐπιπλόμενος η 91

ἐπιρρίπτω ε 192
ἐπισκύζομαι η 129
ἐπισπέρχω ε 186
ἐπισσεύω ε 196
ἐπισταδόν μ 193
ἐπισταμένως ε 134
ἐπιστεφής β 167
ἐπιστέφομαι α 124
ἐπίστιον ζ 193
ἐπιστορέννυμι ξ 45
ἐπιστροφάδην χ 123
ἐπίστροφος α 153
ἐπιστρωφάω ρ 234
ἐπισχεσίη φ 29
ἐπιτείνω λ 15
ἐπιτέλλω u. med. ϑ 19
ἐπιτίθημι α 116
ἐπιτιμήτωρ ι 123
ἐπιτολμάω ρ 77
ἐπίτονος μ 224
ἐπιτρέπομαι ι 5
ἐπιτρέπω β 93, η 44
ἐπιφθονέω λ 79
ἐπιφράζομαι ϑ 96
ἐπιφροσύνη ε 269
ἐπίφρων π 177
ἐπιχέομαι ε 313
ἐπιχεύομαι ε 143, 313
ἐπιχεύω α 112
ἐπιχέω α 112, β 134
ἐπιχθόνιος α 141
ἐπιχραύω β 30
ἐπιωγαί ε 238

ἔπλετο zu ε 231
ἐποίχομαι α 119, 240! (τινί)
ἐποίχομαί τι ε 17, κ 94
ἐποίχομαι ἔργον φ 173
ἕπομαι zu φ 80
ἅμα ἕπομαι β 11 ζ 241
ἐποπίζομαι ε 72
ἐποπτάω μ 181
ἐπόρνυμι η 99
ἔπορον ζ 165
ἔπος β 106
ἐποτρύνω β 158
ἐπουράνιος ρ 232
ἑπτάετες η 89
ἔπταχα ξ 163
ἔραζε χ 20
ἔρανος α 169
ἔργνυμι η 17
ἔργω η 17
ἔρδω β 102
ἔρεβος λ 33
ἐρεείνω ε 36
ἐρεθίζω ρ 196
ἐρείδω η 24
ἐρέομαι ζ 223
ἐρέπτομαι τ 101
ἐρέσσω μ 42
ἐρέτης α 207
ἐρετμόν ζ 197
ἐρεύγομαι ε 237, ι 217

ἐρευνάω τ 30
ἐρέφω ψ 80
ἐρέω ζ 223
ἐρέω (fut.) ζ 142
ἐρητύω π 30
ἐρι - ϑ 38
ἐρί(γ)δουπος ϑ 38
ἐριδαίνω α 68
ἐρίζω ε 110
ἐρίηρος ϑ 44
ἐρικυδής λ 213
ἐρινεός μ 233
ἐρινύς ρ 223 s. Eig.
ἔρις ζ 71
ἐριστάφυλος ι 33
ἔριφος ι 84
ἕρκος α 59
ἑρμίς ψ 85
ἔρος α 126
ἑρπύζω ν 85
ἔρπω μ 196
ἔρρε κ 53
ἔρριγα ψ 103
ἔρρω ε 68
ἕρσαι ι 86
ἐρυθρός ε 43
ἐρύκομαι ρ 13
ἐρύκω α 14
ἔρυμαι α 6
ἐρύομαι α 6 ϑ 76
ἐρύω ζ 193
ἔρχατο ι 85, κ 143
ἔρως α 126
ἐς α 74
ἐσάντα λ 73

ἐσδέρκομαι ι 44
ἐσθής ζ 53
ἐσθίω, ἔσθω ε 44
ἐσθλός α 81, λ 27
ἐσοράω ε 158
ἕσπερα ρ 44
ἑσπέριος ϑ 11
ἕσσυμαι ε 196, κ 249
ἐσσυμένως π 38
ἐσφορέω ζ 70
ἐσχάρη ε 14
ἐσχατιή ε 127
ἔσω η 31
ἑταῖρος, ἕταρος α 5
ἐτεός ι 320
ἑτέρωθεν π 30
ἑτέρωθι μ 79
ἑτέρως α 177
ἑτέρωσε π 123
ἔτετμον ε 13
ἐτήτυμος α 150
ἔτι ε 55
ἔτλην α 215
ἑτοιμάζω ν 66
ἕτοιμος, ἑτοῖμος
  α 125
ἔτος α 16
ἔτυμος τ 115
εὖ, ἐΰ α 33
ἐΰ ναιετάων β 136
ἐΰ φρονέων β 94
εὐαγγέλιον ξ 124
εὐδείελος ι 14
εὔδηλος ι 14
εὔδμητος η 27

εὕδω η 111
εὐεργέα χ 134
εὐεργεσίη χ 177
εὐεργής ι 132
εὐερκής ρ 106
εὔζυγος ν 13
εὔθρονος ζ 27
εὔθυμος ξ 59
εὐκαμπής φ 6
εὐκέατος ε 15
εὐκνήμις β 38
εὐκόσμως φ 61
εὐκτίμενος ι 323
εὔκυκλος ζ 37
εὐνάζομαι ε 20
εὐνάομαι ε 236
εὐνή β 2
ἐΰ(ν)νητος η 26
εὐνομίη ρ 235
εὔξεστος ζ 54
εὔξοος α 104
εὔπεπλος ζ 27
εὔπλειος ρ 215
εὐπλοκαμίς τ 90
εὐπλόκαμος α 75
εὐπλυνής ζ 157
εὔπωλος λ 96
εὖρος ε 177
εὐρυμέτωπος μ 106
εὐρυπυλής λ 208
εὐρύς α 57
εὐρυσθενής ν 35
εὔσκοπος α 33
ἐΰσσελμος β 150
ἐϋσταθής χ 109

εὔστρεπτος β 162
εὐστρεφής ι 261
εὖτε ν 1
εὐτρεφής ι 259
εὔτροχος ζ 51
εὔτυκτος χ 112
εὐφροσύνη ζ 123
εὐχετάομαι α 148
εὔχομαι β 111
εὖχος χ 7
εὐχροής ξ 20
εὐχωλή λ 30
εὕω ξ 70
εὐώδης ε 19
εὐῶπις ζ 92
ἐφανδάνω σ 114
ἐφάπτω χ 35
ἔφατο α 37
ἐφέζομαι ρ 143
ἐφέπομαι μ 167, π 75
ἐφέπω ε 190
ἐφέστιος η 86
ἐφευρίσκω β 66
ἔφημαι ζ 234
ἐφίζω ρ 140
ἐφίημι α 197
ἐφίημι χεῖρας α 197
ἐφικάνω λ 116
ἐφοπλίζω β 128
ἐφοράω ν 79
ἐφορμάομαι λ 122
ἐφορμάω η 100
ἐφύπερθε(ν) η 148
ἔχειν λ 135
ἔχειν c. inf. λ 221

ἔχεσθαι ε 265
ἐχέφρων π 96
ἐχθαίρω π 75
ἔχθος ι 130
ἔχομαι β 36
ἔχομαί τινος ε 261
ἔχομαι πρός τινι
  ε 210
ἔχω α 62
ἐψιάομαι φ 223

ζ

ζαής ε 214
ζατρεφής ξ 15
ζείδωρος η 143
ζεύγνυμι ζ 52
ζέφυρος β 157
ζηλήμων ε 59
ζόφος ι 19
ζωάγρια ϑ 35
ζωγρέω ϑ 35
ζωός κ 33
ζωστήρ ξ 67
ζώω ν 157

η

ἦ α 134, ζ 146
ἦ δή α 196
ἦ μάλα δή ε 168
ἦ μή ι 242
ἦ τοι α 131
ἤ ... ἦε ζ 99/100
ἦα ε 214
ἠβαιός ι 291
ἡβάω α 36, ε 24

ἥβη π 120
ἠγάθεος ξ 137
ἡγεμονεύω ζ 189
ἡγέομαι α 101
ἠγερέθομαι ρ 24
ἡγηλάζω ρ 64
ἡγήτωρ α 86
ἠδέ α 12
ἤδη α 220
ἥδυμος μ 184
ἠέ α 151
ἠέ ... ἦ α 151
ἠέ ... ἠέ ε 310
ἠεροειδής ε 85
ἠερόεις λ 85
ἠθεῖος ξ 119
ἦθος ξ 148
ἦια β 122, ε 214
ἠίθεος ζ 42
ἠιών ε 252
ἧκα ρ 93
ἠλάκατα ζ 32
ἠλακάτη ζ 32
ἠλίβατος ι 100
ἤλιθα ε 309
ἤλυθον α 77/158
ἠμαθόεις α 79
ἦμαρ α 9
ἡματίη β 61
ἤμβροτεν η 115
ἠμέν ... ἠδέ β 34
ἡμερίς ε 24
ἡμιόνειος ζ 51
ἡμίονος ζ 47
ἥμισυ ι 103

ἦμος β 1
ἤν α 80
ἤν που α 80
ἤνεικα ε 135
ἠνεμόεις ι 237
ἡνία ζ 60
ἡνιοχεύω ζ 241
ἡοῖος ϑ 11
ἧος ε 228
ἦπαρ λ 215
ἤπειρος α 138
ἠπεροπεύω ν 139
ἤπιος β 96
ἠπύω ι 236
ἠριγένεια β 1
ἥρως α 165
ἦτορ α 43
ἠΰς β 116
ἠΰτε ϑ 90
ἧχι ζ 73
ἠῶθεν μ 130
ἠῶθι (πρό) ε 296
ἠώς β 1

ϑ

ϑαλάμη ε 264
ϑαλαμηπόλος ψ 128
ϑάλαμος β 5
ϑάλασσα ε 287
ϑαλάσσιος ε 22
ϑαλέϑων ζ 42
ϑαλερός ζ 45
ϑάλλω ε 24
ϑάλπω φ 117
ϑαλπωρή α 141

Alphabetisches Wörterverzeichnis

θαμά α 119
θαμβέω α 239
θαμέεσ ε 138
θαμίζω ε 39
θάμνος ε 298
θαρσέω χ 175
θάρσος α 237
θαρσύνω ι 220
θᾶσσον η 47
θαῦμα ζ 231
θέαινα β 113
θέειον μ 218
θεῖος α 60
θείω = θήω α 78
θέλγω α 52
θελκτήριον ϑ 81
θέμις β 34
θεμιστεύω ι 36
θεμόω ι 332
θεοειδής α 89
θεουδής ζ 100
θερμαίνω ι 219
θέρομαι τ 81
θεσπέσιος β 12
θέσπις ϑ 70
θέσφατον ι 309
θέσφατος η 38
θέω β 165
θηέυμαι β 13
θηητήρ φ 192
θήλειαι ι 273
θηλέω ε 24
θῆλυς ε 294
θηλύτεραι λ 150

θημών ε 214
θήν ε 108
θήρ ε 300
θητεύω λ 202
- θι α 22
θίς β 111
θοός α 220
θοόω ι 172
θόωκος β 14
θρασύς ε 266
θρῆνυς α 107
θριγκός η 16
θρόνος α 106
θρῴσκω χ 121
θύελλα ε 199
θυίω μ 201, χ 124
θυμαλγής π 56
θυμαρής ρ 52
θυμηγερέων η 106
θυμός α 4
ἐνὶ θυμῷ βάλλεσθαι
    μ 65
ἐνθέσθαι θυμῷ
    φ 176
θύον ε 15
θυοσκόος χ 133
θύραζε ε 244
θύραι α 88
θυρεός ι 97
θύρετρα φ 13
θύρηφιν ι 95
θύω μ 201
θυώδης ε 150
θῶκος β 14

ι
ἴα ξ 164
ἰαίνομαι ζ 123
ἰαίνω ζ 123
ἰάλλω α 125
ἰαύω ι 66
ἰαχή λ 35
ἰάχω β 164
ἰδέ ι 68
ἰδνόομαι χ 74
ἱδρύω ε 37
ἱδρώς λ 236
ἵεμαι α 6
ἱερὰ ῥέζειν α 56
ἱερεύω β 32
ἱερήιον λ 19
ἱερόν μ 180
ἱερός α 2
ἵζω ε 96
ἵημι (ἧκα) μ 238
ἰητήρ ρ 186
ἰθύνομαι ε 156
ἰθύνω ε 134
ἰθύς α 95
ἰθύω λ 228
ἱκάνομαι ψ 7
ἱκάνω β 28
ἴκελος μ 219
ἱκέσθαι α 21
ἱκετεύω η 115
ἱκέτης ε 282
ἱκετήσιος ν 78
ἵκμενος β 156
ἴκρια ε 84

ἵκω (τινά) β 19
ἴληθι π 128
ἱμάς ι 228
ἱμάσθλη ζ 242
ἱμάσσω ε 222
ἱμείρομαι α 36
ἱμείρω α 36
ἱμερόεις κ 216
ἵμερος π 159
ἵνα ζ 17
ἶνες β 145
ἰοδνεφής ι 260
ἰοδόκος φ 24
ἰοειδής ε 11
ἴον ε 11
ἰονθάς ξ 45
ἰός ζ 81
ἰότης μ 38
ἰοχέειρα ζ 81
ἱππήλατος ν 104
ἱππόβοτος φ 168
ἱπποδάσεια χ 100
ἵππουρις χ 113
ἴρηξ ε 21
ἱρός α 61
ἴς β 145
ἴση ι 339
ἰσόθεος α 240
ἴσος λ 197
ἱστίον β 162
ἱστοπέδη μ 14
ἱστός β 51
ἴσχιον ρ 73
ἴσχω u. med. χ 159
ἴφθιμος λ 39

ἶφιος μ 107
ἰχθυόεις ε 254
ἴχνιον β 142
ἶψ φ 190
ἰωγή ξ 200
ἰωή ρ 100

κ

καγχαλάω ψ 1
καθαιρέω β 57, ι 47
καθάπαξ φ 170
καθάπτομαι β 26
καθέζομαι ε 93
καθήμενος κ 189
καθιζάνω ε 1
καθίζω β 35
καθύπερθε(ν) η 149
καί zu ε 148
καὶ λίην α 41
καὶ τότε δή β 65
καὶ ὥς ε 116
καίω ε 14
κακοεργίη χ 177
κακορραφίη β 103
κακός β 115, ι 324
κακότης ε 172
κακόω ζ 105
καλέω ρ 184
καλλίθριξ ε 222
κάλλιμος μ 40
καλλιπλόκαμος κ 92
καλλίρ(ρ)οος ε 273
καλλίχορος λ 218
καλός α 82
κάλος ε 146

καλύπτομαι ε 317
καλύψας ρ 80
κάματος ε 289
κάμμορος ε 81
κάμνω ξ 60
κάμπτω ε 285
καναχέω τ 51
καναχή ζ 61
κάνεον α 123
καπνός α 53
κάρη α 83, β 7
κάρη κομόωντες β 7
κάρηνον α 83
καρπάλιμος β 142
καρπός σ 88
καρτερός μ 135
κάρτος ζ 145
καρφαλέος ε 215
κασίγνητος ζ 122
κατά c. acc. α 4,
  ι 110
κατάγνυμι ι 136
κατάγω zu λ 91
καταδάπτω π 71
καταδαρτάνω ε 298
καταδέρκομαι λ 12
καταδέω ε 225
καταέννυμι ν 148
καταζαίνω λ 224
καταθέλγω κ 85
καταθνητός ι 304
κατακαίω λ 38
κατακαλύπτω μ 178
κατάκειμαι λ 37
κατακείρω χ 31

Alphabetisches Wörterverzeichnis

κατακείω η 67
κατακλάω ι 113
κατακρύπτω ι 174
καταλέγω α 145
κατανεύω ν 30
καταπλέω ι 40
καταπρηνής ν 46
καταρ(ρ)έζω ν 113
καταστείχω ρ 57
καταστῆσαι νῆα μ 33
καταστόρνυμι ρ 22
κατατίθημι π 32
κατατρύχω π 66
κατ' αὖθι, καταῦθι φ 19
καταφθίνω λ 204
καταχέομαι μ 212
καταχεύω β 12
καταχέω β 12, λ 225
κατέδω β 103
κατείβω ε 78
κατέπεφνον λ 100
κατέργνυμι κ 103
κατερητύω τ 93
κατερύκω α 50
κατερύω ε 147
κατέρχομαι α 158
κατεσθίω α 9
κατέχω ι 43
κατηρεφής ε 213
κατόπισθεν λ 6
κατῶρυξ ζ 195
κε, κεν, κ' α 76
κεάζω ε 15
κεδνός ξ 134

κέδρος ε 15
κεῖθεν α 212
κεῖθι ϑ 40
κείμην ι 268
κειμήλιον α 229
κεῖνος α 41
κείρω λ 215
κεῖσε κ 129
κείω η 153
κεκαφηώς ε 295
κεκληγώς μ 100/209
κέκλυτε β 16
κεκμηώς κ 22
κεκριμένος ν 64
κελάδων β 157
κελαινεφής ι 342
κελαινός λ 50
κελαρύζω ε 204
κέλευθος, ~ α β 80, ι 109
κέλης ε 217
κέλλω ι 336
κέλομαι β 71
κεραΐζω ϑ 88
κέρας μ 97
κεραυνός ε 62
κεράω ϑ 43
κερδαλέος ζ 115
κέρδεα (οἶδα) β 45
κερδίων ε 301
κέρδος β 45
κερδοσύνη ξ 26
κερκίς ε 17
κερτομέω η 10
κερτόμιος ι 303

κευθμών κ 143
κεύθω ε 69, ζ 228
κεφαλή ψ 4
κεχάρισμαι ζ 13
κεχολῶσθαι α 64
κέχρημαι α 13
κέω η 153
κηδέω ι 239
κήδομαι ξ 4
κῆδος α 187
κήδω ι 239
κηκίω ε 287
κήλεος ι 173
κῆρ α 227
κήρ ε 229
κηρόθι ε 166
κηρός μ 23
κηρύσσω β 7
κῆτος ε 255
κιθαρίς α 129
κικλήσκω ι 209
κινέω ε 167
κιρνάω η 64
κίρνημι η 64
κισσύβιον ι 191
κίστη ζ 55
κιχάνω u. med. ζ 30
κίω α 22/228
κίων α 48
κλαγγή ξ 149
κλάζω μ 100
κλαυθμός ρ 8
κλάω ζ 103
κλειτός ζ 33
κλειτύς ε 297

κλέομαι ν 124
κλέος α 81
κλήθρη ε 19
κληίς β 155
κληίω φ 107
κλῆρος ι 176
κλητός ρ 188
κλίμαξ φ 5
κλιντήρ σ 43
κλισίη θ 73
κλισμός α 108
κλόπιος ν 120
κλύδων μ 222
κλύζω ι 331
κλυτός ε 223
κλυτότοξος φ 134
κλύω β 16
κνήμη τ 51
κνίση μ 178
κοῖλος β 18
κοιμάομαι ζ 8
κοιμάω ζ 8
κοιρανέω α 190
κοῖτος η 33
κολεόν κ 185
κολλητός ψ 81
κόλλοψ φ 202
κομάω β 7
κομέω ζ 155
κόμη ψ 82
κομιδή ξ 96
κομίζω u. med.
   ζ 206
κοναβίζω κ 217
κονίη η 48

κόπρος ι 174
κορέννυμ u. med.
   ξ 41
κορμός ψ 83
κορύσσω φ 227
κορυφή ι 327
κορώνη ε 21 η 19!
κοσμήτωρ σ 32
κόσμος θ 64
κατὰ κόσμον θ 61
κοτέω u. med. ε 73
κότος λ 54
κοτυληδών ε 265
κουλεόν λ 50
κούρη β 129
κουρίδιος τ 128
κοῦρος α 124
κουρότερος φ 155
κουροτρόφος ι 20
κραδάω τ 32
κραδίη κ 163
κραιαίνω ρ 81
κραίνω ρ 81
κραιπνός ε 227
κρανάος α 190
κράνεια κ 107
κραταιίς λ 234
κρατερός ε 74
κρατερῶνυξ ζ 181
κρατύς ε 74
κρέας α 117
κρείων α 40
κρήδεμνον ζ 79
κρῆθεν λ 225
κρηναῖος ρ 79

κρητήρ η 61
κρῖ μ 176
κριθαί ι 32
κρίνω u. med. θ 15
κριός ι 281
κρόταφος χ 91
κρυερός λ 128
κτέαρ ξ 87
κτεατίζω β 59
κτείνω α 31
κτέρας α 218
κτερεΐζω, κτερίζω
   α 218
κτῆμα α 93
κτῆσις ξ 57
κτυπέω φ 208
κτύπος π 6
κυάνεος μ 87
κυανόπρωρος ι 329
κύανος η 16
κυανοχαίτης ι 319
κυβερνήτηρ θ 110
κυβερνήτης θ 110
κυδαίνω ξ 167
κυδάλιμος φ 118
κύδιστος λ 157
κῦδος λ 157
κυδρός λ 217
κυκάομαι μ 82
κυκάω κ 100
κυκεών κ 148
κυλίνδω α 138
κῦμα α 138
κυνέη κ 78
κυνέω ν 151

κυνοραιστής ρ 129
κύντερος λ 180
κυπαρίσσινος ρ 149
κυπάρισσος ε 19
κύπελλον α 118
κύπτω λ 222
κύρμα ε 300
κῶας π 34
κωκύω τ 89
κῶμα σ 49
κώπη μ 62
κώρυκος ε 153

λ

λᾶας ζ 195
λαγχάνω ε 193, ι 179
λαγωός ρ 127
λάθρῃ ρ 33
λᾶιγξ ε 265
λαῖλαψ μ 145
λαιμός χ 15
λάινος π 28
λαῖτμα ε 243
λακτίζω χ 77
λαμβάνω u. med. ε 126
λαμβάνω τινός ε 260
λάμπω u. med. ψ 126
λανθάνομα α 60
λάξ ρ 72
λαός β 13
λαρός μ 120
λάσιος ι 267

λάχνη ι 279
λάχνος ι 279
λέβης α 113
λέγομαι ν 121
λέγω ι 180
λείβω β 168
λειμών ε 27
λεῖος ε 275
λείπομαι ι 282
λεπτός β 52
λευγαλέος ε 194
λευκαίνω μ 22
λευκός β 162
λευκώλενος ζ 80
λεύσσω ι 51
λέχος η 151
λήγω ν 119
λήθομαι ν 23
λήθω β 63
λῃστήρ ι 111
λήκυθος ζ 58
λιαρός ε 154
λίγα κ 118
λιγυρός μ 11
λιγύς β 6
λιγύφθογγος β 6
λίην α 41
λίθαξ ε 249
λιθάς ξ 31
λικριφίς τ 41
λιλαίομαι α 15
λιμήν α 162
λίμνη λ 220
λίνον ν 15
λίπα ζ 75

λιπαρός β 4
(ἐ)λιπόμην ι 162
λίς α 106
λίσσομαι β 34
λισσός ε 246
λιτανεύω η 40
λιτή λ 30
λόετρον ε 161
λοέω α 227 med. ζ 75
λοιβή ι 194
λοφιή τ 36
λόφος λ 233
λοχάω ξ 138
λοχμή τ 33
λόχος ϑ 87
λύγος ι 261
λυγρός β 36
λύομαι ε 179
λωβεύω ψ 14
λώβη σ 67
λώιον ψ 62
λώπη ν 88

μ

μαζός τ 65
μαῖα τ 64
μάκαρ α 71
μακρός α 49
ἦ μάλα δή ε 168
μαλακός α 51
μάν ρ 218
μάργος ψ 11
μάρναμαι π 77
μάσταξ ψ 32

μαστίζω ζ 61
μάστιξ ζ 60
μαχέομαι λ 163
μαχητής σ 91
μάψ η 133
μαψιδίως η 133
μεγάθυμος η 9
μεγαίρω β 101
μεγαλήτωρ ε 75
μέγαρον α 25
μέδων η 32
μεθέπω α 151
μέθημαι α 94
μεθήμων ζ 15
μεθίημι α 66, ε 298
μεθορμάομαι ε 206
μέθυ η 61
μείγνυμαι ε 221
μειδάω ν 112
μειλίγματα κ 89
μειλίχιος ζ 111
μείλιχος ζ 111
μείς κ 5
μέλαθρον σ 30
μέλει μοι α 222
μελεϊστί ι 144
μέλεος ε 250
μέλι κ 99
μελίγηρυς μ 35
μελιηδής ζ 69
μελίκρητον λ 23
μέλινος ρ 148
μελίφρων η 64
μέλλω α 175
μέλος κ 211

μέλω τινί ι 13
μεμαώς λ 126
μέμβλεται χ 12
μέμβλωκα ρ 43
μέμηκα ι 273
μεμήλει α 127
μέμηλεν ε 22
μέν = μήν α 67
οὐ μέν (= μήν) τι α 149
μενεαίνω α 20
μενοεικής ε 87
μενοινάω β 21
μένος α 78
μένω α 221
μερμηρίζω β 50
μέρμις κ 14
μεσόδμη β 160
μεσσηγύς χ 82
μέσ(σ)ος ε 207
μετά c. dat. α 19
μετά c. acc. α 22
μεταβαίνω ϑ 64
μεταβέβηκα μ 143
μεταβουλεύω ε 168
μεταΐσσω ρ 75
μεταλλάω α 174
μεταμώνιος β 55
μεταπρέπω ζ 88
μέτασσαι ι 85
μεταυδάω ζ 160
μεταφωνέω κ 48
μέτειμι κ 33
μετεκίαϑον α 22
μετέπειτα λ 23

μετέρχομαι α 110
μετοίχομαι ϑ 26
μετοπάζω κ 76
μετόπι(σ)ϑε(ν) ε 73
μετοχλίζω ψ 75
μέτρον ν 9
μέτωπον ζ 86
μή (= ἵνα μή) πως ε 73/249
μήδεα ζ 104
μήδομαι ε 122
μηκάομαι τ 44
μηκάς ι 101
μήκιστα ε 181
μῆλα ι 66
μηλέη λ 226
μῆνις ε 72
μηρά, μηρία ι 343
μηρός κ 152
μηρύομαι μ 20
μητίαω u. med. α 177
μητίομαι ι 118
μῆτις ι 251
μηχανάομαι π 72
μηχανάω σ 23
μῆχος μ 193
μιμνήσκομαι η 33
μίμνω β 54
μινύθω ξ 13
μίσγω ε 199
μιστύλλω μ 183
μνάασϑαι α 34
μνηστεύω σ 104
μνηστή α 31

μνηστήρ α 87
μογέω ε 120
μοῖρα β 57
μοῖρα θανάτου ρ 135
κατὰ μοῖραν θ 68
παρὰ μοῖραν ξ 183
ἐν μοίρῃ χ 48
μολοβρός ρ 66
μολπή α 128
μόρος α 29
μουνάξ λ 174
μοῦνος μ 134
μουνόω π 83
μόχλος ε 147
μυελόεις ι 146
μυελός β 123
μυθέομαι α 100, λ 144
μυθολογεύω μ 244
μῦθος α 26, ε 48!
μυκάομαι μ 196
μύνη φ 49
μυρίοι π 87
μυχός η 16
μῶλος σ 74
μωμεύω ζ 202
μῶμος β 43

ν

ναιετάω β 136
ἐῢ ναιετάων β 136
ναίω α 46, ζ 217!
νάκη ξ 197
νάσσω φ 60
ναυσικλειτός ζ 12

ναυσικλυτός ζ 12
νάω ζ 217
νεικείω ρ 42
νεικέω η 126
νεῖκος π 77
νέκταρ ε 43
νέκυς λ 22
νέμεσις χ 34
νεμεσίζομαι β 76
νεμεσ(σ)άω u. med. α 95
νεμεσσητός χ 53
νέμομαι ζ 137, ι 283
νέμω ζ 137
νεόδαρτος χ 166
νέομαι α 5
νέον α 151
νεόπλυτος ζ 43
νευρή φ 65
νεῦρον φ 65
νευστάζω μ 42
νεύω ρ 139
νεφέλη (ε 175)
νεφεληγερέτα α 58
νέφος ε 175
νέω β 55, ε 233!
νηδύς ι 149
νήιος ι 227
νηκερδής ξ 183
νηλεής θ 79
νῆμα β 55
νημερτής α 75
νηνεμίη ε 231
νηός μ 164
νήπιος α 8

νήποινος α 136
νηῦς α 147
νήχω ε 233
νίζω α 114
νίπτω α 114
νοέω α 53
νόημα η 115
νοήμων ν 74
νομεύς π 3
νομεύω ι 81
νομός ι 81
νόος α 3, ε 66
νοστέω α 31
νόστιμος α 9
νόστος α 5
νόσφι(ν) α 20, ρ 133
νοσφίζομαι λ 178
νότος ε 177
νυ α 27
νύκτας β 62
νυκτερίς μ 234
νύμφη α 14
νῦν δή περ ζ 247
νῶι λ 141
νωίτερος μ 33
νωλεμής ι 269, π 135
νωμάω η 65, κ 23
νώνυμος ν 101

ξ

ξανθός α 212
ξεινήιον ι 120
ξείνιον ι 120
ξείνιος ι 120
ξεῖνος α 86

ξερόν ε 236
ξεστός α 114
ξέω ε 134
ξίφος β 3
ξύλοχος τ 35
ξύνειμι η 98
ξυνίημι ζ 214

ο

ὅ, ὅ τε = ὅτι (τε) μ 132
ὀβελός μ 183
ὄβριμος ι 90
ὀγδόατος η 91
ὄγχνη λ 226
ὁδίτης ν 20
ὀδμή ε 14
ὀδύνη α 185
ὀδύρομαι α 50
ὀδών α 59
ὄζω ε 15
ὅθι (τε) α 45
ὅθι πρῶτον ξ 113
οἱ α 17
οἱ < Ϝοι α 17
οἴγνυμι κ 95
οἶδα β 25
οἰδέω ε 287
ὀϊζυρός ε 51
ὀϊζύς ε 171
ὀϊζύω ψ 137
οἰήϊον ι 330
οἰκεύς ξ 4
οἰκία ι 307
οἴκοθι φ 193

οἶκοι α 12
οἴκόνδε α 17
οἶκος α 191
οἴκτιστος λ 172
οἰκτρός τ 91
οἴμη ϑ 54
οἰμώζω ι 232
οἰνοβαρείων ι 217
οἰνοποτάζω ζ 234
οἰνοποτήρ ϑ 29
οἰνοχοεύω α 119
οἰνοχοέω α 119
οἰνοχόος φ 130
οἶνοψ α 159
οἴομαι α 149
ὀΐομαι α 149
οἶον β 105
οἰοπόλος λ 211
οἶος α 13
ὀΐς β 32
ὀϊστεύω χ 108
ὀϊστός τ 123
οἶστρος χ 118
οἰσύϊνος ε 142
οἶτος ϑ 61
ὀΐω λ 53
οἰωνός ξ 105
ὄλβιος η 43
ὄλβος ζ 137
ὄλεθρος α 11
ὀλιγηπελέων ε 289
ὀλιγηπελίη ε 295
ὀλίγος ι 315
ὀλοός β 57
ὀλοόφρων α 177

ὀλοφύρομαι κ 177
ὀλοφώϊος κ 147
Ὀλύμπιος α 25
ὁμαδέω χ 21
ὁμαλός ι 172
ὁμαρτέω φ 68
ὄμβρος α 137
ὁμηγερής β 9
ὁμηλικίη ζ 13
ὁμιλέω β 121
ὅμιλος α 168
ὁμόθεν ε 304
ὁμοκλάω ξ 30
ὁμοκλέω ξ 30
ὁμοκλή ρ 42
ὁμοῦ ε 176
ὁμοφροσύνη ζ 134
ὀμφαλός α 45
ὀμφή π 75
ὁμῶς κ 19
ὄναρ τ 95
ὄνειαρ α 125
ὄνειδος ζ 210
ὄνειρος ζ 27
ὀνήμενος β 20
ὄνησις φ 197
ὀνίναμαι ξ 152
ὄνομαι ρ 180
ὀνομαίνω λ 144
ὀνομαστός τ 133
ὀξύς ε 232
St ὀπ- α 39/91
ὀπάζομαι κ 40
ὀπάζω ζ 134
ὅπ(π)η ϑ 24

Alphabetisches Wörterverzeichnis 243

ὀπηδέω η 63
ὄπις ξ 77
ὄπι(σ)θεν β 115
ὀπίσ(σ)ω α 183
ὅπλα β 159
ὁπλέω ζ 52
ὁπλίζω u. med.
  β 122
ὁπ(π)οῖος α 147
ὀπταλέος μ 197
ὀπτάω ξ 71
ὀπτός χ 21
ὀπυίω ζ 42
ὄπωπα ρ 174
ὀπωπή ι 312
ὀπώρη ε 209
ὀπωρινός ε 209
ὅπως zu α 66
ὄργυια ι 170
ὀρέγομαι φ 17
ὀρέγω ι 318
ὀρεσίτροφος ι 145
ὀρέστερος κ 84
ὀρθόκραιρα μ 166
ὀρθός μ 14
ὀρίνομαι χ 163
ὀρίνω η 101
ὁρμαίνω ε 258
ὁρμάομαι κ 86
ὁρμάω θ 71
ὁρμή β 139, ε 202
ὅρμος ν 9
ὄρνυμαι β 2, σ 13
ὄρνυμι β 2
ὀροθύνω ε 174

ὀρός ι 86
ὀροφή χ 116
ὀρυμαγδός α 109
ὀρύσσω κ 160
ὀρφναῖος ι 41
ὄρχαμος ξ 18
ὀρχηστύς α 128
ὅσσα α 209
ὁσσάκι λ 222
ὄσσε ε 77
ὄσσομαι α 91
ὄσσομαι θυμῷ σ 34
ὀτραλέως τ 14
ὀτρύνομαι κ 232
ὀτρύνω α 74
ὅττι τάχιστα ε 53
οὔατα α 74
οὖδας ι 99
οὐδέ τι α 186
οὐδός α 85
οὖθαρ ι 274
οὐκί α 205
οὐλή τ 25
οὐλόμενος κ 212
οὖλος η 149, ρ 152!
οὕνεκα ε 113
οὔνομα zu ζ 142
οὔ πῃ ε 244
οὔ πως ἔστι ε 66
οὔ πως οὐδέ ε 109
οὐρανίωνες η 80
οὐρανομήκης ε 128
οὐρανός α 49
οὐρή κ 87
οὖρος β 156, ζ 81

οὖς μ 25
οὐτά(ζ)ω τ 39
οὔτημι τ 39
οὔ τι, οὔτι β 44
οὐτιδανός ι 315
οὔ τις β 99
οὔτις ι 209
οὐχί α 205
ὀφέλλω θ 36, π 120
ὄφελον ε 190
ὄφρα α 74
ὀφρύς ι 297
ὄχα ι 257
ὀχεύς φ 12
ὀχθέω ε 180
ὄχθη ζ 76
ὀχλίζω ι 99
ὄχος ε 238
ὄψ ε 16
ὀψέ ε 158
ὄψις ψ 50
ὄψον ε 153

π

πάγος ε 239
παγχάλκεος λ 212
πάγχαλκος λ 212
πάγχυ κ 101
παίζω ζ 79
παιπαλόεις κ 70
παῖς ζ 225
πάλαι ε 129
παλαίφατος ι 309
παλάμη α 85
παλίντονος φ 23

παλιρρόθιος ε 262
πάλλω u. med. ι 176
παλύνω ξ 72
παμμέλας λ 29
πάμπαν ξ 121
πάμπρωτον κ 230
παμφανάω τ 20
παμφανόων χ 110
πανδαμάτωρ ι 216
παννύχιος β 170
πάντα μάλα ε 113
πάντῃ φ 189
παντόσε ρ 169
πανυπέρτατος ι 18
πανύστατος ι 286
πάππα ζ 36
παπταίνω ρ 139
πάρ α 108
πάρα ε 315
παραβάλλω κ 107
παράκειμαι ξ 188
παράκειται ὕμιν χ 59
παράκοιτις λ 217
παραμείβομαι ζ 235
παραμίμνω β 130
παρα(νη)νέω α 123
παρανηέω α 123
παρανήχομαι ε 251
παραπλήξ ε 252
παραπνέω κ 15
παρασταδόν μ 55
παρατανύω α 114
παρατεκταίνομαι
  ξ 103
παρατίθεμαι β 103

παρατίθημι α 115
παραυδάω λ 201
παρειαί ϑ 94
παρέκ ι 38
παρέλκω φ 49
παρέξ ε 271, ψ 15
παρεξέρχομαι ε 67
παρεόντα α 116
παρέρχομαι ν 116
παρηαί ϑ 94
πάρημαι α 24
παρίσταμαι μ 10
πάροιθεν α 238,
  σ 102
πάρος α 21
πᾶς ε 94
πάσσαλος φ 17
πατέομαι α 100
πατρίς α 217
πατρώιος α 151
παῦρος β 107
παύω ε 283/318
πάχετος ψ 78
πάχος ι 169
παχύς ζ 103
πεδάω ν 50
πέδιλον α 82
πεδόθεν ν 120
πέδονδε λ 235
πεζός α 149
πείθομαι α 206
πειράζω ι 134
πειράομαι ι 56
πεῖραρ ε 171
πείρατα γαίης ι 137

πείρατα ὀλέθρου
  χ 35
πειρητίζω φ 62
πείρω β 170
πεῖσμα ζ 197
πέλαγος ε 211
πελάζομαι μ 8
πελάζω κ 231
πέλεθρον ι 328
πελεκκάω ε 133
πέλεκυς ε 123
πελεμίζω φ 63
πέλω u. med. α 16
πέλωρ ι 262
πελώριος ι 69
πένθος β 36
πενταέτηρος ξ 156
πέπλος ζ 27
πέπνυμαι ψ 97
πεπνυμένος α 173
πέπων ι 281
περ α 6
περάω ε 243
περάτη ψ 114
πέρθω α 2
περί α 61, ε 192,
  ι 273
περιβάλλω λ 127
περιδίδομαι ψ 34
περιδίε χ 85
περίδρομος ξ 7
περιεῖναι α 61
περιελελίζω ε 196
περιέρχομαι ι 205
περιζέω ι 231

περικαλλής α 129
περικήδομαι ξ 194
περίκηλος ε 129
περικλυτός θ 93
περίμετρος β 52
περιμήκετος ζ 82
περιμήκης κ 151
περὶ-οἶδα β 45
περιπέλομαι α 16
περιρρέω ι 231
περιρρηδής χ 72
περισθενέων χ 171
περίσκεπτος κ 83
περισσαίνω κ 87
περιστέφω ε 185
περιτάμνομαι λ 162
περιτίθεμαι β 3
περιτρέπω κ 240
περιτροπέω ι 294
περιφαινόμενος ε 303
περιφράζομαι α 65
περίφρων ε 113
περιφύομαι π 21
περιώσιον ν 147
πεσσός α 88
πέταλον λ 225
πετάννυμι σ 37
πέτρη ε 260
πεύθομαι α 133
πέφαται χ 48
πέφνη λ 65
πέφραδε ξ 3
πεφυγμένος α 18
πεφυώς ε 304
πῃ ἄλλῃ β 72

πήγνυμι ε 84
πηδάλιον ε 141
πηδόν η 139
πήληξ α 199
πῆμα α 44
πημαίνω θ 116
πήρη ρ 50
πῆχυς ρ 28
πιέζω μ 24
πιθέω φ 160
πίθος ψ 135
πικρόγαμος α 203
πικρός ε 204
πίναξ α 117
πινυτός α 172
πιστόω φ 89
πισυνός σ 20
πίσυρες ε 25
πίτυς ι 68
πιφαύσκω u. med.
    μ 15
πίων θ 113
πλάζω α 2
πλεῖος μ 77
πλεκτός ι 104
πλευρά ρ 71
πλήθω λ 176
πλῆος μ 77
πλησίος ε 26
πλησίστιος λ 7
πλίσσομαι ζ 240
πλυνοί ζ 65
πλύνω ζ 21
πλωτός κ 3
πλώω ε 129

πνείω σ 11
πνοιή ε 9
ποδάνιπτρα τ 78
πόδες ε 146
πόθεν α 146
πόθεν ἄλλοθεν ε 316
ποθέω ι 287
πόθι α 146
πόθος λ 118
ποίη ι 283
ποικιλομήτης η 50
ποικίλος α 108
ποιμαίνω ι 70
πολεμίζω ν 132
πολιός β 111
πολλόν α 196
πόλος α 16
πολύαινος μ 32
πολυάρητος ζ 208
πολυβότειρα μ 39
πολυδαίδαλος ζ 7
πολυδάκρυτος φ 21
πολύδεσμος η 93
πολυϊδρις ψ 38
πολυκερδείη ψ 33
πολυκηδής ι 25
πολύκλυστος ζ 152
πολύλλιστος ε 277
πολύμητις ε 111
πολυμήχανος ε 100
πολυμνήστη ξ 58
πολυπενθής ψ 14
πολύπικρος π 183
πολύπους ε 264
πολύτλας ε 312

πολύτροπος α 1
πολυφάρμακος κ 138
πολύφημος χ 179
πολύφλοισβος ν 85
πολύφρων α 72
πολυωπός χ 189
πομπή ε 122
πομπός ν 56
πονέομαι ι 107
ποντοπορεύω ε 163
ποντοπόρος ν 3
πόντος α 4
πόποι α 27
(ἔ)πορον ζ 165
πόρος μ 103
πορφύρεος β 164
πορφύρω κ 163
πόσε ζ 147
πόσις α 15, α 126!
ποτέομαι λ 138
ποτής ε 98
ποτί (β 139) ε 235
ποτιδέχομαι β 139
ποτιδόρπιος ι 91
ποτικλίνω ζ 233
πότμος ε 190
πότμον ἐπισπεῖν ε 190
πότν(ι)α α 14
ποτόν α 124
που α 80
πουλυβότειρα μ 39
πουλύπους ε 264
πούς κ 23
πραπίς η 21

πρῆξις ι 110
πρίν zu λ 146
πριστός τ 112
πρό α 32
προβλής ε 239
προβλώσκω φ 110
πρόβολος μ 95
πρόγονοι ι 85
πρόδομος ξ 5
προέχω ζ 106
προήκης μ 53
πρόθυρον α 84
προιάλλω ξ 14
προίημι β 49, ε 154
προΐκτης ρ 161
πρόκειμαι α 125
προμνηστῖνοι φ 101
πρόξ ρ 127
προοράω ε 232
προπάροιθε(ν) α 88
προπίπτω μ 42
προπρηνής χ 87
προρέω ε 276
πρός ε 141
προσαΐσσω χ 148
προσαλείφω κ 210
προσαυδάω α 98
προσβαίνω ξ 1
προσεῖπον α 154
πρόσθε(ν) ε 285
προσπελάζω ι 138
προσπίλναμαι ν 3
προσπλάζω λ 220
προσπτύσσομαι θ 51
πρόσφημι α 58

προσφυής τ 8
προσφύομαι μ 234
προσφωνέω ε 80
πρόσω ι 332
προτάμνω ψ 83
προτέρω ε 251
προτί ε 167
προτιμυθέομαι λ 73
πρότονοι β 161
προτρέπομαι λ 14
προφαίνομαι ι 41
προφαίνω μ 195
προφέρω ζ 71
προφεύγω χ 140
πρόφρασσα ε 82
πρόφρων β 96
πρόχνυ ξ 64
προχοαί ε 285
πρόχοος α 112
πρύμνη β 153
πρυμνήσια β 154
πρυμνός ρ 211
πρώρη ι 329
τὰ πρώτιστα λ 95
(τὰ) πρῶτα α 200
πρῶτον κ 181, ν 24
πρωτόπλοος θ 14
πτερόεις α 98
πτήσσω ν 6
πτοιέω χ 116
πτολίεθρον α 2
πτολιπόρθιος ι 306
πτολίπορθος θ 3
πτόλις α 2
πτόρθος ζ 103

πτύσσω ζ 90
πτώσσω ζ 156, ν 6
πτωχεύω ρ 11
πτωχός ζ 156
πυγούσιος λ 21
πύελος τ 101
πυθμήν ν 19
πύθω α 137
πύκα ϑ 31
πυκάζω μ 73
πυκ(ι)νός α 206, ε 265
πυκνά ρ 51
πύματος η 33
πυνθάνομαι λ 42
πυρακτέω ι 173
πύργος ζ 190
πυρή λ 27
πυριήκης ι 230
πυρός ι 32
πυρπολέω κ 21
πωλέομαι β 31
πῶμα ι 160
πῶυ λ 162
οὔ πως ἔστι ε 66
οὔ πως οὐδέ ε 109

ρ

ῥάβδος κ 103
ῥαίομαι ζ 248
ῥαίω ε 118
ῥάκος ζ 131
ῥέεθρα ζ 239
ῥέζω α 42, ι 343
ῥεῖα α 136
ῥηγμίν ι 48

ῥῆγος η 147
ῥηίδιος ι 159, λ 76
ῥῆσις φ 152
ῥιγέω ε 57
ῥίγιον ρ 44
ῥῖγος ε 299
ῥιζόω ν 45
ῥίμφα μ 30
ῥινός ε 267
ῥίον ι 73
ῥίπτασκον λ 229
ῥίς ε 288
ῥίψ ε 142
ῥοδοδάκτυλος β 1
ῥοή λ 226
ῥόθιος ε 246
ῥοιή ι 284
ῥοῖζος ι 161
ῥόος ε 208
ῥόπαλον ι 164, ρ 48
ῥοχθέω ε 236
ῥύομαι α 6
ῥύπα ζ 72
ῥυπάω ζ 66
ῥυπόω ζ 38
ῥυστακτύς σ 66
ῥυτήρ ρ 40
ῥυτός ζ 195
ῥωγαλέος ρ 51
ῥώομαι ψ 3
ῥώψ ξ 44

σ

σαίνω κ 89
σάκος χ 90

σανίς φ 15
σαός ε 187
σαόω ε 61
σάρξ ι 146
σάφα β 65
σέβας ζ 127
σέλας φ 117
σέλινον ε 27
σέλμα β 150
σεύομαι ε 196
σεύω ζ 68
σηκός ι 83
σῆμα α 218
σήμερον ρ 39
σθένος φ 144
σίαλος κ 208
σιγαλόεις ε 37
σίνομαι λ 58
σιτοφάγος ι 73
σκαφίς ι 87
σκέδασις α 92
σκέπαρνος ε 126
σκέπας ε 275
σκεπάω ν 7
σκέπτομαι μ 91
σκήπτομαι ρ 56
σκηπτοῦχος β 97
σκῆπτρον β 24
σκηρίπτομαι λ 232
σκίδναμαι β 109
σκιόεις η 96
σκόπελος μ 68
σκοπέω α 33
σκοπιάζω κ 124
σκοπιή κ 70

σκοπός φ 220
σκότος τ 23
σκύζομαι ψ 96
σκύλαξ ι 142
σκῦτος ξ 29
σκύφος ξ 84
σκώψ ε 21
σμερδαλέος ζ 105
σπείρη ζ 197
σπεῖρον β 59
σπέος α 15
σπέρμα ε 316
σπερχομένη ν 12
σπέρχω α 20
σπεύδω ι 107
σπιλάς ε 235
σπλάγχνα μ 182
σποδιή ε 314
σποδός ι 218
σπουδή φ 204
στάθμη ε 134
σταθμός η 18, ι 285
σταμίν ε 138
σταφυλή ε 24
στείβω ζ 71
στειλειή φ 217
στειλειόν ε 125
στείνομαι ι 83/279
στεινωπός μ 78
στεῖρα λ 26
στείρη β 164
στείχω ι 255
στέλλω β 120
στεναχίζω α 186
στενάχω ε 254

στένω φ 118
στερεός τ 76
στέρνον ι 277
στεῦμαι λ 221
στεφανόω κ 71
στῆθος β 45
στηρίζω μ 235
στιβαρός ε 286
στίβη ε 294
στίλβω ζ 167
στόμα ε 203
στοναχή ξ 34
στονόεις ι 5
στόρνυμι η 148
στρεύγομαι μ 169
στρέφεσθαι ι 269
στρόφος ρ 51
στρώννυμι η 148
στρωφάω ζ 32
στυγερός α 192,
λ 182
στυφελίζω ρ 73
συβώτης ξ 7
συγκαλύπτω ε 175
συκέη λ 227
συμβάλλω ζ 33
συμμάρπτω ι 142
συμπίπτω ε 177
συναράσσω μ 213
συνεέργω ι 261
συνερείδω λ 179
συνέριθος ζ 22
συντίθεμαι π 187
σύντρεις ι 263
σῦς ϑ 49

συφε(ι)ός κ 103
σφάζω λ 37
σφαίρη ζ 79
σφάλλω ρ 212
σφαραγέομαι ι 274
σφέλος ρ 70
σφέτερος α 7
σφός α 29
σχεδίη ε 84
σχεδόθεν ν 86
σχεδόν β 113, ε 170
σχεῖν ε 283
σχεῖν νῆα ι 132
σχέτλια ἔργα ξ 78
σχέτλιος ε 59, κ 50
ν 118
σῶς ε 187
σώω ε 61

τ

τοι α 55
ταλαπενθής ε 119
τάλαρος ι 104
ταλασίφρων α 76
ταμίη α 115
ταμίης κ 12
τάμνω ε 83
ταναύπους ι 293
τανηλεγής β 57
τανύγλωσσος ε 21
τανύομαι ζ 62, ι 151
τανυσίπτερος ε 20
τανυστύς φ 50
τανύφυλλος ν 145
τανύω ε 23

τάπης η 148
ταράσσω ε 173
ταρβέω π 123
ταρσός ι 83
ταφήιος β 56
τάφος φ 60
ταφών π 12
τάχα α 194
τε ε 34
τε ... τε ζ 156
τέγος ϑ 31
τεϑαλυῖα ζ 218
τέϑηπα ψ 58
τείνυμαι ν 78
τείρω β 37, ι 275
τείχιον π 111
τεκμαίρομαι η 134, λ 58
τέκος ζ 47
τέκτων (δούρων) ρ 186
τελέϑω ρ 234
τελεσφόρος κ 238
τελευτάομαι ι 311
τελέω β 21
τελήεις ν 147
τέμενος ζ 218
τέμνω ε 13
τέρας μ 195
τέρετρον ε 135
τέρην ι 283
-τερος α 97
τερπικέραυνος η 62
τέρπω α 24
τέρσομαι ε 78

τερψίμβροτος μ 111
τετελεσμένος ε 41
τετίημαι α 90
τετλάμεν ζ 139
τετληώς ι 269
τετραϑέλυμνος χ 111
τετραίνω ε 136
τετράκυκλος ι 99
τέτρατος β 64
τετυγμένα ι 87
τέτυκται ζ 226
τεύχεα χ 98
τευχέω χ 93
τεύχομαι σ 63
τεύχω α 187
τεχνάομαι ε 145
τεχνήεις ε 156
τέως σ 43
τῇ ε 274
τῇδε ε 54
τῇ (δή) ϑ 50
τῇ περ ϑ 82
τήκομαι ϑ 94
τῆλε ε 197, μ 172
τηλεδαπός ζ 207
τηλεθάω ε 18
τηλεκλειτός τ 94
τηλεκλυτός τ 94
τηλόϑεν ε 165
τηλόϑι α 22
τηλόσε ε 14
τηλοῦ ε 197
τηλύγετος π 19
τῆμος η 135
τί α 57, τι ι 110

τίη ρ 178
τίϑεμαι ρ 108
τίϑημι α 92, ε 65!
τίκτω ψ 20
τιμή α 93
τιμήεις α 229
τινάσσω ε 214
τίνω ξ 130
τίπτε α 168
τίσις α 35
τιταίνομαι λ 236
τιτύσκομαι ϑ 109
τίω ϑ 45
τόδε κ 56
τοί = οἵ α 62
τοι = σοι α 55
τοι γάρ, τοιγάρ α 155
τοῖχος η 15
τοκάς ξ 12
τοκῆες α 146
τολυπεύω α 181
τοξάζομαι χ 25
τόσον α 57
τοσσάκι λ 222
τοσσόσδε ε 50
καὶ τότε δή β 65
τοὔνεκα φ 182
τόφρα ε 135
τράγος ι 96
τράπεζα α 114
τρέπομαι φ 208
τρέφω ι 103
τρέω ζ 106
τρηχύς ε 259

τρίαινα ε 174
τριετές β 63
τρίστοιχος μ 76
τρίχα θ 78
τρῖψαι zu ι 178
τρόπις ε 61
τροφός ρ 21
τροχός μ 23
τρύπανον ι 227
τρυπάω ι 227
τρύχω α 191
τρώγω ζ 69
τρωχάω ζ 240
τρώω φ 154
τυκτός ρ 59
τύμβος α 182
τύπτω χ 87
τυρός ι 83
τυτθός ι 330
τῶ, τῷ α 182
τώς σ 98

υ

ὑβρίζω α 170
ὕβρις π 68
ὑβριστής ζ 99
ὑγρή ε 8
ὑγρός ζ 58
ὑδρεύω u. med.
  ρ 59
ὑλακόμωρος ξ 24
ὑλάω π 5
ὕλη ε 143
ὑλήεις α 162
ὑμός β 78

ὑπάγω ζ 52
ὑπαείδω φ 206
ὑπαλύσκω ε 262
ὕπαρ τ 95
ὕπατος α 40
ὑπείρ ι 111
ὑπέκ, ὑπέξ λ 33
ὑπεκπρολύω ζ 67
ὑπεκπρορέω ζ 66
ὑπεκφεύγω ι 139
ὑπεξάγω σ 27
ὑπέρ α 29
ὑπέραι ε 146
ὑπερβάλλω λ 234
ὑπερβασίη χ 58
ὑπερέχω ν 1
ὑπερηνορέων ρ 230
ὕπερθεν μ 92
ὑπερθύριον η 19
ὑπερικταίνομαι ψ 3
ὑπεροπλίζομαι ρ 107
ὑπερτερίη ζ 49
ὑπερφίαλος α 110
ὑπέρχομαι ε 303
ὑπερώια σ 54
ὑπίσχομαι β 48
ὑπό adv. c 107 ρ.
  gen. ε 202
ὑπό c. dat. α 162
ὑπό c. acc. λ 85
ὑπόβρυχα ε 201
ὑποδάμναμαι π 74
ὑποδείδω ι 220
ὑποδέχομαι ξ 47
ὑπόδρα χ 29

ὑποδύομαι ζ 102,
  κ 216
ὑποείκω π 29
ὑποθημοσύνη π 173
ὑποκλοπέομαι χ 185
ὑποκρίνομαι β 68,
  τ 83
ὑπολείπω η 68
ὑπολύω η 6
ὑπομένω κ 97
ὑπομιμνήσκω α 237
ὑπομνάομαι χ 32
ὑποπετάννυμι α 106
ὑπόρνυμι u. med.
  π 159
ὑποσσείω ι 228
ὑπόσχεσις κ 248
ὑποτάμνω ψ 91
ὑποτίθεμαι α 206
ὑποτρέχω κ 176
ὑπότροπος χ 30
ὑποχέω ξ 44
ὕπτιος ι 214
ὗς θ 49
ὑσμίνη λ 174
ὑστάτιον ι 7
ὑφαίνω β 51
ὑφαντός ν 33
ὑφίημι ι 102
ὑφίσταμαι ι 208
ὑφορβός ξ 3
ὑψαγόρης β 42
ὑψερεφής η 14
ὕψι π 192
ὑψίκομος ι 68

ὑψιπέτηλος λ 225
ὑψόθεν χ 116
ὑψόροφος ε 56
ὑψόσε ι 97
ὑψοῦ ε 85

φ

φαάντατος ν 1
φάεα π 15
φαέθων ε 306
φαεινός ε 37
φαεσίμβροτος κ 67
φαίδιμος κ 116
φαίνω ϑ 71
φάος λ 45
φάρεα ε 144
φαρέτρη ζ 198
φάρμακον κ 85
φᾶρος β 54
φάρυξ ι 216
φάσγανον λ 47
φάτις ζ 19
φάτνη λ 171
φάτο zu β 22
φέβομαι χ 117
φείδομαι ι 130
φέρεσθαι μ 238
φέριστος ι 122
φέρτατος λ 191
φέρτερος ι 129
φήμη β 22
φημί β 104
φῆμις ζ 201
φθέγγομαι κ 94
φθεισίμβροτος χ 115

φθινύθω α 193,
  κ 250
φθίνω ε 82
φθογγή ι 52
φθόγγος β 6
φθονέω ζ 47
φιλέω α 99, ε 64
φιλήρετμος α 157
φίλοι α 19
φίλος α 55
φιλόξεινος ζ 100
-φι(ν) β 2 (N 4c)
φοινικόεις φ 56
φοῖνιξ (φ 56) ψ 88
φοιτάω ι 238
φόνος λ 173
φορέω ε 208
φόρμιγξ ϑ 100
φορμίζω α 131
φορτίς ι 168
φορύνω χ 21
φράζω u. med. α 65
φράσσω ε 142
φρένες (α 37) σ 59
ἐνὶ φρεσὶ βάλλεσθαι
  τ 118
μετὰ φρ. βάλλεσθαι
  λ 181
ἐν(ὶ)φρεσὶ θεῖναι
  α 78, λ 76
φρήν α 37
φρίσσω τ 36
φρονέω α 38
φίλα φρονέω α 224
φυή ε 109

φυλάσσω zu ε 293
φυλίη ε 304
φύλλον ε 309
φῦλον ϑ 54
φύλοπις π 196
φύομαι ε 18
φύρω ι 234
φύσις κ 158
φυτεύω ξ 82
φυτόν ι 30
φωνέω α 98
φώς α 240

χ

χαίνω μ 168
χαῖρε α 99
χαίρω α 99
χαλεπαίνω ε 73
χάλκε(ι)ος α 97
χαλκήρης ε 191
χαλκοβαρής φ 218
χαλκός ε 83
χαλκοχιτών α 213
χαμάδις ι 143
χαμᾶζε π 135
χαμαί ρ 238
χαμαιευνάς κ 108
χανδάνω ρ 153
χαρίζομαι α 56
χάρις β 12
χάρμα τ 53
χάρμη χ 67
χατίζω χ 44
χειμέριος ε 311
χειμών ξ 189

χεῖρας ε 286
χελιδών φ 206
χερείων ε 108
χέρνιψ α 112
χέρσος ζ 74
χεῦαι α 218
χηλός φ 15
χήν τ 84
χθαμαλός ι 18
χθιζός μ 245
χθών ζ 120
χιτών ζ 157
χλαῖνα η 149
χλωρός ι 165
χοή λ 22
χοίρεα ξ 76
χοῖρος ξ 68
χολόω u. med. α 64
χολωτός χ 24
χορδή φ 202
χορός ζ 44
χράομαι λ 92
χραύω κ 45
χράω κ 45
χρέος λ 192
χρε(ι)ώ α 168, λ 91
χρηώ α 168, λ 91

χρεώ μέ (ἐστίν)
  τινος α 168
χρή μέ τινος α 100
χρίω ζ 75
χρύσε(ι)ος α 113
χρυσόρραπις ε 38
χρώς ε 287
χύσις ε 309
χυτλόομαι ζ 59
χώομαι ε 112
χωρίς ι 85
χῶρος ε 274

ψ
ψάμαθος ι 336
ψάμμος μ 87
ψηλαφάω ι 253
ψιλός μ 222
ψυχή α 5
ψυχρός ε 296
ψύχω α 5
ψωμός ι 217

ω
ὤ μοι ε 181
ὧδε α 158

ὠδίνω ι 252
ὠδυσάμην α 57
ὠθέω λ 233
ὦκα β 8
ὠκύαλος μ 30
ὠκύμορος α 203
ὠκύπους ψ 116
ὠκύς ζ 83
ὠμοθετέω μ 179
ὦμος β 3
ὠμός μ 197
ὥρη β 64
ὤρορε ϑ 102
ὦρσε(δ'ἔπι) ε 212
ὦρτο ζ 7
ὥς, ὥς, ὡς α 6
ὥς = οὕτως α 6
ὥς κε α 76
καὶ ὥς ε 116
ὥς τε α 170
ὡς ὅτε ... ὥς ε 209
οὐδ' ὥς α 6
ὡς δ'αὔτως φ 81
ὠτειλή τ 46
ὤφελλε π 120
ὤψ ψ 60

Gegenüberstellung
der Originalverse mit denen der Auswahl

Original	Auswahl
α (1)	
1– 22	1– 22
25– 28	23– 26
32– 69	27– 64
76– 89	65– 78
93– 96	79– 82
102–107	83– 88
113–190	89–166
224–259	167–202
266–268	203–205
279–292	206–219
303–312	220–229
314–324	230–240
325–444	–
β (2)	
1– 15	1– 15
25– 28	16– 19
33– 41	20– 28
(46)/ 50	29– 30
55– 57	31– 33
68– 72	34– 38
82–114	39– 71
127–130/3	72– 75
138–140	76– 78
212–226	79– 93
228–241	94–107
257–261	108–112
268–279	113–118
286–298	119–131
393–395	132–134
399–434	135–170

Original	Auswahl
ε (5)	
1– 2	–
3	1
28– 31	2– 5
43– 46	6– 9
55– 80	10– 35
85– 90	36– 41
92–100	42– 50
105–106	51– 52
112–118	53– 59
129–132	60– 63
135–139	64– 68
143–153	69– 79
159–168	80– 89
192–199	90– 97
201–224	98–121
225/33–248	122–137
252–277	138–163
282–320	164–202
322–330	203–211
366–372/5	212–218
376–378	219–221
380–387	222–229
391–393	230–232
399–425	233–259
428–458	260–290
464–493	291–319
ζ (6)	
1– 3	1– 3
12– 17	4– 9
20– 35	10– 25
41	26
48–122	27–101
127–129	102–104

Original	Auswahl
137–143	105–111
145–156	112–123
158–161	124–127
175–181	128–134
186–192	135–141
194–211	142–159
217–218/21	160–161
222–223	162–163
227–228	164–165
236–243	166–173
246–281	174–209
285–312	210–237
316–327	238–249
328–331	–
η (7)	
1– 6	1– 6
14– 17	7– 10
82– 97	11– 26
100–101	27– 28
133–139	29– 35
141–153	36– 48
167–183	49– 65
228–250	66– 88
259–262	89– 92
264–266	93– 95
268–276	96–104
281	105
283–310	106–133
317–320	134–137
327–343	138–154
344–347	–
ϑ (8)	
1– 6	1– 6
25– 30	7– 12

Gegenüberstellung der Originalverse mit denen der Auswahl

Original	Auswahl	Original	Auswahl	Original	Auswahl
34– 47	13– 26	190–198	66– 74	385–390	149–154
454–487	27– 60	203–222	75– 94	395–412	155–172
489–522	61– 94	230–252	95–117	416–420/2	173–177
532–541	95–104	254–264	118–128	425–428	178–181
548–550	105–107	266–271	129–134	465–467	182–184
555–563	108–116	273–277	135–139	472–491	185–204
572–578	117–123	280–286	140–146	568–600	205–237
579–589	–	289–295	147–153	601–640	–
		298–300	154–156		
		302–305	157–160		
ι (9)		307–314	161–168	μ (12)	
		316–328	169–181		
1– 4	1– 4	330–333	182–185	153–159	1– 7
12– 28	5– 21	336–338	186–188	41– 44	8– 11
34– 38	22– 26	342–345	189–192	160–162	12– 14
105–117	27– 39	373–379	193–199	165–174	15– 24
142–152	40– 50	382–402	200–220	177–225	25– 73
166–167	51– 52	405–408	221–224	89– 92	74– 77
171–197	53– 79	418–428	225–235	234–263	78–107
216–223	80– 87	445/452	236–237	270–271	108–109
231–256	88–113	467–469	238–240	273–305	110–142
258–262	114–118	471–475	241–245	312–315	143–146
266–298	119–151	480–481	246–247	325–331	147–153
306–316	152–162	483–486	248–251	333–334	154–155
318–350	163–195	487–574	–	338–373	156–191
353–388	196–231			391–434	192–235
395–420	232–257			437–438	236–237
424–455	258–289			442–444	238–240
461–474	290–303			447–451	241–245
502–508	304–310	λ (11)		452–453	–
511–516	311–316				
526–553	317–343	1– 8	1– 8		
565–566	344–345	13– 37	9– 33	ν (13)	
		42– 50	34– 42		
		90– 91	43– 44	1– 92	–
		93–104	45– 56	93–101	1– 9
κ (10)		–	57	113–136	10– 33
		112–128	58– 64	139–145	34– 40
1– 4	1– 4	134/5–156	65– 86	159–188	41– 70
14– 36	5– 27	160–188	87–115	197–199	71– 73
47– 76	28– 57	196–197	116–117	209–222	74– 87
133–136	58– 61	202–227	118–143	224–233	88– 97
142–144	62– 64	328–332	144–148	236–242	98–104
188	65				

Gegenüberstellung der Originalverse mit denen der Auswahl

Original	Auswahl	Original	Auswahl	Original	Auswahl
246–252	105–111	\multicolumn{2}{c}{ρ (17)}		386–394	20– 28
287–302	112–127	1– 11	1– 11	435–439	29– 33
311–318	128–135	16– 19	12– 15	444–458	34– 48
324–330	136–142	26– 44	16– 34	467–494	49– 76
344–346	143–145	182–206	35– 59	503–508	77– 82
349–365	146–162	212–215	60– 63	535–581	83–129
366–440	–	217–220	64– 67	594–604	130–140
		229–282	68–121		
ξ (14)		290–297/300	122–129	φ (21)	
1– 8	1– 8	301–305	130–134	1– 9	1– 9
13– 27	9– 23	326–358	135–167	42	10
29– 84	24– 79	365–376	168–179	46– 49/9	11– 13
89/ 92	80	378–401	180–203	50– 60	14– 24
109–153	81–125	403–408	204–209	67– 81	25– 39
155–157	126–128	462–491	210–239	101–108	40– 47
165–170	129–134	492–606	–	110–129	48– 67
174	135			188–196	68– 76
175/9–182	136–139			199–209	77– 87
185–190	140–145	σ (18)		217–258	88–129
409–425/7	146–162	1–117	–	263–269	130–136
434–450	163–179	118–125	1– 8	274–275	137–138
453	180	129–154	9– 34	277–285	139–147
507–510	181–184	158–162	35– 39	287–292	148–153
518–533	185–200	187–191	40– 44	293/309	154
		197–208	45– 56	310–317	155–162
π (16)		210	57	336	163
1– 26	1– 26	214–217	58– 61	343–360	164–181
40– 72	27– 59	220–228	62– 70	366/367	182
78– 86	60– 68	230–234	71– 75	368–369	183–184
90– 98	69– 77	243–253	76– 86	378–379	185–186
112–134	78–100	257–261	87– 91	392–426	187–221
154–162	101–109	265–280	92–107	428–431	222–225
164–174	110–120	284–291	108–115	433–434	226–227
177–215	121–159	301–305	116–120		
220–234	160–174	306–428	–		
240–246	175–181			χ (22)	
254–276	182–204	τ (19)		1– 23	1– 23
299–303	205–209	1– 2	1– 2	26– 30	24– 28
304–481	–	53– 59	3– 9	34– 36	29– 31
		96–105	10– 19	38– 73	32– 67

Gegenüberstellung der Originalverse mit denen der Auswahl

Original	Auswahl	Original	Auswahl	Original	Auswahl
79–125	68–114	ψ (23)		225–231	105–111
297–303	115–121	1– 12	1– 12	241–245	112–116
307–331	122–146	14– 19	13– 18	247	117
340	147	60– 63	19– 22	254–259	118–123
342–346	148–152	64 / 67	23	288–291	124–127
350–387	153–190	68– 99	24– 55	293–295	128–130
389	191	103–110	56– 63	301–309	131–139
390–501	–	177–217	64–104	310–372	–